Angelika Kirchmann
P. Corneliusstr. 17
99423 Weimar
Tel. 03643/577500
Tel. dienstl. "/571223 Az.
2002.

Psychodynamische Einzeltherapie

herausgegeben von
H.-J. MAAZ

unter Mitarbeit von
G. Brandenburg, F. Höhne und F. Jäkel

PABST SCIENCE PUBLISHERS
Lengerich, Berlin, Düsseldorf, Leipzig,
Riga, Scottsdale (USA), Wien, Zagreb

CIP-Titelaufnahme der Deutschen Bibliothek

Psychodynamische Einzeltherapie / hrsg. von
H.-J. Maaz. - Lengerich ; Berlin ; Düsseldorf ; Leipzig ;
Riga ; Scottsdale (USA) ; Wien ; Zagreb : Pabst, 1997
(Sammlung von Beiträgen zur analytischen Psychotherapie und
Tiefenpsychologie : Bd. 2)
ISBN 3-931660-90-7
NE: Maaz, Hans-Joachim [Hrsg.]

Das Werk, einschließlich aller seiner Teile, ist urheberrechtlich geschützt. Jede Verwertung außerhalb der engen Grenzen des Urheberrechtsgesetzes ist ohne Zustimmung des Verlages unzulässig und strafbar. Das gilt insbesondere für Vervielfältigungen, Übersetzungen, Mikroverfilmungen und die Einspeicherung und Verarbeitung in elektronischen Systemen.

© 1997 Pabst Science Publishers, D-49525 Lengerich

Konvertierung: Claudia Döring

ISBN 3-931660-90-7

Verzeichnis der Autoren

Dipl.-Psych. Cornelia Arand
Geschwister-Scholl-Str. 12
99437 Nordhausen

Dipl.-Psych. Cornelie Baumgärtner
Medizinische Fakultät der MLU
Klinik und Poliklinik für
Psychotherapie und Psychosomatik
Julius-Kühn-Str. 7
06097 Halle

Friederike Beier
Gesundheitsamt
Prellerstr. 5
01309 Dresden

Dr. Paul Franke
Harnackstr. 4
39104 Magdeburg

Dipl.-Psych. Michael Grunert
Christianenstr. 26
10369 Berlin

Dipl.-Psych. Julia Hahn
Güllweg 10a
13156 Berlin

Dipl.-Psych. Antje Hering
Paracelsius-Harz-Klinik
Paracelsiusstr. 1
06507 Bad Suderode

Dr. Frank Höhne
Vor dem Schlosse 5
99947 Bad Langensalza

Dr. Frank-Andreas Horzetzky
Immanuelkirchstr. 21
10405 Berlin

Dr. Franz Jäkel
Lübsche Str. 146
23966 Wismar

Dipl.-Psych. Hans-Peter Keck
Kleine Klausstr. 16
06108 Halle

Dr. Arnim Krüger
Rodenbergstr. 29
10439 Berlin

Dipl.-Psych. Susanne Krumnow
Grüne Str. 2
18311 Ribnitz-Damgarten

Dipl.-Psych. Harald Küster
Medizinische Fakultät der MLU
Klinik und Poliklinik für
Psychotherapie und Psychosomatik
Julius-Kühn-Str. 7
06097 Halle

Dr. Hans-Joachim Maaz
Diakoniewerk Halle
Klinik für Psychotherapie
und Psychosomatik
Lafontainestr. 15
06114 Halle

Dipl.-Psych. Frank Stechbarth
Obere Marktstr. 27
98646 Hildburghausen

Dr. Ralf Vogt
Leipziger Str. 36a
04430 Böhlitz-Ehrenberg

Inhaltsverzeichnis

Vorwort
H. Wendt 11

Vorwort des Herausgebers
H.-J. Maaz 13

Methodik und Technik der Psychodynamischen Einzeltherapie
H.-J. Maaz 16

Zur Widerstandsanalyse in der Psychodynamischen Einzeltherapie
F. Jäkel 58

Der Fokus als Prozeß der Beziehung
F. Höhne 66

Die psychodynamische Einzeltherapie:
ein analytisches Kurztherapieverfahren?
M. Grunert 76

Die psychodynamische Einzeltherapie in ihrer spezifischen
Akzentuierung im Rahmen der analytischen Fokaltherapie
R. Vogt 81

Zum Menschenbild in der psychodynamischen Einzeltherapie
H. Küster 85

Körperwahrnehmung in der psychodynamischen Einzeltherapie
A. Krüger 91

Die Mutter - Die Therapie - Die Frau
Das Mutterthema in der psychodynamischen Einzeltherapie
C. Arand, A. Hering 99

Ein Bild sagt mehr als 1000 Worte
H.-P. Keck 104

Psychodynamische Einzeltherapie als analytische Fokaltherapie
im Bereich der psychosomatischen Rehabilitation
F.-A. Horzetzky 117

Der Fokus als innerpsychischer Konflikt -
strukturgebendes Mittel und motivationaler Aspekt in der
Therapie von Suchtkranken
J. Hahn 141

Psychodynamische Einzeltherapie mit Suchtkranken -
ausgewählte Aspekte und Erfahrungen
F. Stechbarth 151

Anwendbarkeit der psychodynamischen Einzeltherapie in einer
großstädtischen AIDS-Beratungsstelle
F. Beier 162

Krank werden oder sich verändern? - Die Behandlung einer
Patientin mit einem Pruritus vulvae mittels psychodynamischer
Einzeltherapie
P. R. Franke 181

Psychodynamische Einzeltherapie bei einer älteren Patientin
mit Somatisierungsstörung - Ein Fallbericht
C. Baumgärtner 191

Von der Begrenztheit des Therapieziels in der Psychotherapie
S. Krumnow 200

Zur Integration lösungsorientierten und analytisch orientierten kurzzeittherapeutischen Vorgehens in der tiefenpsychologisch fundierten psychotherapeutischen Praxis
R. Vogt 205

Durch Verwundung heilen - oder der Weg des Chiron
M. Grunert... 215

Die Ausbildung in der psychodynamischen Einzeltherapie
H.-J. Maaz 222

Vorwort

Seit der Gründung der „Gesellschaft für Ärztliche Psychotherapie der DDR" 1960 hat sich diese bis 1989 zu einer umfassenden Organisation mit 1750 Mitgliedern, 16 Regionalgesellschaften, 10 Sektionen und 5 Arbeitsgemeinschaften entwickelt. 1981 wurde die Gründung einer Sektion „Analytisch orientierte Einzelpsychotherapie" vorgeschlagen, die 1984 als Sektion „Dynamische Einzelpsychotherapie" realisiert wurde.
1977 wurde im Gesamtvorstand durchaus kontrovers über die Verwendung der Psychoanalyse diskutiert. Daß die Beschäftigung mit Freud nicht einfach „verboten" war, geht daraus hervor, daß zu seinem 125. Geburtstag (1981) und seinem 50. Todesjahr (1989) Tagungen stattfanden, deren Vorträge in extenso veröffentlicht wurden.
In einem Vorwort zu den nachstehenden Beiträgen kann auf diese nicht im einzelnen eingegangen werden. Allgemein kann gesagt werden, daß bei den meisten Autoren die Öffnung nach dem Westen dazu geführt hat, sich mit dem bis dahin schwer Zugänglichen mehr oder weniger, oder auch vorwiegend bzw. ausschließlich zu befassen. Jedoch ist bei allen auch etwas vorhanden, was auf DDR-Erfahrung hinweist - so wie nach dem biogenetischen Grundgesetz (Haeckel) in der Ontogenese die Spuren der Phylogenese erhalten bleiben.
Als Mensch höheren Lebensalters hat man in diesem Jahrhundert, insbesondere in und um Deutschland, wenn man überlebt hat, viele „Wenden" bewältigen müssen. Bewußt erlebt habe ich die Inflation nach dem 1.Weltkrieg, das „Spaß-Haben" in den „Goldenen Zwanzigern", die NS-Ideologie als Rezept u.a. gegen die hohe Arbeitslosigkeit, den Verlust der alten Heimat, Installation und Niedergang der DDR. Die vorläufig letzte, die Anschluß-Wende, hat sich mittlerweile nicht als Übergang in einen Zustand erwiesen, mit dem alle zufrieden sein können.
Meine schon während des Medizinstudiums getroffene Entscheidung für die analytisch orientierte Psychotherapie hatte damit zu tun, daß mir die Einsicht

vermittelt wurde, daß die „großen" Lenker der Geschicke der Massen selten „weise" waren und daß die von ihnen Verführten einschlägige psychische Bereitschaften, wenn nicht gar Defekte hatten, keine der etablierten Heilslehren konnte das ändern.

Die Voraussetzung dafür, beim Einzelnen durch Therapie eine Änderung zu bewirken, ist aber, daß er leidet und deshalb Hilfe sucht, oder als nicht schuldfähiger Krimineller sich behandeln lassen muß.

Dabei ist es unwesentlich, an welchem Ort bzw. in welchem Land man sich dieser Aufgabe stellt. Bei mir und den Verfassern der nachstehenden Arbeiten war es, gleich aus welchen Gründen, die DDR.

Deshalb halte ich es für begrüßenswert und notwendig, daß eine „Deutsche Gesellschaft für analytische Psychotherapie und Tiefenpsychologie (DGAPT) e. V." gegründet wurde, die sich dafür einsetzt, daß Bewährtes und Wertvolles aus Ostdeutschland gepflegt wird und erhalten bleibt.

H. Wendt, Uchtspringe

Vorwort des Herausgebers

Mit diesem Buch wollen die Autoren ein Zeugnis geben für ihr Engagement und ihr Bekenntnis zur Psychoanalyse und Tiefenpsychologie, das sie bereits zu einer Zeit bekundeten, als dies in der DDR noch als politisch subversive Haltung eingeschätzt wurde. Mit dem Bemühen um eine therapeutische Praxis, die unbewußte Konflikte in Menschen und damit auch unbewußte Motive ihres Verhaltens erforschte, traten wir dem rationalen Weltbild einer „sozialistischen" Persönlichkeit entgegen, die ein „richtiges Bewußtsein" zu entwickeln habe. Die Motivation für dieses Engagement entsprang Selbstheilungswünschen und der Verantwortung für eine möglichst redliche und emanzipatorische Therapiepraxis, die wenig verdrängen und vermeiden wollte und vorhandene Konflikte nicht vertuschen, sondern aufdecken und auflösen helfen wollte. Damit konnten wir auch der eigenen Arbeit einen Freiraum schaffen, mit dem das Leben in der DDR halbwegs sinn- und würdevoll gestaltet werden konnte. So war es auch kein Wunder, daß diese Bemühungen angefeindet und verhöhnt wurden, pikanterweise eben auch von manchen Kollegen, die heute, den neuen Markt- und Machtinteressen folgend, großes Interesse entwickeln, nun eine „richtige" psychoanalytische Ausbildung zu absolvieren und zu vertreten, so wie sie unter westdeutschen Bedingungen gewachsen ist, unter Verleugnung der Möglichkeiten, die sie bereits zu DDR-Zeiten gehabt hätten.

Eine historische Auseinandersetzung mit den Verstrickungen der Psychoanalyse im Nationalsozialismus und mit den folgenden Kämpfen und Spaltungen in der Bundesrepublik ist im Osten Deutschlands noch kaum angekommen, sicher auch aus ähnlichen Widerständen wie damals, um nicht die eigene Verantwortung und das Verhalten in der Psychotherapie-Entwicklung der DDR kritisch zu reflektieren, sondern möglichst schnell wieder eine neue Anpassung zu vollziehen.

Das vorliegende Buch ist auch als ein historisches Dokument gedacht, wie unter den politischen Behinderungen in der DDR doch auch für psychoanalytisches Denken und Handeln Wege gesucht und gefunden werden konnten.

So wird die Konzeption der psychodynamischen Einzeltherapie ohne Literaturverweise dargestellt, die zu DDR-Zeiten auch nicht möglich gewesen wären, für die deshalb auch das Interesse begrenzt blieb zugunsten einer eigenständigen Entwicklung einer praktikablen analytischen Psychotherapiekonzeption. Erst nach der Wende erfolgte eine intensive Auseinandersetzung mit anderen Entwicklungen, was von einigen Autoren dieses Bandes deutlich gemacht wird.

Die psychodynamische Einzeltherapie war ein wesentlicher Baustein für die „Übergangsregelung Ost", das heißt für die Anerkennung der ostdeutschen Psychotherapeuten für tiefenpsychologisch fundierte Psychotherapie nach den Psychotherapie-Richtlinien.

Darüber hinaus glauben wir, mit der PdE eine eigenständige Entwicklung dokumentieren zu können, die nicht nur eine lehrbare praktische Methode darstellt, sondern auch über Jahre der Zusammenarbeit und gemeinsamen Supervision eine kollegiale Verbundenheit ermöglicht hat, die uns bewahrenswert ist.

Ursprünglich dienten unsere Kurse der methodisch-technischen Vermittlung einer analytisch orientierten Fokaltherapie. Wir wollten in einer politisch schwierigen Zeit die wesentlichen Essentials der psychoanalytischen Praxis lehren und zu ihrer Anwendung ermutigen unter Umgehung einer Auseinandersetzung mit den Zensoren und Ideologen des sozialistischen Wissenschaftsbetriebes. Gleichzeitig war damit das Anliegen verbunden, auch die dyadische Selbsterfahrung der Therapeuten wieder zu etablieren und ihre Durchführung als Notwendigkeit und Bedürfnis erfahrbar zu machen.

Mit der Liberalisierung des politischen Systems der DDR in den 80er Jahren haben wir immer deutlicher auch theoretische Bezüge zur Psychoanalyse herstellen und die Selbsterfahrung und Supervision regelmäßiger und intensiver organisieren können.

Mit der politischen Wende in der DDR und der Gründung von psychoanalytischen Instituten, zu deren Ausbildungsprogrammen auch analytische Fokaltherapien bzw. tiefenpsychologisch fundierte Kurzzeittherapien gehören, sehen wir unsere Arbeit nicht als beendet an. Denn erst jetzt stellte sich heraus, im Vergleich zu Erfahrungen mit anderen analytisch orientierten Therapiekonzeptionen, wie hilfreich und wertvoll die psychodynamische Einzeltherapie für viele Kollegen geworden war. Zuvor waren manchmal noch Zweifel geblieben, ob unsere eigene „originäre" Schöpfung auch den Vergleich standhalten könne. Dabei wurde als das Wertvollste erlebt, daß mit der PdE eine stabile und sehr praktikable Basis geschaffen war, auf der die vielfältigen intersubjektiven Variationen der je einmaligen Therapeut-Patient-

Beziehung therapeutisch gelebt werden konnten und doch sichere allgemeingültige Rahmenbedingungen gegeben waren. Für viele Kollegen in den neuen Bundesländern gilt die psychodynamische Einzeltherapie als die therapeutische „Heimstatt" für ihre Arbeit, weil sie nicht nur unter schwierigen gesellschaftlichen Bedingungen eine qualifizierte Ausbildung ermöglicht hat, sondern über diesen Weg auch kollegiale Verbundenheiten gewachsen sind.
Manche Gäste aus den alten Bundesländern sind von unserer Arbeit sehr angetan, vor allem von der Atmosphäre unserer Zusammenarbeit, andere bleiben ignorant, so, als wenn sich im Osten Deutschlands nichts Eigenständiges oder gar Bewahrenswertes hätte entwickeln können. Dies weiter zu analysieren wäre sicher sehr lohnend und erkenntnisreich für die Prozesse der deutschen Vereinigung und für die unterschiedlichen östlichen und westlichen Sozialisationsbedingungen in der Psychotherapie. Dieser Band soll ein kleiner Baustein dafür sein.

Oktober 1997   *Hans-Joachim Maaz*
                                                                Herausgeber

Methodik und Technik der psychodynamischen Einzeltherapie

H.-J. Maaz

1. Einleitung

Die „Psychodynamische Einzeltherapie" (PdE) ist nach ihrer theoretischen Konzeption eine psychoanalytische Fokaltherapie und entsprechend den Psychotherapie-Richtlinien als eine tiefenpsychologisch fundierte Psychotherapie-Konzeption zu verstehen.
Die PdE bedient sich der wesentlichen psychoanalytischen Theoreme, um die der Symptomatik zugrundeliegende zentrale intrapsychische Konfliktdynamik mit Hilfe der Therapeut-Patient-Beziehung durch Analyse der Übertragung und Gegenübertragung aktuell erfahrbar zu machen und mittels Widerstandsanalyse und Deutungen durchzuarbeiten.
Im Unterschied zur psychoanalytischen Langzeittherapie, die bemüht ist, eine volle Übertragungs-Neurose zu ermöglichen und strukturelle Veränderungen anstrebt, wird mit der PdE fokussierend gearbeitet, d. h. die in der aktuellen Symptomatik enthaltene intrapsychische Konfliktdynamik aus der frühen Entstehungsgeschichte (Dort und Damals), soll im Hier und Jetzt der therapeutischen Beziehung erkannt, emotional verarbeitet und soweit als möglich durch reifere Bewältigungsmöglichkeiten aufgelöst werden. Im Grunde genommen steht bei jeder Symptomatik die differentialindikatorische Frage an, in welchem Umfang (in welcher Tiefe) die therapeutische Arbeit geschehen kann oder muß. Aber der für diese Entscheidung wesentliche Unterschied, ob die aktuelle Symptomatik vor allem Ausdruck der strukturellen Persönlichkeitsstörung des Patienten ist oder ob die situative Konfliktdynamik im Sinne einer akuten Traumatisierung und Überforderung der innerseelischen Regulationsmechanismen Krankheitssymptome auslöst, das ist für den praktisch tätigen Psychotherapeuten weniger von theoretischen Überlegungen abhängig als von den Bedingungen des intersubjektiven Therapievertrages.

Ob es überhaupt eine sekundäre neurotische Entwicklung gibt, ohne primäre (frühe) Defizite und Traumatisierungen und damit ohne eine strukturelle Bereitschaft zur Neurotisierung oder zur Resomatisierung und zum destruktiven Ausagieren, das darf wohl prinzipiell in Frage gestellt werden. Ich habe jedenfalls noch keine Fälle ohne strukturelle Verankerung der akuten Beschwerden und Konflikten zur Behandlung bekommen, was allerdings nicht immer leicht zu erkennen war.

Für die therapeutische Praxis sind diese theoretischen Überlegungen aber weniger ausschlaggebend als der subjektive Leidensdruck, die Motivation, die Veränderungsbereitschaft und die realen Entwicklungschancen eines Patienten, und auf der anderen Seite bestimmen die Behandlungsbereitschaft und Behandlungsfähigkeit des Therapeuten und allgemeine Bedingungen des Therapievertrages (Honorierung, Zeitaufwand, Reiseweg etc.) den Umfang der möglichen Psychotherapie. Es wird immer Fälle geben, die idealerweise eine an den strukturellen Störungen und Defiziten ansetzende Behandlung brauchten, aber aus o. g. Gründen „nur" eine fokussierende Therapie zulassen, wie auch andersherum, daß unnötigerweise eine analytische Langzeittherapie durchgeführt wird, die viel effizienter durch eine konfliktorientierte Konzeption zu leisten wäre. Wir sehen also, daß nicht allein theoretische Fragen entscheidend sind, sondern stets viele praktische Entscheidungsparameter zu berücksichtigen und in der je einmaligen Therapievereinbarung zu verantworten sind.

Der methodische Rahmen der PdE erlaubt es, diese differential-indikatorische Frage nach den individuellen und situativen Parametern des Patienten, des Therapeuten, der Praxisbedingungen und der realen sozialen Umwelt zu beantworten und zu vereinbaren.

Wir haben also großen Wert darauf gelegt, mit der PdE eine Konzeption zu schaffen, mit deren Hilfe ein „positiver Neurose-Nachweis" explorativ und beziehungsdynamisch gelingen kann, so wie möglichst gut geklärt und vereinbart werden kann, ob überhaupt eine Psychotherapie indiziert ist und wenn ja, in welcher Form und in welchem Umfang diese geschehen kann.

Die PdE ist also als ein diagnostisches und therapeutisches tiefenpsychologisches Verfahren ausgelegt und kann somit im Vorfeld einer Psychotherapie auch allen nicht psychotherapeutisch tätigen Ärzten, Psychologen und Beratern dienen, eine psychotherapeutische Behandlungsbedürftigkeit zu erkennen, dafür angemessene Informationen zu vermitteln, die Behandlungsmotivation zu unterstützen und evtl. eine geeignete Therapie in die Wege zu leiten. Dies ist von unschätzbarem Wert, weil viele Patienten erst mühsam und in einem langwierigen Prozeß psychotherapiefähig „gemacht" werden müssen, weil ihre Unkenntnis und Abwehr mitunter sehr groß sind, weil sie -

leider oft zu recht - Diffamierung als „psychisch Kranke" befürchten müssen und häufig auch viel mehr an einer schnellen Symptombekämpfung interessiert sind als an einem anstrengenden und oft schmerzlichen Erkenntnis- und Veränderungsprozeß. Gerade Ärzte, die zuerst wegen einer Symptomatik aufgesucht werden, entscheiden mit ihren Beratungen und Maßnahmen nachhaltig über den weiteren Verlauf der Symptomatik und damit wesentlich über das Schicksal des Patienten. Nach dem epidemiologischen Erkenntnisstand muß man heute beunruhigt und kritisch feststellen, daß mindestens die Hälfte aller Patienten, die in irgendeinem medizinischen Fachgebiet um Hilfe nachsuchen, dort grundsätzlich mißverstanden, meist falsch behandelt und erst durch medizinische Maßnahmen zu „Kranken" organisiert und chronifiziert werden. Dieser Zustand ist im Grunde genommen ein unhaltbarer Skandal, doch offenbar sind hierbei die psychischen Abwehrvorgänge des Patienten mit der vorherrschenden somatischen Orientierung der meisten Ärzte, mit den Geschäftsinteressen der Medizintechnik- und Pharmakonzerne und den gesellschaftlichen Verdrängungsprozessen so sehr verzahnt, daß eine wirkliche Gesundheitsreform zugunsten psychosozialer und ganzheitlicher Medizinmodelle noch keine wirkliche Chance hat.

Die PdE ist konzeptionell untergliedert in eine „psychodynamisch orientierte Exploration" und in die eigentliche „psychodynamische Therapie", wobei die Therapie natürlich bereits mit dem ersten Kontakt oder auch schon im Vorfeld der Therapeut-Patient-Begegnung beginnt und Kriterien der „Exploration" über den ganzen Therapieprozeß Bedeutung behalten. Lediglich für die sinnvolle Trennung zwischen explorativer Diagnostik als einer Möglichkeit für alle Ärzte, Psychologen und Berater, neuroserelevante, also unbewußte Hintergründe der vordergründigen Problematik oder Symptomatik zu erfassen und der „eigentlichen" Therapie, für die eine umfassende tiefenpsychologisch fundierte Psychotherapieausbildung erforderlich ist, hat sich diese Untergliederung bewährt. Die „psychodynamisch orientierte Exploration" ist auch für das Herstellen der Rahmenbedingungen, in denen nur eine tiefenpsychologisch fundierte Psychotherapie gelingen kann, unerläßlich und deshalb zwingende Voraussetzung für jede Therapievereinbarung.

2. Die „psychodynamisch orientierte Exploration" (poE)

Die poE soll helfen,
- den psychogenetischen Anteil von Krankheiten, Beschwerden und psychosozialen Konflikten zu erfassen (also einen „positiven Neurosenachweis" zu führen und sich nicht damit zu begnügen, die Möglichkeit einer Neurose nach Ausschluß anderer Ursachen nur zu vermuten!)
- die für die Symptomatik wesentliche unbewußte intrapsychische Konfliktdynamik in der Therapeut-Patient-Beziehung erkennbar werden zu lassen,
- der Gefahr des Mitagierens in den neurotischen Bedürfnissen des Patienten zu entgehen und damit nicht durch falsche Maßnahmen und Reaktionen eine Chronifizierung zu befördern,
- die Möglichkeiten einer psychotherapeutischen Behandlung abschätzen und befördern zu können,
- die Grenzen und Chancen der möglichen Übertragungs-Gegenübertragungs-Beziehung zu erfassen und damit eine intersubjektive Behandlungsindikation zu stellen.

Die „psychodynamisch orientierte Exploration" umfaßt 5 Abschnitte:
1. Herstellen des Kontaktes zwischen Therapeut und Patient
2. Exploration der psychodynamisch wesentlichen Daten und Zusammenhänge
3. Ringen um die Psychogenese
4. Fokussieren
5. Therapievereinbarung.

Diese 5 Schritte werden nur in den wenigsten Fällen in einer Stunde zu erfüllen sein, sondern ihre Erarbeitung wird zumeist mehrere Stunden in Anspruch nehmen, die sich auch - wie aus Erfahrungen praktischer Ärzte bekannt ist - in vielen Stunden über mehrere Jahre erstrecken kann, bis am Ende doch eine sinnvolle Psychotherapie-Vereinbarung zustande gekommen ist. Hier sind also die mitunter erheblichen individuellen, familiären und sozialen Widerstände gegen Psychotherapie zu berücksichtigen. Insofern haben gerade die Fachärzte für Allgemeinmedizin und die Hausärzte eine immense Verantwortung, geduldig und einfühlsam den Raum für eine psychosoziale Dimension in der Behandlung von Patienten zu eröffnen.
Eine Psychotherapie kann nicht verordnet, sondern nur vereinbart werden. Psychotherapie ist also immer ein intersubjektiver, je einmaliger Beziehungsvorgang, der von den wechselseitigen emotionalen Erfahrungen und unbe-

wußten Motiven weit mehr geprägt wird als von theoretischen Überlegungen und bewußten Mitteilungen und Interventionen. So formt die spezielle Therapeut-Patient-Beziehung jede neurotische Störung auf eine spezifische Weise heraus, die von vornherein von beiden Beziehungspartnern geprägt wird. So ist es also eine wesentliche Aufgabe der poE herauszufinden, ob die beiden Partner (Therapeut und Patient) eine für den Patienten hilfreiche Beziehung eingehen und im therapeutischen Sinne erfolgreich entwickeln können. Eine Psychotherapie kann erst dann verantwortlich beginnen, wenn beide Beziehungspartner sich über Sinn, Weg und Ziel ihrer Zusammenarbeit hinreichend verständigt haben. Dazu gehört natürlich auch die Frage, welche Form von Psychotherapie bei welchem Therapeuten am sinnvollsten wäre. Die poE will also den Patienten abholen und die für ihn hilfreichen Zugänge und Möglichkeiten für eine therapeutische Entwicklung erfassen, was am Ende durchaus auch zu einer Überweisung zu einem anderen Psychotherapeuten oder zu einer anderen therapeutischen Methode führen kann.

Der Patient soll sich im Ergebnis der poE so gut informiert und auf die Psychogenese seiner Beschwerden orientiert wissen, sich dabei so gut angenommen und verstanden fühlen und Hoffnung auf eine hilfreiche Entwicklung gefunden haben, daß er bereit ist, sich auf schmerzliche Erfahrungen einzulassen und zunehmend selbstverantwortliche Veränderungen in seiner Lebenshaltung und -gestaltung vorzunehmen. Und der Therapeut sollte für sich überprüft und eingeschätzt haben, ob er sich in der Lage fühlt, den jeweiligen Patienten auch in seiner Not verstehen, annehmen und hilfreich begleiten zu können. Er sollte sich im konkreten Kontakt mit dem Patienten sicher geworden sein, mit ihm nicht zu sehr „verschmelzen" zu wollen, aber sich auch nicht zu sehr ängstigen zu lassen.

2.1. Herstellen des Kontaktes zwischen Therapeut und Patient

Dieser erste Abschnitt der poE umfaßt das Vorfeld des Erstkontaktes bis zum Ingangkommen einer für beide hilfreichen Kommunikation. Am Anfang stehen sich die beiden Anliegen - therapeutisches Angebot und (neurotische) Erwartungen und Hoffnungen des Patienten - häufig fast konträr gegenüber. Nicht nur der Patient braucht ein Gefühl, angenommen und verstanden zu werden, was weniger das vorgetragene Anliegen als die unbewußte Erwartung betrifft, sondern auch der Therapeut muß herausfinden, ob und wie er mit seiner therapeutischen Kompetenz dem Patienten hilfreicher Partner werden kann und will.

So korrespondieren beide von Anfang an auch auf der unbewußten Ebene von Wünschen, Hoffnungen, Ängsten und Befürchtungen. Zugespitzt formuliert könnte man sagen, daß die bewußten Mitteilungen von Patient und Therapeut zweitrangig sind, entscheidend aber für eine mögliche „hilfreiche Allianz" (Luborsky) sind die durch den Erstkontakt berührten und aktivierten emotionalen Erfahrungen.

Also ist es gut zu erfahren, wie der erste Kontakt zustande gekommen ist und welche Vorurteile der Patient mitbringt oder beim Therapeuten bereits ausgelöst sind, z. B. durch die Art und Weise der Überweisung und der Terminvereinbarung für den Erstkontakt. Auch die Meinungen, Gerüchte und Vorerfahrungen, die der Patient über Psychotherapie im allgemeinen mitbringt, oder was er im besonderen aus dem persönlichen Wissen oder durch Hörensagen vom Ruf des aufgesuchten Therapeuten erwartet und phantasiert, das alles sind wesentliche Determinanten für den Erstkontakt. Auch der Therapeut kann schon dadurch stark beeinflußt sein, wenn er einen Patienten von einem Kollegen überwiesen bekommt, mit dem er vielleicht in Konkurrenz liegt oder von dem er fachlich nicht allzu viel hält oder auch im Gegenteil, daß er eine Überweisung auch als besondere Ehrung und Verpflichtung erlebt. Der Patient selbst kann durch seinen Beruf, sein soziales Ansehen, sein Alter und Geschlecht, durch sein Aussehen und Auftreten sofort Reaktionen beim Therapeuten bewirken, die wahrzunehmen und auch in ihrer möglichen unbewußten Bedeutung zu verstehen, über die weitere Therapie wesentlich mitentscheiden können.

Ich fasse zusammen, daß für den Kontakt zwischen Therapeut und Patient
- der Modus der Überweisung oder der ersten Kontaktaufnahme
- das Wissen und die Phantasien über den jeweils anderen Beziehungspartner
- die Reaktionen auf das äußere Erscheinungsbild, auf die Art und Weise des Auftretens und Kommunizierens von beiden
- die aktivierten unbewußten Erwartungen und Befürchtungen, die durch die Erstbegegnung ausgelöst werden

von großer Wichtigkeit sind.

Schon bei diesen Überlegungen wird deutlich, daß das Konzept der poE von Anfang an von einer Haltung der permanenten inneren Wahrnehmung und Selbstreflexion des Therapeuten ausgeht, weil daraus das entscheidende diagnostische Material gewonnen werden kann und die mögliche Therapievereinbarung in der Regel davon mehr beeinflußt wird als von bewußten Absprachen.

Ich möchte in diesem Zusammenhang eine Erfahrung etwas drastisch formulieren, die häufig nicht gern reflektiert wird oder einer Therapie-Ideologie geopfert wird: Im Grunde genommen besteht von Anfang an ein Machtkampf zwischen Therapeut und Patient, der darüber entscheidet, ob der Therapeut seinen Auftrag hilfreich umsetzen kann (das Therapieangebot) oder ob der Patient mit seinen unbewußten Manipulationsversuchen (neurotisches Anliegen) dominiert. Jeder Patient, der schließlich eine Therapie will, hat mindestens genauso viel Widerstände dagegen. Und jeder Therapeut hat im Laufe der Zeit sich mit seinem Wunsch auseinandersetzen müssen, daß er auch ohne allzu großen Aufwand, also ohne wesentliche persönliche Belastungen, seine therapeutischen Aufgaben erfüllt. Aber eine Therapie, die nur routinemäßig abgewickelt wird, die also keine affektive Beteiligung auf beiden Seiten bewirkt, wird am Ende keine wirkliche Entwicklung und Veränderung in Gang bringen können. Und so sind sich Therapeut und Patient mitunter unbewußt einig, ein „Therapiespiel" zu inszenieren, daß also das professionelle Zuhören und Verstehenwollen auch mit Symptombesserungen honoriert wird, um schmerzliche Erschütterungen und bittere Wahrheiten möglichst „draußen" zu lassen.

Ich meine auch, daß die Psychoanalyse mit Begriffen wie „Tendenzlosigkeit" und „machtfreier Raum" zu Mißverständnissen beigetragen hat, die allein schon durch die Richtlinien-Psychotherapie, durch die der Therapeut verpflichtet wird, effektiv zu arbeiten, ad absurdum geführt werden. Natürlich sollte sich jeder Patient sicher fühlen dürfen, von seinem Therapeuten nicht in irgendeiner Weise manipuliert zu werden und sei es nur durch dessen Wunsch nach Erfolg oder seinem Beruf einen Sinn zu geben, oder auch nur das Anliegen, am Patienten Geld zu verdienen und erst recht natürlich durch unbewußte Bedürfnisse des Therapeuten, weshalb Lehrerfahrung und Supervision unerläßlich sind, weil solche mehr oder weniger reflektierten Haltungen und Anstrengungen unweigerlich vom Therapeuten zum Patienten transportiert werden. Schon das Therapiesetting, das den Therapeuten von vorn herein in eine Machtposition versetzt: Er wartet ab, er hört zu, er teilt sich persönlich gar nicht oder nur wenig mit, er beeinflußt wesentlich durch seine Bewertung die Kassenleistung u.a.m. - schafft ungleiche Verhältnisse. Die gewünschte „Machtfreiheit" muß also immer erst erarbeitet werden und bedarf der ständigen Selbstreflexion des Therapeuten und des kritischen Verstehens und Durcharbeitens der Therapeut-Patient-Beziehung. Aber ein Paradoxon der „Machtfreiheit" muß benannt sein, denn wenn sich der Patient mit seinen Beziehungsstörungen durchsetzt, kann das nicht mehr „Therapie" genannt werden. Also es geht die „Freiheit" immer nur so weit, wie auch therapeutische Entwicklung geschieht, die aber stets definiert werden muß. Also steht die „Freiheit" in Abhängigkeit von therapeutischen Theorien, von der Leistungsbereitschaft von Krankenkassen und von der persönlichen Auslegung des Therapieanliegens durch den Therapeuten. Auch die mögliche Diskrepanz persönlicher Therapieziele von Patienten zu sozialen und gesellschaftlichen Normen muß regelmäßig bedacht werden. Dies alles kann nur in einem Prozeß ständiger kritischer Auseinandersetzung annäherungsweise beantwortet werden. Die poE ist bemüht, dieser individuellen und intersubjektiven Dimension von Psychotherapie gerecht zu werden.

Im Erstkontakt besteht also in aller Regel ein Machtgefälle, das der Therapeut nutzt, für sich zu entscheiden, ob er den Patienten zur Behandlung annehmen kann und möchte und ob er sich für ihn z.B. bei dessen Krankenkasse verwendet. Patienten dagegen begeben sich nur allzu gern in eine Abhängigkeitsposition, sie „unterwerfen" sich mit der Hoffnung, durch den Therapeuten und dessen Maßnahmen möglichst schnell und ohne große Aufwendungen von ihren Beschwerden und Problemen befreit zu werden. Und zugleich werden auch unbewußte ambivalente Erwartungen transportiert, die einerseits bessere Zuwendungen erhoffen, als sie in den defizitären und traumatisierenden frühen Beziehungen waren, und andererseits zugleich auch bessere Erfahrungen angstvoll gemieden werden sollen, um eben nicht an das frühe Leiden erinnert zu werden.

Zwischen Therapieangebot und Helferwille einerseits und Erlösungshoffnung und Gesundungswille andererseits besteht also zunächst eine kollusive Verbindung, die für die Behandlungsvereinbarung eine wesentliche Grundlage bilden kann. Das damit zumeist agierte Überlegenheits- und Unterlegenheitsgefühl zwischen Therapeut und Patient, das nur auf unterschiedlichen Polen seelisches Leid abwehren mag, wird sich - für beide Seiten belastend - relativieren und ausgleichen müssen, um eine Therapie zu wirklichem Erfolg zu bringen.

Am Anfang werden also positive Übertragungen, die aus patientenorientierten Informationen, Beratungen, Ermutigungen und suggestiven Hoffnungen erwachsen, eine wichtige Grundlage für einen Therapievertrag bedeuten, die dann auch notwendige belastende und enttäuschende Erfahrungen im Therapieprozeß erlauben.

2.2. Exploration der psychodynamisch wesentlichen Daten und Zusammenhänge

In aller Regel wird man es dem Patienten überlassen, sich in seinem Anliegen so weit als möglich unbeeinflußt darzustellen. Der eher gering strukturierte Anfang läßt dem Patienten Raum und Zeit sich mitzuteilen, und die Art und Weise, wie er das tut, ergibt schon wesentliche Hinweise auf die unbewußten Motive und die strukturellen Besonderheiten des Patienten. Vorausgesetzt, daß der Therapeut geschult darin ist, Kommunikationstil, Körpersprache, Sprachmodulationen wahrzunehmen und von Anfang an auch darauf achtet, die eigenen Gefühle, Gedanken und Assoziationen in der Begegnung mit dem Patienten zu registrieren. So richtet der Therapeut seine Aufmerksamkeit also nicht so sehr auf die bewußt übermittelten Gesprächsinhalte, sondern auch auf erspürbare Signale dahinter verborgener Absichten, Erwartungen und Ängste.
Nachdem also das Gespräch vielleicht mit allgemeinen Floskeln wie: „Was führt Sie zu mir?" eröffnet wurde und der Patient zunächst sich ausreichend mitteilen und darstellen konnte - dabei also auch die unbewußten Beziehungswünsche oder -ängste sich etwas entfalten konnten - wird der Therapeut nicht umhin können, sein Anliegen - zu entscheiden, ob Psychotherapie möglich und notwendig ist und ob er zu einer Therapie bereit ist - allmählich voranzubringen. Und dazu wird jeder Therapeut ein Anamnese-Schema im Kopf haben über Daten, die ihm helfen können, einen „positiven" Neurosenachweis zu führen, eine Diagnose zu stellen und die Indikationsfrage zu klären.
Erfahrene Therapeuten werden dieses Schema eher beiläufig, eingestreut in die Mitteilungen des Patienten unterbringen, als wirklich nur abzufragen. Schon Balint hatte darauf aufmerksam gemacht, daß man auf Fragen nur Antworten bekommt und weiter nichts. Es geht uns also in der poE bereits schon viel mehr um beziehungsdynamische Erfahrungen. Allerdings werden Fragen auch nicht zu umgehen sein, dann aber sollten sie so gestellt werden, daß nicht einfach mit Ja oder Nein geantwortet werden kann, sondern zu ausführlichen Darlegungen angeregt wird (statt z.B. zu fragen: Wie war Ihre Kindheit? Was hatten Sie für ein Verhältnis zu Ihren Eltern? Sind Sie mit Ihrer Sexualität zufrieden? - sollte besser gefragt oder aufgefordert werden, z.B.: Erzählen Sie mir über Ihre Kindheit! Was für vielfältige Erfahrungen haben Sie mit Ihren Eltern gemacht? Wie gestalten und leben Sie Ihre Sexualität?).
Auf diese Weise ist besser zu erfahren, welche Bereiche der Patient betont, welche er ausläßt oder welchen er ausweicht. Und dem Therapeuten bleibt

viel Raum, auf seine emotionalen Reaktionen auf den Bericht des Patienten zu achten, der verlorengeht, wenn er zu führend oder zu eng die Lebensgeschichte nur abfragt.

Die zwangsläufige Diskrepanz zwischen dem bewußten und unbewußten Darstellungsanliegen des Patienten und der diagnostischen und therapeutischen Aufgabe des Therapeuten sollte also gut und gerne ausgehalten und genutzt werden, um daraus Erkenntnisse für die Diagnose und Indikation zu gewinnen. Denn dafür sind Motivation, Reflexionsfähigkeit und -bereitschaft, die Fähigkeit zur Zusammenarbeit, die vorhandene Einsicht in psychosoziale Zusammenhänge, die Akzeptanz unbewußter Konfliktanteile und die Entwicklungs- und Veränderungsbereitschaft des Patienten wesentliche Parameter, die weniger abgefragt werden können, als daß sie sich aus dem Kommunikationsstil, der Beziehungsgestaltung und der Aufnahme von Hinweisen des Therapeuten ergeben.

Der Therapeut wird es also verstehen müssen, sein Anliegen so unterzubringen, daß der Patient dadurch nicht zu sehr beeinflußt wird und nur noch auf den Therapeuten reagiert. Um das diagnostische und therapeutische Anliegen gut erfüllen zu können, kann der Therapeut auf wichtige Informationen allerdings auch kaum verzichten. So wird er vor allem

- **den zeitlichen Zusammenhang** zwischen dem Auftreten der Symptome oder Konflikte mit psychischen Erlebnissen und sozialen Ereignissen erfassen müssen. Das explorierende Gespräch wird also auch so zu führen sein, daß deutlich wird, wann die Beschwerden erstmalig auftraten (was der Patient gerade tat oder vorhatte, was vorausgegangen war, welche Gefühle dazu erinnerlich sind, wer dabei war, an welchem Ort, was durch die Symptome oder Konflikte verhindert, gestört oder erreicht wurde?). Ergänzend dazu sind Aussagen wichtig, unter welchen Bedingungen die geklagten Beschwerden stärker oder schwächer sind, ganz verschwinden oder wieder auftreten. Mit dem „zeitlichen Zusammenhang" wird also die erste wesentliche Verbindung zwischen Symptomen und psychosozialen inneren und äußeren Bedingungen gesucht.

Dann steht die Frage nach dem
- **dynamischen Zusammenhang**, der die Antwort bringen soll, weshalb hat gerade *dieser* Patient zu *dieser* Zeit, in *dieser* Situation, *diese* Beschwerden oder *diese* Erkrankung entwickelt? Es soll also der mögliche Zusammenhang zwischen der Persönlichkeitsstruktur des Patienten mit dessen spezifischer Erlebens- und Abwehrstruktur und den dazu passenden psychoso-

zialen Versuchungs- oder Versagungssituationen erfaßt werden, so daß die wesentliche innere Konfliktdynamik deutlich werden kann.

Der Therapeut wird also das Erleben und Reagieren des Patienten explorieren, z. B.
- Wie erleben Sie Ihre Symptome?
- Was macht Ihnen das Erlebte aus?
- Wie reagieren Sie auf solche Erfahrungen?
- Wie verstehen Sie sich dabei?
- Wie deuten Sie sich Ihre Reaktionen?
- Wie haben Sie das bisher verarbeitet?

Des weiteren werden typische Merkmale unterschiedlicher Persönlichkeitsstrukturen nach ihrer Art und Reife zu explorieren sein, z.B.
- Wie gestalten Sie zwischenmenschliche Kontakte?
- Wie gehen Sie mit Wünschen nach Nähe und Distanz um?
- Welche Ansprüche und Ängste haben Sie hinsichtlich Führung und Unterordnung, Abhängigkeit und Autonomie?
- Welche Bedürfnisse können Sie sich gut oder nur schlecht erfüllen?
- Wie können Sie sich für Ihre Bedürfnisse engagieren?
- Wie können Sie sich durchsetzen und behaupten?
- Was bedeuten Ihnen Ordnung, Gewissenhaftigkeit, Disziplin und Pflicht?
- Wie gehen Sie mit Ärger und Kränkungen um?
- Welchen Zugang zu Ihren Gefühlen haben Sie oder was können Sie nicht fühlen?

All diese Themenkomplexe werden sich aus Erlebnissen der Kindheit und Schule, aus der Familie und Partnerschaft, aus der Arbeit, im Umgang mit Freunden und Fremden, in der Gestaltung der Sexualität und den allgemeinen Lebens- und Weltansichten erschließen lassen. Damit sind also die störungsrelevanten Faktoren der Lebensgeschichte angezielt und dabei werden den Beziehungserfahrungen mit den Eltern und den Lebensbedingungen der ersten Lebensjahre gemäß der analytischen Entwicklungspsychologie eine wesentliche Bedeutung beigemessen.

Der Therapeut wird also auch bemüht sein, *lebensgeschichtlich wesentliche Faktoren* in Erfahrung zu bringen, z.B.
- Was wissen Sie über Ihre Geburt?
- Was wissen Sie darüber, wie Sie entstanden sind (Wunschkind oder nicht? Abtreibungsversuch? Gewünschtes Geschlecht oder nicht?
- Fragen nach dem Gestilltwerden
- Wer hat Sie wie im 1. Lebensjahr betreut?
- Fragen nach Erziehungsnormen der Eltern
- Charakterisierung von Vater und Mutter
- Welche Beziehung hatten Sie als Kind zu Ihren Eltern?
- Wie haben die Eltern zusammengelebt?
- Welche weiteren wichtigen Beziehungspersonen gab es (Großeltern, Geschwister) und wie war das Verhältnis zu Ihnen?
- Was hat Sie besonders geprägt?
- Fragen, die die Entwicklungsphasen erfassen können (z.B. frühe Sicherheit, Geborgenheit und Annahme, Versorgung und Ernährung, Sauberkeit, Ordnung und Disziplin, sexuelle Entwicklung u. a.).

Der Therapeut wird also zu erkennen geben, daß er verstehen möchte, wie ein Patient sich entwickelt hat, welche Bedingungen er hatte und was seine besonderen Fähigkeiten und Schwierigkeiten sind. Daß dabei alte Konfliktbereiche, Beziehungsdefizite und traumatisierende Erfahrungen aufgefunden, aufgerührt und aktiviert werden, ist häufig ein erster wichtiger Prüfstein, was in der beginnenden Therapeut-Patient-Beziehung möglich, was gewagt und ausgehalten werden kann oder nicht. Daß dabei natürlich gut abgewogen wird, wieviel Nachfragen und Drängen möglich oder nötig ist, wieviel Zweifelhaftes und Ungeklärtes oder auch nur Unausgesprochenes zunächst offen gelassen werden sollte, macht die therapeutische Kunst aus, die von Anfang an aus einer intersubjektiven Intuition ihre wesentliche Quelle erhält.
Immer wieder ist uns mit der poE wichtig, darauf aufmerksam zu machen, daß Übertragungs-Gegenübertragungs-Vorgänge jederzeit ablaufen und deshalb auch schon von Anfang an beachtet, verstanden und genutzt werden sollten, um auf dieser Basis eine möglichst gute Therapievereinbarung zustande zu bringen. Dies entscheidet sich also in aller Regel bereits in den ersten Stunden der Begegnung.
Die Exploration der notwendigen Daten und Zusammenhänge soll also vor allem dem Therapeuten die Möglichkeit geben, aus der Symptomatik, der auslösenden Situation, den Persönlichkeitsmerkmalen mit ihren psychodynamischen Reaktionen und den störungsrelevanten Gegebenheiten der Le-

bensgeschichte eine Diagnose zu erstellen, die Indikationsfrage zu klären und eine erste psychodynamische Minimalhypothese für den Therapieprozeß zu formulieren. Diese Arbeit „im Kopfe" des Therapeuten wird natürlich auch ihre Wirkungen auf den Patienten nicht verfehlen, ohne daß der Therapeut alle seine Überlegungen ausgesprochen hätte. Aber aus dem explorativen Umgang des Therapeuten mit seinem Patienten werden sich erste wichtige Hinweise ergeben, wie sich der Patient auf einen möglichen Therapieprozeß einlassen wird, d. h. auch ob er aktiv, selbstreflexiv, erfahrungs- und veränderungsbereit sein mag und kann. Damit sei auch ausgesagt, daß eine psychodynamisch orientierte Exploration auch so schwierig und unergiebig verlaufen kann, daß an eine Therapievereinbarung noch lange nicht zu denken ist, sondern erst die Widerstände zur Klärung anstehen, die eine Zusammenarbeit noch unmöglich machen.

Nicht unbeachtet sollte dabei bleiben, auch zu erfahren, welche Informationen, medizinische oder psychotherapeutische Vorerfahrungen ein Patient hat, um daraus Hinweise zu erhalten, welche eventuellen falschen Vorstellungen, Vorurteile und negativen Reaktionen vorliegen, die dann möglichst bald geklärt werden sollten.

2.3. Ringen um die Psychogenese

Mit der prinzipiellen Akzeptanz, daß die geklagten Beschwerden seelische Hintergründe haben und aus sozialen Zusammenhängen entstammen können, entscheidet sich die Möglichkeit für ein psychotherapeutisches Arbeitsbündnis. Damit verbunden ist also das Eingeständnis des Patienten, daß das vorgetragene Leiden seine Wurzeln in der eigenen Lebensgeschichte hat und seine gewonnenen Einstellungen, Haltungen, Bewertungen und Entscheidungen häufig verzerrt, gestört oder einseitig sein können und damit für seine persönliche Entwicklung und die somato-psycho-soziale Gesundheit mit negativen Wirkungen behaftet sind. Dieses „Eingeständnis" ist zunächst nicht als wirkliche Erfahrung und tieferes Wissen - vor allem um die unbewußten Prozesse - zu verstehen, sondern mehr prinzipiell, intellektuell und/oder als Folge der suggestiven Überzeugungsarbeit des Therapeuten, der mit seiner Theorie von unbewußten innerseelischen Konflikten und frühen, aber fortwirkenden Beziehungsstörungen und -defiziten, die wieder aufzufinden und heilend zu klären seien, dem Patienten eine hoffnungsvolle Orientierung auf Verbesserung vermittelt.

Es ist sicher sehr wichtig, daß die Akzeptanz der eigenen Fehlentwicklung durch den Patienten mit der erforderlichen Bereitschaft zur Selbsterforschung

und Veränderungs nicht als Beschämung erfahren werden, sondern eher als zwar anstrengende, aber insgesamt mutige Möglichkeit verstanden werden kann, die auch eine besondere Würdigung verdient. Denn die ehrliche und kritische Auseinandersetzung mit sich selbst ist ja nicht gerade eine Selbstverständlichkeit in einer Gesellschaft, die Emotionalität und internale seelische Inhalte oder gar Konflikte eher tabuisiert, wenn nicht sogar diskriminiert. Bei Patienten, die erstmals von der Möglichkeit einer psychotherapeutischen Behandlung erfahren oder sich damit konfrontiert erleben, werden Aufklärung, Informationen, Beratungen und Suggestionen in diesem Stadium der poE unvermeidbar sein. Es gilt also, dem Patienten ein theoretisches Verständnis zu vermitteln, mit dem er nach seinem Bildungsgrad und seinen Lebenserfahrungen die Wirkungsweise einer tiefenpsychologischen Psychotherapie für sich verstehen und auch akzeptieren kann: also z.B., daß er sich mitteilen muß, sich selbst erforschen muß, neue Einsichten gewinnen soll, Gefühle wieder zulassen lernt und Verhaltensänderungen einübt. Es geht um das prinzipielle Einverständnis dazu, um das: „Ja, das will ich!" - das natürlich noch weit entfernt sein kann von der tatsächlichen Mitarbeit des Patienten, die natürlich widerständig sein wird und im Gegensatz zur erklärten Bereitschaft der Zusammenarbeit stehen wird, um die „Seele" zu schützen und die gewohnten, aber eben inzwischen auch pathogenen Selbstregulationsmechanismen nicht zu schnell und zu tief zu labilisieren.
Ich glaube nicht, daß ohne diese prinzipielle Einwilligung eine psychotherapeutische Behandlung Sinn machen kann, ja, sogar, daß sie ohne eine entsprechende Zustimmung kontraindiziert wäre. Aber um eine solche verstehende Einwilligung zu erreichen, können viele Stunden notwendig sein, es können sogar Jahre damit vergehen, bis ein Patient dazu bereit ist. Allerdings machen sich an einer verschleppenden Kooperation eben auch viele Ärzte schuldig, die nicht bereit oder in der Lage sind, die psychosoziale Dimension einer Erkrankung zu sehen und zu akzeptieren und die lieber eine „Krankheit" gewinnbringend organisieren und chronifizieren - wenngleich sie dies eben leider auch zumeist unbewußt tun, weil sie nichts Besseres gelernt haben und das Gesundheitssystem auch die Verschreibungen und die Anwendung von Apparaten mehr belohnt, als wenn sie sich in eine aufwendige Beziehung zum Patienten einließen. Gerade aus diesen Gründen sehen wir die poE als eine relativ leicht zu erlernende und durchzuführende Möglichkeit für alle Ärzte, um rechtzeitig psychosoziale Anteile der vorgestellten Erkrankung zu erfassen und zu bewerten und damit auch bald zu einer indikationsgerechten Überweisung zu kommen, ohne erst selbst durch überflüssige Maßnahmen zu chronifizieren. Gerade das „Ringen um die Psychoge-

nese" kann als eine wesentliche Aufgabe und Möglichkeit des Hausarztes verstanden werden, rechtzeitig angemessene Hilfe zu eröffnen.

Das „Ringen um die Psychogenese" gipfelt also in der Frage an den Patienten: „Was wollen Sie?" bzw. nach entsprechenden Informationen und Vorschlägen: „Wollen Sie das?" Erfahrungsgemäß antworten neurotisch agierende Patienten selten mit einem eindeutigen „Ja!" - sondern sie werden ausweichende Antworten versuchen. Dann geht eine neue „Runde" der Verständigung, der Auseinandersetzung und Überzeugungsarbeit los, weshalb wir diese Phase der Exploration auch mit Recht das „Ringen" um die Psychogenese genannt haben.

Wir dürfen nicht vergessen, daß neben den innerseelischen Abwehr- und Schutzvorgängen fast jeder Patient eigene falsche Meinungen, Rationalisierungen und externalisierende Erklärungen (Schuld seien allein die sozialen Verhältnisse, das politische System, der schwierige Ehepartner, der Unfall, einseitige Belastungen, Streß und vieles andere) für seine Beschwerden zur Verfügung hat, daß er in aller Regel durch Voruntersuchungen, Diagnosen, ärztliche Mitteilungen und Medikamente fixiert ist auf nur körperliche Ursachen oder einfach-kausale Zusammenhänge (Überlastung, Streß, Unfallfolgen, Fehlernährung, Bewegungsmangel, Rauchen) - daß also biologische, chemische und physikalische Ursachen allein verantwortlich seien - und daß er gegenüber seiner sozialen Umwelt in Partnerschaft, Familie, Freundeskreis und Arbeitskollegen eine „vorweisbare" Erklärung braucht oder schon abgegeben hat, um seine Beschwerden zur Anerkennung zu bringen, um nicht verhöhnt, gekränkt oder gar ausgegrenzt zu werden. Mit diesem Wissen kann der Psychotherapeut den Umfang des Problems und der Schwierigkeiten des Patienten sich bewußt machen und mit Geduld und Toleranz, aber eben auch mit Beharrlichkeit um die psychosoziale Dimension der vorgetragenen Beschwerden ringen.

Eine solche oft notwendige Einstellung mit sehr viel Überzeugungsarbeit, die naturgemäß auch suggestive Wirkungen haben muß, verstärkt am Anfang die Abhängigkeit des Patienten, sie konstituiert ein Machtgefälle, schafft aber auch eine Basis für „positive Übertragungen", also für Hoffnungen und Erwartungen an die „Heilkraft" des Therapeuten, worin fast immer auch infantile defizitär gebliebene Sehnsüchte nach den „guten" Eltern aktiviert und transportiert werden. Dies ist am Anfang meist kaum zu vermeiden, weil ohne dieses magische Potential keine belastbare Zusammenarbeit zustande kommen würde. Daß die häufig damit verbundene Symptombesserung aber noch nicht das Therapieziel sein kann, sollte dabei nicht vergessen werden, wenn auch zugegeben werden muß, daß manche Patienten darüber hinaus keine Entwicklung wollen oder sich auch nicht mehr zumuten möchten,

wofür es auch gute Gründe geben kann (z.B. die Schwere der Erkrankung, die Chronizität, das Alter, die soziale Situation etc.).
Bei Patienten, die schon Psychotherapie-Erfahrungen haben, bekommt das „Ringen um die Psychogenese" mitunter noch eine andere Bedeutung. Denn es gibt auch depressiv oder masochistisch agierende Patienten, die nur allzugern einen selbstverschuldeten Anteil und ihre unglückliche Lebensgeschichte für ihr Leiden anführen, also nahezu die Psychogenese vor sich her tragen und damit eine besondere Abwehrform gefunden haben. Sie haben vielleicht viel gehört und gelesen, verstehen mögliche Zusammenhänge und haben sich solche Inhalte angeeignet, ohne sie selbst wirklich erfahren und emotional durchgearbeitet zu haben. Dann wird ein Therapie-Setting zu finden sein, in dem diese Abwehrform aufgegeben werden kann und der Patient wird weniger angehalten werden, sich mit seiner Lebensgeschichte zu befassen als z.B. mit den Wirkungen seiner Beziehungsgestaltung hier und jetzt oder mit seinen Körperausdrucksformen u.a., womit das „Ringen" mit anderen Inhalten und auf einer anderen Ebene eben auch stattfinden wird. Hier bewährt sich eine vielseitige methodische Ausbildung eines Psychotherapeuten, der eben nicht nur einer Schule verpflichtet ist, sondern einen multimodalen Zugang zum Patienten und zu dessen unbewußten Konflikten zur Verfügung stellen kann.

2.4. Fokussieren

In der poE ordnen wir dem Fokussieren 2 wichtige Funktionen zu:
1. das Zentrieren auf therapierelevantes Verhalten,
2. das Zentrieren auf therapierelevante Themen und ihre Bearbeitung

Das Zentrieren auf therapierelevantes Verhalten:
Der Patient hat inzwischen seine Beschwerden mitgeteilt, seine Lebensgeschichte ist exploriert und die symptomauslösende Konstellation ist idealerweise erkannt und benannt. Jetzt kommt es darauf an, die spezifischen Empfindlichkeiten der Konflikte, die für eine Psychotherapie von Bedeutung sind, herauszufinden, zu begrenzen und dann auch zu bearbeiten.
Der Patient ist ja in aller Regel mit seinem Problem in einer Sackgasse, er ist blockiert, ratlos, verwirrt und sucht und braucht Ermutigung und Orientierung, wie er durch Therapie aus seiner Situation wieder herausfinden kann. So wird der Therapeut zunächst anregen zu fokussieren, um von Verallgemeinerungen wegzukommen und um spezifischer und konkreter zu werden,

also z.B. an Beispielen seine Problematik zu erklären oder auch szenische Darstellungen dafür zu geben.

Der Therapeut orientiert vor allem auch auf die Erlebens- und Beziehungsebene, also auf internale Inhalte, um von der Sachebene, den externalen Berichten wegzukommen, z.B. durch Fragen wie: Was erleben Sie jetzt? Wie fühlt sich das an? Wie geht es Ihnen jetzt hier in unserer Beziehung?

Der Therapeut muß auch fokussieren im Sinne von sich konzentrieren auf Wesentliches, um aus der Breite der mitgeteilten Informationen die zentrale Thematik aufzufinden, z.B. mit Fragen wie: Was ist jetzt das Schlimmste für Sie? Was davon belastet Sie am meisten? Was ist jetzt Ihr wichtigstes Anliegen? Was wollen Sie jetzt in einer Therapie erreichen? Was erwarten Sie ganz konkret von einem Therapeuten?

Mit dieser eher formalen Art des Fokussierens wird der Patient auf die therapeutischen Möglichkeiten und Wichtigkeiten orientiert. Er soll eine für die therapeutische Zusammenarbeit erforderliche Einstellung und Fähigkeit sich erwerben und dazu ermutigt werden (z.B. sich wahrnehmen und Internales mitteilen, nachdenken, sich erinnern und reflektieren - also vor allem von sich reden und nicht so sehr über etwas oder über andere sprechen). Es sollen Riesenerwartungen und Illusionen auf ein reales Maß reduziert und unrealistische Hoffnungen rechtzeitig geklärt werden. Durch überschaubare und realistische Ziele und durch das Prinzip der kleinen Schritte soll der Patient entängstigt werden und zur aktiven und konkreten Zusammenarbeit befähigt werden.

Das Zentrieren auf therapierelevante Themen und ihre Bearbeitung

Mit dem Fokussieren zu diesem Zweck beginnt der Umstieg von dem stärker diagnostischen Teil der poE in das jetzt mehr therapeutische Anliegen. Mit dem Fokussieren wird die inhaltliche Orientierung der nachfolgenden Therapievereinbarung vorbereitet. Eine erste gemeinsame Verständigung auf eine zentrale Thematik für die mögliche Psychotherapie ist wie ein Indikator, ob ein sinnvolles Arbeitsbündnis zustande kommen kann. Für Ärzte oder Psychologen, die selbst keine tiefenpsychologisch orientierte Psychotherapie durchführen wollen oder können, könnte praktisch bereits nach dem 3. Schritt der poE - also ohne Fokussieren - eine Vereinbarung durch Überweisung zu einem Psychotherapeuten erreicht werden. In allen anderen Fällen halten wir das Fokussieren auf eine wesentliche und therapeutisch zu bearbeitende Konfliktdynamik für eine orientierungs- und strukturgebende grundsätzliche Rahmenbedingung, die die tiefenpsychologisch fundierte Kurzzeittherapie (bis etwa 100 Stunden) von einer analytischen Langzeittherapie mit Entfaltung einer Übertragungsneurose (bis etwa 300 Stunden und mehr) unterscheidet und abgrenzt.

Mit dem Fokussieren wird auch die doch deutlich unterschiedene Haltung des Therapeuten der PdE gegenüber der analytischen Psychotherapie deutlich: Der Therapeut wird in der PdE aktiver sein müssen, indem er mehr Struktur gibt bzw. auf sie achtet, und dies geschieht vor allem über das Fokussieren. Die konfliktorientierte Arbeit gestattet weniger eine abwartende, gewährende und abstinente Haltung des Therapeuten als sie das analytische Setting begründet. Es wird also auch im Vorfeld der Indikationsstellung gut zu klären sein, ob eher eine Fokaltherapie oder eine längerfristige „Übertragungstherapie" möglich und notwendig ist.

Der Fokus in der poE ist die erste Annäherung, auf die sich Therapeut und Patient einigen können, indem sie sich auf ein zentrales Konfliktthema verständigen, von dem die Beschwerden und Probleme des Patienten wesentlich bestimmt und verursacht werden. Der Fokus ist also nicht einfach nur ein wichtiges Thema, das der Patient als Problem und Konflikt erlebt, sondern ein erster Versuch, die Symptomatik mit Hilfe des zeitlichen und dynamischen Zusammenhanges und störungsrelevanter lebensgeschichtlicher Daten in ein umfassenderes Verständnis zu bringen, das sowohl der Patient annehmen kann als auch für den Therapieprozeß eine akzeptable Orientierung gibt. Der Fokus wird also im „Machtkampf" zwischen neurotischen Erwartungen und therapeutischen Angeboten erstmals die Orientierung zugunsten der therapeutischen Entwicklung erfassen wollen und müssen. Damit erfüllt das Fokussieren innerhalb der poE noch diagnostische und indikatorische Funktionen, eröffnet aber zugleich den Einstieg in den erforderlichen Therapievertrag.

Bei diesen Überlegungen kann jetzt deutlich gemacht werden, daß das Fokussieren eine gemeinsame Arbeit des Patienten und Therapeuten über den ganzen Therapieprozeß hinweg bleiben wird. Man kann sagen, daß der Fokus das konfliktorientierte Vorgehen konstituiert, das Zentrum des inhaltlichen Therapieprozesses ausmacht und so den Rahmen für den Therapieprozeß bildet, den sonst im analytischen Setting das umfassende Übertragungsgeschehen herstellt.

Das Fokussieren bleibt wichtigste Aufgabe, wenn auch der Fokus sich verändern kann, sich entwickeln und vertiefen wird oder sogar inhaltlich neu formuliert werden muß, dann nämlich, wenn deutlich wird, daß ein zentraler Fokus das aktuelle Konfliktgeschehen beeinflußt.

Wir unterscheiden insgesamt
- das Thema des Patienten, das er als wesentliches Problem oder als Konflikt vorträgt,
- den Fokus, auf den sich Therapeut und Patient einigen als wesentlichen psychodynamischen Konflikt, der also auch innerseelische, lebensgeschichtliche und aktuelle beziehungsdynamische Aspekte einschließt, soweit sie der Patient verstehen und akzeptieren kann (noch ohne die darin verborgenen unbewußten Bedürfnisse und Gefühle zu kennen),
- die psychodynamische Arbeitshypothese des Therapeuten, die den Fokus zwar einschließt, aber darüber hinausreicht und aus psychoanalytischer Theorie, aus Erfahrung und Intuition, aber auch schon aus der aktuellen Übertragungs- und Gegenübertragungs-Analyse gewonnen wird, vom Patienten aber (noch) nicht zu verstehen wäre oder von ihm akzeptiert würde.

Das Fokussieren stellt also immer auch eine Begrenzung dar, die den Patienten schützen kann oder muß vor Erfahrungen und Erkenntnissen, die er selbst nicht oder noch nicht oder nicht mehr bereit ist zu machen. Der Fokus beinhaltet eine Konfliktdynamik, die im therapeutischen Prozeß zu einer Auflösung oder Milderung geführt werden soll, ohne daß die ganze struktuelle Basis mit den umfassenden lebensgeschichtlichen Defiziten und Traumatisierungen erinnert, verstanden und durchgearbeitet werden kann oder müßte, wozu viele Patienten eben auch nicht bereit oder aus verschiedenen Gründen nicht in der Lage sind. Dieser Umstand bleibt natürlich eine ständige differentialindikatorische Herausforderung und Verantwortung mit der Frage, in welchem Fall eine fokussierende Arbeit noch möglich und sinnvoll ist und wann damit ein Ausweichen oder gar ein Widerstand gegen notwendige Erkenntnis ausagiert würde. Zur therapeutischen Verantwortung gehört auch, gut zu klären, wann eine Therapie auch nicht mehr über ein fokussiertes Vorgehen hinausgehen darf, weil dadurch maligne Regression, psychische Dekompensation oder soziale (destruktive) Destabilisierung die Folgen sein könnten.

Die Aufgaben des Fokussierens können somit zusammengefaßt werden:
1. Der Fokus bringt Diagnose und Indikation auf einen Punkt.
2. Der Fokus gibt Orientierung und Struktur für den konfliktorientierten Therapieprozeß.
3. Der Fokus begrenzt und schützt.

Das heißt auch, wenn kein Fokalkonflikt zu benennen und zu vereinbaren ist, kann nicht kompetent und seriös genug tiefenpsychologisch-konfliktorientiert gearbeitet werden.
Das Auffinden und Formulieren eines Fokus ergibt sich aus den lebensgeschichtlichen Daten, die uns die Psychogenese und die Persönlichkeitsstruktur des Patienten erhellen, aus der auslösenden Situation und der aktuellen Beziehungsgestaltung und -erfahrung im Hier und Jetzt.
Der Fokus stellt einen Fokalkonflikt dar aus widerstreitenden innerseelischen Bedürfnissen und Wünschen oder aus Konflikten der seelischen Struktur, wie sie sich zwischen Trieben und Bedürfnissen, den Realitätsansprüchen und -erfahrungen und moralischen Bewertungen (gemäß der analytischen Strukturtheorie von Es, Ich und Über-Ich) ergeben können. Dieser Fokalkonflikt kann idealerweise als Fokalsatz formuliert werden, der mit dem Wort „weil" eine begründende Plausibilität erhält.

Beispiele:

1. Beispiel:
Fokalsatz: Ich reagiere häufig depressiv, weil ich Angst vor Ablehnung habe, wenn ich meine Ansprüche und Wünsche wahrnehmen und einklagen würde.

Dieser Fokalsatz enthält die Symptomatik (Depressivität), die ausgelöst wurde durch eine Partnerschaftskrise mit befürchtetem Verlassenwerden (zeitlicher Zusammenhang) auf der Basis von Abweisungen durch die Mutter bei aggressiver Selbstbehauptung (lebensgeschichtlich relevante Daten und dynamischer Zusammenhang) als innerseelischer Konflikt zwischen Abhängigkeits- und Autonomiewünschen. In der Übertragung/ Gegenübertragung hatte der Therapeut die Anhänglichkeit und Anspruchlichkeit der Patientin als unangenehm empfunden und damit Zugang zu der phantasierten und agierten Angst vor Ablehnung der Patientin bekommen.

2. Beispiel:
Fokalsatz: Ich fliehe immer wieder vor entstehender Nähe, weil ich sonst fürchte, meine Freiheit und Eigenständigkeit zu verlieren.

Der Fokalsatz enthält die aktuelle Problematik (Einsamkeit, Partnerlosigkeit), er ergibt sich aus der auslösenden Situation (Konflikte nach Einzug in eine Wohngemeinschaft) und läßt sich auf lebensgeschichtlich relevante und psychodynamische Zusammenhänge zurückführen (eine „verschlingende"

35

Mutter, die sowohl befriedigende Nähe als auch schuldfreie Distanz unmöglich machte). In der therapeutischen Beziehung war die Patientin als scheu, zurückhaltend und schwierig erlebt worden, was im Therapeuten Versorgungswünsche und auch eine Tendenz aktivierte, die Patientin am liebsten abzulehnen. Und damit war auch in der aktuellen Übertragung/Gegenübertragung der zentrale Fokalkonflikt hergestellt.

3. Beispiel:
Fokalsatz: Ich strenge mich an und rackere mich für andere ab, weil ich gemocht sein möchte, und reagiere mit Übelkeit, Magendruck und schmerzhaften Rückenbeschwerden, wenn mir Anerkennung versagt wird.

Die Symptomatik ist in diesem Fokalsatz untergebracht in ein strukturell verankertes Verhalten (chronische Leistungshaltung, um Liebesdefizite zu kompensieren). Die akuten Beschwerden waren aufgetreten bei einer anstrengenden Arbeit, die durch betriebliche Veränderungen plötzlich überflüssig wurde und eingestellt werden mußte. In der Übertragung/Gegenübertragung war die Beflissenheit des Patienten aufgefallen mit auftauchenden Gefühlen von Lästigkeit und Aufdringlichkeit im Therapeuten, womit sich die Sehnsucht nach Anerkennung und Angst davor in der aktuellen therapeutischen Beziehung wieder hergestellt hatte.

4. Beispiel:
Fokalsatz: Ich zerstöre mich selbst oder mache mir Erfolge immer wieder kaputt, weil ich mich nicht achten darf, ohne Strafe oder Beschämung befürchten zu müssen.

Die Symptomatik bestand in Alkoholexzessen und starkem Rauchen, in Fressattacken und riskantem Autofahren. Der zeitliche Zusammenhang für Verzweiflung, Depressivität und Ratlosigkeit ergab sich aus einem selbstverschuldeten Verkehrsunfall mit Totalschaden des Autos, aber - wie durch ein Wunder - nur leichte Verletzungen des Patienten. Mit Hilfe der psychodynamisch orientierten Exploration war erfahrbar geworden, daß der Patient durch seinen Vater vermittelt bekommen hatte: „Aus Dir wird sowieso nichts!" - und von der Mutter wenig liebevolle Annahme und Bestätigung erfahren hatte. In der Übertragung/ Gegenübertragung war das selbstabwertende Verhalten des Patienten aufgefallen, worauf der Therapeut am liebsten mit gereizter Ablehnung reagiert hätte.

Zugegeben, solche Fokalsätze, die auch der Patient verstehen und akzeptieren kann, die als „Programm" für den folgenden Therapieprozeß zu vereinbaren wären, werden eher selten in 1 - 2 Stunden zu erschließen sein und auch die sogenannten probatorischen Sitzungen, die die Psychotherapie-Richtlinien vorsehen, werden häufig dafür nicht ausreichen. Aber sie sind immer anzustreben, um den erforderlichen Therapierahmen, die möglichen Inhalte abzustecken und die Fähigkeit und Bereitschaft des Patienten zur notwendigen Zusammenarbeit herauszufinden. Der Fokalsatz enthält vor allem das Programm für die therapeutisch zu verarbeitenden Inhalte, die dann auf verschiedenen Ebenen: auf der Symptomebene, auf der Ebene der lebensgeschichtlichen Psychogenese, auf der Strukturebene und in der Beziehungsdynamik im Hier und Jetzt oszillierend besprochen, erinnert und emotional durchgearbeitet werden können.

Im Vorfeld, bevor ein zentraler Fokalkonflikt umfassender benannt werden kann, wird der Therapeut sich mit Annäherungen zufrieden geben müssen, wie etwa im

1. Beispiel: Ich bin depressiv, weil ich nicht aggressiv sein darf! Oder: Ich reagiere depressiv, weil ich immer zu kurz komme.

Im 2. Beispiel: Ich bin unzufrieden mit meinem Leben, weil ich Beziehungen nicht gestalten kann. Oder: Ich bleibe alleine, weil ich Angst vor Beziehungen habe.

Im 3. Beispiel: Ich bekomme Symptome, weil ich mich übermäßig anstrenge. Oder: Ich muß immer leisten, weil ich sonst keinen Lebenssinn wüßte, weil ich nichts anderes gelernt habe.

Im 4. Beispiel: Ich rauche, trinke, esse zuviel, weil ich innerlich verzweifelt bin.

Mit voranschreitender Vertrautheit und Vertrauen in der therapeutischen Beziehung, aus dem anwachsenden Gesprächsmaterial und dem Verhalten des Patienten, mit der Entwicklung der Übertragungs/Gegenübertragungsbeziehung wird der Fokus immer treffender und genauer, das heißt auf die zentrale Konfliktdynamik bezogen, zu formulieren sein.

2.5. Therapievereinbarung

Am Ende der poE steht die Therapievereinbarung. Psychotherapie kann nur funktionieren, wenn zwischen Therapeut und Patient über mehrere Faktoren Verständigung und Einigung hergestellt wurde. Die Therapievereinbarung ist der unabdingbare Rahmen für eine fokussierte und damit konfliktorientierte Psychotherapie. Ohne einen solchen Rahmen ist die Gefahr groß, sich in den vielfältigen Themen, die ein Patient hat oder auch aus Abwehrgründen ausreichend anbieten kann, zu verlieren. Eine klare Vereinbarung kann verhindern, daß nur in den neurotischen Problemen des Patienten „herumgestochert" wird, was auch durchaus interessant sein kann oder sogar mit Symptombesserung vom Patienten belohnt wird, aber eben gerade die wirkliche Klärung des wesentlichen und aktuellen Fokalkonfliktes vermeidet, was im Falle seiner Bearbeitung ja immer auch seelische Belastung und Labilisierung bedeutet.

Eine analytische Psychotherapie braucht natürlich auch eine Vereinbarung, aber man darf da vielmehr darauf vertrauen, daß allein durch die Zurückhaltung des Therapeuten die Übertragung sich entwickeln und damit das wesentliche therapeutische Material sich zwangsläufig entfalten wird. Diese wesentliche Voraussetzung besteht bei einer konfliktorientierten Therapie weniger, deshalb ist vor allem eine gute und genaue Therapievereinbarung und die Arbeit an und mit ihr die Voraussetzung, am therapeutischen Thema und in der dazugehörigen Beziehungsdynamik bleiben zu können. Der unvermeidbare Widerstand gegen die therapeutische Entwicklung wird sich dann vor allem am Verlassen der getroffenen Vereinbarungen bemerkbar machen.

Wenn im analytischen Setting sich ein Hauptwiderstand nahezu regelmäßig gegen die Übertragung richtet, so ist es in der konfliktorientierten Therapie vor allem der Widerstand gegen das Einhalten der Therapievereinbarung. Wir heben damit in der PdE die Therapievereinbarung in eine Bedeutung, die wir für erforderlich halten, um das Ausweichen und Ausagieren des Patienten möglichst rasch und gut erkennen zu können und eine angemessene therapeutische Interventionsmöglichkeit zur Verfügung zu haben, z.B. indem das Abweichen von der Therapievereinbarung bearbeitet wird. Wir müssen uns immer vor Augen halten, daß die Regression und die Übertragung, die im analytischen Setting das notwendige Material aktivieren, sich im tiefenpsychologischen Setting (in der Regel 1 Wochenstunde, im Sitzen) nicht vergleichbar entwickeln können und sollen und damit ein wesentlicher Zugang zu unbewußtem Material auf diesem Wege nur wenig eröffnet wird.

Um eine Therapievereinbarung zu dieser Bedeutung zu bringen, muß sie gut vorbereitet und gründlich besprochen werden. Durch sie bekommt die Indikationsstellung einen intersubjektiven Charakter, das heißt beide Beziehungspartner müssen sich darauf verständigen, daß sie möglichst gut zusammenarbeiten können und wollen und wie ihre gemeinsame Arbeit dann konkret vonstatten gehen soll.

Zu der selbstverständlichen Pflicht eines Psychotherapeuten, eine Diagnose gestellt und die Indikationsfrage bejaht zu haben, wird er natürlich auch eine wissenschaftliche Theorie und einen methodischen Weg im „Hinterkopf" brauchen, um ein konkretes Therapieangebot machen zu können. Aber für ebenso wichtig halten wir das subjektive Gefühl eines Therapeuten, ob er mit diesem Patienten zusammenarbeiten will und ob er glaubt, daß er ihm einen hilfreichen Weg eröffnen kann. Das heißt auch, daß der Therapeut nicht zu viel Angst vor dem Patienten und nicht zu viel Wünsche und Bedürfnisse, die an den Patienten gehen könnten, haben darf. Natürlich entscheidet sich auch der Patient sehr subjektiv für oder gegen einen Therapeuten, wobei natürlich unbewußte Motive dabei in aller Regel eine größere Rolle spielen als beim Therapeuten, der durch seine Selbsterfahrung mehr Wissen über seine Beziehungsmöglichkeiten und -grenzen haben sollte. Von Anfang an hat also die Wahrnehmung solcher subjektiver Faktoren eine große Bedeutung, die nicht nur mögliche Probleme des Therapeuten signalisieren, die auch nach sehr gründlicher Selbsterfahrung durchaus jederzeit auftreten können, sondern sie können auch im Sinne der Gegenübertragung uns etwas sagen über die unbewußte Einstellung des Patienten zum Therapeuten und zur möglichen Therapie.

Wir unterscheiden bei der Therapievereinbarung formale und inhaltliche Kriterien:

2.5.1. Formale Kriterien der Therapievereinbarung

Der Patient muß informiert werden über die Psychotherapiemethode, die angewendet werden soll, über deren Wirkungsweise und Erfolgsaussichten. Dazu gehören Hinweise auf die voraussichtliche Dauer der Therapie, über die Frequenz der Therapiestunden, über die Dauer einer Therapiesitzung. Weiterhin werden Absprachen über Ort, Zeit, Raum und Sitzanordnung für die therapeutischen Begegnungen erforderlich sein. Auch müssen Fragen geklärt werden, wie mit Medikamenten, zusätzlichen Behandlungen, mit Arbeitsunfähigkeit umgegangen werden soll. Was soll bei akuter Symptomatik und psychosozialen Krisen geschehen und wie wird mit Ausfallstunden

umgegangen und bei möglichem Urlaub? Wie geschieht die Honorierung und was ist im Umgang mit Krankenkassen zu beachten und zu klären (z.B. Antragsverfahren, Bewilligungsschritte etc.)?
Der Therapeut wird also dabei informieren und erklären müssen, sich also in der dominanten Position eines Beraters und Experten befinden, wobei unserer Erfahrung nach das dadurch erhöhte Machtgefälle reduziert werden kann, indem der Patient gebeten wird, sich darüber mitzuteilen, wie er die Angebote versteht und zu seinen eigenen machen kann und ob er sich so - oder eben auch anders - darauf einlassen könne. Man kann nicht genug betonen, wie wichtig Verständnis und Akzeptanz durch den Patienten in dieser Phase sind, daß viele späteren Schwierigkeiten vermieden werden können, wenn die Rahmenbedingungen in ihrem Sinn schon am Anfang vom Patienten gut verstanden und zur eigenen Sache gemacht werden. Natürlich gibt die Verhandlungsfähigkeit und -technik des Patienten bereits gute Hinweise auf seine Struktur. Er wird vielleicht nur allzugern alles befolgen wollen, was man ihm rät oder auch nicht verstehen bzw. eigene Vorstellungen durchsetzen wollen, was auch als Symptom seines neurotischen Agierens verstanden werden kann. Eine Therapievereinbarung wird also nicht einfach auf einer rational-reifen Stufe getroffen werden können, sondern wird immer auch im Sinne der Übertragungs-Gegenübertragungs-Dynamik von unbewußten Vorgängen wesentlich beeinflußt.

2.5.2. Inhaltliche Kriterien der Therapievereinbarung

Mit der Erarbeitung und dem Besprechen der inhaltlichen Kriterien der Therapievereinbarung wird der Therapieaspekt des Abschlusses der poE noch deutlicher hervortreten. Es geht darum, daß der Patient aufgefordert wird, sich mit der Frage auseinanderzusetzen, welche konkreten Therapieziele und welche Vorstellungen er davon hat, wie er seine Ziele erreichen kann. Das macht in der Regel eine Menge Arbeit, weil die genannten Therapieziele häufig sehr allgemein formuliert werden und die ganzen illusionären Hoffnungen eines Patienten transportieren können: z.B. daß er wieder völlig gesund werden wolle, daß er alle seine Symptome verlieren wolle, daß er seine Lebensschwierigkeiten überwinden wolle und ähnliches.
Bei derart formulierten Hoffnungen und Erwartungen wird meist unterstellt, daß der Therapeut die Möglichkeiten zur Verfügung hätte, diese Ziele durch seine Maßnahmen auch erreichen zu können. Man ist also meist gut beraten, schon am Anfang die Illusionen etwas zu ernüchtern, zumindestens mit dem Hinweis, daß auf dem Weg dabei viele Belastungen und Erschütterungen zu

verarbeiten sein werden und daß ohne schwierige Lebensveränderungen eine Besserung kaum dauerhaft erreicht werden kann. Es empfiehlt sich besonders, den möglichen und notwendigen Therapie-Weg verständlich zu machen und dafür eine gute Vereinbarung zustande zu bringen. Der „Weg" heißt vor allem Klarheit darüber, was der Patient für seine Therapie tun muß und was er vom Therapeuten erwarten kann und was nicht.
Den Therapie-Weg zu erörtern, ist deshalb so wichtig, weil damit von vornherein geklärt werden kann, daß der Patient nach seinen Möglichkeiten verpflichtet ist, die therapeutische Arbeit wesentlich mitzubestimmen. Daß er aktiv werden und Verantwortung tragen muß für seine Therapie. Natürlich wird damit schon die häufige neurotische Trias: Abhängigkeit - Passivität - Riesenerwartungen frustriert und man wird noch keine klaren Antworten erhalten können, aber der Umgang des Patienten mit diesen Themen bringt dem Therapeuten Hinweise auf die Motivation und die Mitarbeitsbereitschaft und -fähigkeit des Patienten. Es wird also darüber Verständigung erreicht werden müssen, was vom Patienten für die Therapie erwartet wird, also daß er sich mitteilen muß, daß er sich dabei um Offenheit und Wahrhaftigkeit bemühen sollte, daß es um Erinnern, Reflektieren, Nachdenken, um Wahrnehmen und Fühlen geht, also um Bemühungen und Anstrengungen des Patienten, seine therapeutische Arbeit selber voranzubringen. Natürlich wird man auch sagen müssen, daß dies ihm auch Schwierigkeiten bereiten wird, daß das Sichmitteilen auch ins Stocken geraten kann, daß vielfache Gefühle behindernd auftreten werden (z.B. Ängste, Unsicherheiten, Scham, Mißtrauen, Ärger), daß dies unvermeidlich sei und auch sein dürfe, und dennoch die Aufforderung bestehen bleibe, sich in allem, was in einem vorgeht, mitzuteilen. Dies entspricht der analytischen Grundregel, deren Allgemeingültigkeit auch in der PdE gegeben ist, wobei gemäß des konfliktorientierten Vorgehens natürlich der fokussierte Konflikt das zentrale Thema bleibt, das in der aktuellen Lebenssituation des Patienten, aus Zusammenhängen seiner Lebensgeschichte und in der Therapeut-Patient-Beziehung erforscht werden soll. Der Patient muß also verstanden und akzeptiert haben, daß im wesentlichen er sich selbst fragt und mitteilt und daß der Therapeut vor allem zuhört. Die Mitteilung, daß der Therapeut vor allem Raum und Zeit offenhält und gibt und bemüht ist, die Selbstexploration des Patienten und sein Reflektieren zu befördern, kann dabei eine wichtige Hilfe sein, um die anfangs häufig vorhandene illusionäre Erwartungshaltung des Patienten zu mildern. Der Patient sollte also darüber aufgeklärt sein, daß die Präsenz des Therapeuten, sein Zuhören und Bemühen, sich in die Mitteilungen des Patienten einzufühlen, die wichtigsten Funktionen des Therapeuten sind. Daß er zwar den Prozeß der Selbstexploration des Patienten mit Fragen und Hinweisen unterstüt-

zen kann, aber dies eher selten tun wird, jedenfalls nicht führend, damit die Darstellungsweise und der Entwicklungsprozeß des Patienten möglichst wenig beeinflußt werden. Es geht also bei der Therapievereinbarung um die grundsätzliche Verständigung darüber, daß der Patient bereit ist, sich mitzuteilen, sich selber zu befragen, zu erinnern, nachzudenken, sich wahrzunehmen und zu fühlen und die Rolle des Therapeuten mehr im Zuhören und Sich-Einfühlen besteht, daß er keine Themen vorgibt, daß er nicht Rat erteilt oder das Gespräch führt, daß er sich auf kurze Bemerkungen beschränken wird, die bei Bedarf geeignet sind, den Gedanken- und Mitteilungsfluß des Patienten zu unterstützen, auftauchendes unbewußtes Material zu verstehen und neue Erfahrungen und Erkenntnisse zu gewinnen. Wichtig ist auch, übermittelt zu haben, daß der Therapeut in aller Regel nicht bewertet und urteilt, dagegen interessiert ist, den Patienten zu unterstützen, für sich selbst das Beste zu finden. Hilfe zur Selbsthilfe bleibt also ein zentrales Motto für den Therapie-Weg. Der Patient soll sich also befragen, besser verstehen, Zusammenhänge erkennen, Hintergründe seiner Probleme und Konflikte erschließen und unterdrückte Bedürfnisse und Gefühle wiederfinden und angemessen leben lernen.

Will man die Erkenntnisse der vielfältigen Effektivitätsstudien der Psychotherapie auf einen gemeinsamen Nenner bringen, dann ließe sich sagen, daß das Sich-Aussprechen, Erinnern und Verstehen in einer wohlwollenden mitmenschlichen Beziehung, in der wesentliche neue Erfahrungen gemacht werden können (hinsichtlich der eigenen Bedürfnisse und Gefühle) in Anwesenheit eines Menschen, der tolerant bleibt, aber auch ehrlich und authentisch reagiert, der eigentliche unspezifische Wirkfaktor einer Therapie ist.

Daher muß der Patient natürlich überzeugt davon sein oder überzeugt werden, daß die Selbstexploration in einer wohlwollenden Beziehung für sein Anliegen hilfreich sein kann, was anfangs mitunter nur suggestiv vermittelt werden kann.

Es wird immer auch Patienten geben, deren wesentliche Abwehr im Darüber-Reden besteht und die einwenden können, daß sie schon viel über sich nachgedacht (gegrübelt) und über ihre Probleme gesprochen haben, ohne daß ihnen das etwas geholfen hätte. Hier wird der Unterschied zwischen internalen und externalen Mitteilungen zu erklären sein und die besonders hilfreiche Wirkung der freilassenden und einfühlenden therapeutischen Beziehung zu betonen sein.

Natürlich wird sich im Bemühen um die Therapievereinbarung bereits der Widerstand des Patienten entzünden, der in seiner, für den Patienten spezifischen Art beim Verhandeln um die Therapievereinbarung schon Arbeitsmaterial liefert und die Übertragungs-Gegenübertragungs-Dynamik in Gang bringt. Gelingt damit eine gute Vereinbarung, ist die wesentliche Grundlage für einen therapeutischen Erfolg gelegt, andererseits läßt sich sicher auch sagen, daß ohne eine brauchbare Therapievereinbarung keine Therapie gelingen kann und man in diesem Fall die Arbeit für ein gutes Arbeitsbündnis fortsetzen muß, bevor man sich auf weitere Inhalte einläßt.

3. Psychodynamische Einzeltherapie

Die wesentlichen Schwierigkeiten einer konfliktorientierten tiefenpsychologisch fundierten, also auch fokussierten Therapie sind und bleiben die Rahmenbedingungen, die als Voraussetzung für einen sinnvollen und letztlich auch effektiven Therapieprozeß gelten müssen. Die psychotherapeutische Praxis zeigt immer wieder, daß es relativ wenige Patienten gibt (eines durchschnittlich potentiellen Psychotherapieklientels), die für eine langfristige analytische Arbeit im klassischen Sinne geeignet sind oder dazu bereit wären. Allerdings sollte eine mangelnde Bereitschaft bei bestehender Indikation für eine Psychoanalyse noch kein Grund sein, eine kürzere konfliktzentrierte Therapie anzubieten. Die Gefahr von bloßen Symptombesserungen und vorübergehenden „Übertragungsheilungen" bliebe dann zu groß. Neben den möglichen Ausschlußkriterien für eine langfristige „analytische Kur" (z.B. Chronizität, Abwehrstruktur, Lebensalter, mangelnde Motivation, geringe Veränderungsbereitschaft und -fähigkeit, eingeschränkte Fähigkeit zur Regression und zu ihrer Regulierung) sollten die Möglichkeiten für eine fokussierende Therapie natürlich vor allem „positiv" definiert werden, d. h., daß es wahrscheinlich ist, mit geringerem Aufwand konfliktzentriert die Problematik und Symptomatik befriedigend bewältigen zu können. Daß dabei nicht nur einer Symptomverschiebung der Weg gebahnt wird, hängt vor allem von den Rahmenbedingungen ab, die möglichst optimal gefunden und eingehalten werden sollten und davon, daß die konfliktorientierte Arbeit auch auf die Übertragungs-Gegenübertragungs-Dynamik fokussiert und damit die strukturelle Verankerung des Konfliktes erkennbar macht und „punktuell" auflösen hilft. Gerade der Fokus soll ja helfen, sich in der Behandlung auf den für die aktuelle Symptomatik wesentlichen Konflikt konzentrieren zu können und sich nicht durch immer wieder neue und veränderte Angebote des Patienten aus der ganzen Fülle seiner möglichen Konflikte verwirren zu lassen. Die Einteilung in eine analytische und tiefenpsychologisch fundierte Psychotherapie ist mehr der Richtlinien-Psychotherapie geschuldet als der Realität seelischer Störungen. Ich kann keinen intrapsychischen Konflikt ausmachen, der nicht auch strukturell verankert wäre, und dennoch ist es eine therapeutisch richtige und wichtige Entscheidung, ob der Konflikt ohne Strukturveränderung (-entwicklung, -reifung) zu klären und zu lösen geht oder nicht. Daß es allerdings tatsächlich eine grundlegende strukturelle Veränderung („Nachreifung") der Persönlichkeit gibt, ist bis heute nicht sicher belegt, allerdings ist die Kenntnis über die eigenen strukturellen Gegebenheiten und Begrenzungen wesentlich zu erweitern und auch die Fähigkeit, mit den eigenen Schwächen, Behinderungen und Blockaden wie auch mit den ganz persönlichen Fähigkeiten und Begabungen bewußter und „reifer" umgehen zu können. An die Stelle unbewußten Ausagierens (auch über Symptome) sollte das bessere Verstehen und die Fähigkeit, zu fühlen und sich für seine Belange bewußter engagieren zu können, treten. Das sekundäre und vermeidbare Leid kann damit bestimmt vermindert werden, das primäre und unvermeidbare Leid aber eben nicht beseitigt, sondern „nur" emotional verarbeitet, und das heißt auch angenommen werden.

Wir glauben nach Kenntnis anderer Fokaltherapien, daß eine Besonderheit der PdE vor allem darin liegt, immer wieder auf die Übertragungs-Gegenübertragungs-Beziehung im Hier und Jetzt des therapeutischen Prozesses zu fokusieren. Dies ist entstanden zu einer Zeit in der DDR, in der eine analytische Langzeittherapie mit einer möglichst umfassenden Entfaltung der Übertragungsneurose kaum praktiziert werden konnte, uns aber die zentrale Bedeutung der Übertragungs-Gegenübertragungs-Dynamik theoretisch und praktisch bewußt war, so daß wir in der Weiterbildung dieses analytische Essential besonders herausstellen wollten und dabei auch die besondere Effektivität eines solchen Vorgehens entdecken konnten. So ist die „freischwebende Aufmerksamkeit" des Therapeuten der PdE vor allem auf seine Gegenübertragungsreaktionen (Gefühle, Gedanken, Körperwahrnehmungen etc.) gerichtet, um mit Hilfe des eigenen Erlebens auf die unbewußte Dynamik im Hier und Jetzt der therapeutischen Beziehung je nach Bedarf fokussieren zu können.

Da bei einer konfliktzentrierten Therapie die räumlich-zeitliche und vereinbarungsmäßige Basis für eine volle Entfaltung und Bearbeitung der Übertragungsneurose nicht gegeben ist, müssen die Therapievereinbarung und das Fokussieren auf die Übertragungs-Gegenübertragungs-Dynamik im Hier und Jetzt die Voraussetzungen schaffen, daß eine kausale Therapie geschehen kann. Bevor also eine psychodynamische Einzeltherapie beginnen kann, muß die psychodynamisch orientierte Exploration zu einer brauchbaren Therapievereinbarung geführt haben. Dabei muß natürlich betont werden, daß die Entwicklungsschritte und Kriterien der poE als Zielpunkte zu verstehen sind, letztlich als dynamische Prozesse, um die stets gerungen werden muß, die sich auch im Laufe der Therapie verändern, entwickeln werden und immer wieder neu präzisiert werden müssen. Wenn wir auch die psychodynamisch orientierte Exploration und die eigentliche psychodynamische Einzeltherapie methodisch voneinander unterscheiden, so muß doch gesagt werden, daß die poE natürlich auch schon Therapie ist und daß in einer laufenden Therapie Elemente der poE immer wieder beachtet und bedacht werden müssen, vor allem das Fokussieren und die dynamische Entwicklung der Therapievereinbarung. Und daß sich wesentliches lebensgeschichtliches Material im Verlauf der Therapie erweitern und vertiefen wird, das versteht sich ja praktisch von selbst.

Nach einer psychodynamisch orientierten Exploration sollten also folgende Kriterien erfüllt sein:

1. Von seiten des Therapeuten:
   - Er muß sich durch die psychodynamische Exploration überzeugt haben, daß eine tiefenpsychologisch fundierte psychotherapeutische Behandlung indiziert ist.
   - Er muß durch die Exploration mit dem Patienten zu einer angemessenen Therapievereinbarung gekommen sein.
   - Er sollte sich sicher fühlen, mit dem jeweiligen Patienten eine hilfreiche Beziehung zustande zu bringen und aufrechterhalten zu können, so daß ihm Empathie und Nähe, aber auch notwendige Konfrontationen und Distanz hinreichend möglich sind.

2. Von seiten des Patienten:
   - Er muß die Psychogenese akzeptiert haben und damit die Tatsache, daß Psychotherapie für sein Leiden eine angemessene Behandlung ist.
   - Er muß die theoretischen Prämissen (z.B. unbewußte Konfliktdynamik) und die methodische Konzeption der psychodynamischen Einzeltherapie nach seinen Möglichkeiten verstanden und akzeptiert haben (z.B. daß er sich offen mitteilen soll, sich aktiv um Erinnern und Verstehen bemühen muß und sich auch selbstverantwortlich auf neue Erfahrungen und Lebensveränderungen einlassen sollte).
   - Er muß dazu an der Therapievereinbarung aktiv mitgearbeitet und sie auch entsprechend verstanden und akzeptiert haben.

3. Für Patient und Therapeut:
   - Es sollte während der poE bei beiden Beziehungspartnern ein Gefühl entstanden sein, gut und vertrauensvoll miteinander arbeiten zu können.
   - Die Therapievereinbarung wird von beiden getragen.

- Ein benennbarer zentraler psychodynamischer Konflikt (im Fokus formuliert) wird von beiden als Arbeitsinhalt akzeptiert.

Mit diesen Kriterien bekommt Therapie eine klar benennbare Form, die Vereinbarung ist mit Inhalten gefüllt, die die Möglichkeiten, die Grenzen und die wechselseitigen Verpflichtungen benennen und abstecken. Damit sind die Voraussetzungen geschaffen, daß beim konfliktzentrierten Vorgehen in einem wenig regressionsfördernden Setting (z.B. nur 1 Wochenstunde im Gegenübersitzen) Widerstände und Ausagieren des Patienten möglichst rasch erkannt und bearbeitet werden können.

Wenn wir im folgenden die Entwicklung einer psychodynamischen Einzeltherapie in Schritten aufzeigen wollen, muß dazu erwähnt werden, daß ein solcher Prozeß eigentlich nie linear verläuft, sondern eher spiralförmig die verschiedenen Schritte immer wieder zu gehen sein werden, wobei eine ständige weiterführende Annäherung an die erfahrbare Wahrheit idealerweise geschieht und der unvermeidliche Widerstand, der in immer wieder neuen Varianten der schmerzlichen Erkenntnis und den anstrengenden Veränderungen entgegengesetzt wird, mühevoll überwunden werden muß.

Zur Übersicht seien die „idealtypischen" Entwicklungsschritte der psychodynamischen Einzeltherapie aufgezählt:

1. Der Patient schildert sein Leiden und formuliert sein Anliegen.
2. Aus dem Auftreten des Patienten, aus der Symptomatik, dem zeitlichen und dynamischen Zusammenhang und den lebensgeschichtlichen Daten formuliert der Therapeut für sich zunächst die psychodynamische Minimalhypothese und fokussiert mit dem Patienten den zu bearbeitenden wesentlichen Konflikt.
3. Mit der Therapievereinbarung hat der Patient seine Bereitschaft erklärt, daß er zum Thema des fokussierten Konfliktes von sich möglichst unzensiert spricht, dabei bemüht ist, das Konfliktfeld selbst zu ergründen und auch szenisch darzustellen und auch auf seine emotionalen Reaktionen dabei zu achten.
4. Der Therapeut hat seine Bereitschaft zum Zuhören und Einfühlen erklärt und daß er die Selbsterforschung des Patienten befördern will. Dabei werden unweigerlich auch neurotische Erwartungen des Patienten enttäuscht werden.
5. Das vereinbarte Von-Sich-Sprechen und Das-Konfliktfeld-Selbst-Erforschen werden zwangsläufig Widerstände beim Patienten auslösen, weil damit unangenehme Erinnerungen und Gefühle verbunden sind.
6. Mit der dann erforderlichen Widerstandsanalyse beginnt die spezifische therapeutische Arbeit.

7. Wesentliche Vehikel der Widerstandsanalyse sind Deutungen, die sich konfliktbezogen
   - auf verborgene Bedürfnisse und Gefühle des Patienten
   - auf die Abbildung des Konfliktes in der Therapeut-Patient-Beziehung (Übertragung/Gegenübertragung)
   - auf die unerkannten Bedingungen im äußeren Konfliktfeld (außerhalb der Übertragungsbeziehung)
   - auf die realitätsgerechte Erinnerung und Interpretation der lebensgeschichtlichen Zusammenhänge

   beziehen.
8. Die Annahme der Deutung führt stets zu emotionaler Betroffenheit.
9. Diesen emotionalen Reaktionen ist breiter Raum (Schutz, Förderung, Ermutigung, Unterstützung) zu geben.
10. Am Ende sind Überlegungen, evtl. auch Übungen und praktische Erfahrungen erforderlich, wie die neuen Erkenntnisse und Erfahrungen in der realen Lebenssituation außerhalb der Therapie zu integrieren sind.

Diese Schritte sind - wie schon erwähnt - in aller Regel nicht als ein bloßes Hintereinander zu verstehen, sondern eher als ein kreisförmiger oder besser gesagt spiralförmiger Prozeß, in dem die einzelnen Entwicklungsschritte immer wieder durchlaufen werden.
Als spezifische therapeutische Aufgaben wollen wir jetzt die Widerstandsanalyse, das Erleben des Therapeuten als therapeutisches Instrument und die verschiedenen therapeutischen Interventionsmöglichkeiten etwas näher beschreiben.

3.1. Widerstandsanalyse geht vor Inhaltsanalyse

Wenn eine umfassende Übertragungsbeziehung nicht das wesentliche Vehikel für den therapeutischen Prozeß herstellen kann und damit auch nicht der Widerstand gegen Übertragung ein ständiges zu analysierendes Thema bleibt, sondern die Therapievereinbarung, auf die man immer wieder rekurrieren kann und muß, die Arbeitsgrundlage darstellt, wird sich auch der Widerstand am häufigsten äußerlich gegen die Therapievereinbarung richten. Daß in diesem Widerstand, wie auch schon bei der Erarbeitung des Therapievertrages, Übertragungsprozesse stattfinden und transportiert werden, versteht sich von selbst, sie können aber im konfliktorientierten Setting nicht umfassend, sondern nur fokussiert, bearbeitet werden.

Der Widerstand wird sich gegen die formalen Vereinbarungen (z.B. Termine vergessen, Zuspätkommen, andere Regeln aushandeln wollen, andere Ärzte zwischendurch aufsuchen u.a.m.) und gegen die inhaltlichen Vereinbarungen (z.B. Schweigen, external bleiben, den Fokus nicht beachten, andere Themen bringen, Symptome wieder in den Vordergrund stellen, über neue aktuelle Konflikte und Krisen berichten u.a.m.) richten.
Der Widerstand des Patienten ist eine unvermeidbare und notwendige Verhaltensstrategie gegen unangenehme Erinnerungen und belastende Erfahrungen. Der Widerstand dient dem seelischen Schutz und der situativen Stabilisierung. Wenn Widerstand auftritt, kann man sicher sein, daß man sich im Gespräch und in der Beziehung an einem für den Therapieprozeß relevanten Punkt befindet. Von daher kann nicht genug betont werden, daß vor allem der Widerstand den Weg weist und jedes andere - noch so interessante - Thema nur der Ablenkung dient und somit im Dienste des Widerstandes steht.
Die Vereinbarung im Kopf, den Fokalkonflikt vor Augen wird ein Abweichen davon als Widerstand leicht zu erkennen sein und zunächst durch allgemeine Fragen und Hinweise zur Bearbeitung gebracht werden können: z.B.
- Mir fällt auf, daß ...
- Das muß etwas bedeuten, wenn Sie jetzt ...
- Sie weichen jetzt ab oder aus, was könnte das bedeuten?
- Heute sind Sie ganz anders?
- Was machen Sie jetzt gerade?

Die Bearbeitung des Widerstandes ist also die vordergründige therapeutische Aufgabe, und wie dies geschieht, gehört zur therapeutischen Kunst: Zur rechten Zeit die richtige Intervention, die es dem Patienten erlaubt, seinen Widerstand zu reduzieren oder aufzugeben, um dadurch ängstigende Inhalte und Gefühle wieder wahrzunehmen und in einer toleranten Beziehung auch straffrei zu kommunizieren. Einer solchen Erfahrung darf nach all unseren Erkenntnissen eine heilende Wirkung zugeschrieben werden.
Bei den größeren Gesprächsabständen (in der Regel 1 x wöchentlich) und der geringeren Übertragung gilt jeder Form der Abweichung von der Vereinbarung die größte Aufmerksamkeit und sollte entsprechend beachtet und bearbeitet werden. Wenn keine intensive „Führung" durch die Übertragung gegeben ist, wird der Patient gerne ausweichen wollen und Inhalte bringen, die mit dem Fokus und der Vereinbarung wenig zu tun haben. Natürlich ist es nicht immer leicht, herauszufinden, ob die Konfliktdynamik, auf die man sich geeinigt hat, tatsächlich noch therapierelevant ist oder neu gefunden und definiert werden muß, oder ob das zunächst „andere" Angebot des

Patienten nicht doch mit dem Fokalkonflikt zusammenhängt, so daß Raum und Zeit für den Patienten, Geduld und Toleranz beim Therapeuten unabdingbar sind, aber dann eben auch die Reflexion darüber, inwieweit sich das Gespräch noch im Rahmen der inhaltlichen Vereinbarung bewegt. Der Versuch des Patienten als Widerstand und die Verführung durch ihn, sich auf sicher auch wichtige andere Themen und Erlebnisse einzulassen als vereinbart, ist bei einem niederfrequenten Setting relativ groß, so daß hier nach unserer Erfahrung jedes Abweichen von der Vereinbarung als möglicher Widerstand gedacht werden kann und zur Klärung gebracht werden sollte. So hat sich der Satz: **Widerstandsanalyse geht vor Inhaltsanalyse** als goldene Regel sehr bewährt. Gerade bei einer fokussierten Kurzzeittherapie kann man sonst sehr leicht auf einem „Nebengleis" landen, dort viel und zunächst auch erfolgreich miteinander arbeiten, bis deutlich wird, daß dies nur eine spezielle Form des Widerstandes war, zu der das gegebene Setting leicht verführt. In diesem Zusammenhang kann noch einmal betont werden, wie wichtig eine gut und gründlich erarbeitete Therapievereinbarung ist.

Die Widerstandsarbeit steht im Mittelpunkt und wie diese aber durchgeführt wird, durch Hinweise und Ermutigung, durch gutes Zureden, durch andere Beispiele, die man geben kann, oder durch Erfahrungen und Meinungen, die im Weltbild des Patienten bisher nicht vorkommen durften, durch theoriegeleitete Deutungen, durch Provokationen und Konfrontationen, durch die Selbsteinbringung des Therapeuten mit seinem Erleben aus der Gegenübertragung - den richtigen Weg kann man nur situativ und patientenbezogen und aus dem Verstehen der Übertragungs-Gegenübertragungs-Dynamik heraus finden. Ich weiß nur, daß es mir schon passiert ist, alle Therapieregeln vergessend regelrecht „ausgerastet" zu sein, und noch erschrocken darüber mußte ich feststellen, das war genau das richtige therapeutische Verhalten, und dann war es auch möglich, die darin verborgene unbewußte Dynamik zu verstehen.

Mit der psychodynamischen Einzeltherapie vertreten wir eine stark intersubjektive Position, die keine allgemeingültigen Verhaltensregeln lehrt, sondern die sehr subjektive Reflexion, Analyse und Verantwortung in den Mittelpunkt stellt, wofür auch eine berufsbegleitende kollegiale Supervision die besten Voraussetzungen schafft und entsprechenden Schutz gewährt.

3.2. Das Erleben des Therapeuten

Wenn man sich fragt, wie ein unbewußter intrapsychischer Konflikt eines Patienten bewußt und aufgelöst werden könne, dann bekommt die

"Rückübersetzung" des inneren Konfliktes, der ursprünglich ja in der Mutter-Vater-Kind-Dynamik entstanden ist, wieder in einen Beziehungskonflikt, nun zwischen Therapeut und Patient, die höchste Bedeutung. Der erlebte Konflikt ist sicher heilsamer als der nur verstandene, vorausgesetzt, daß der Therapeut als (Übertragungs-) Beziehungspartner „gesünder" auf die Angebote des Patienten reagiert, als dies ehemals die Eltern taten (also z.B. empathischer, toleranter, geduldiger, ehrlicher, authentischer reagiert) und damit eine wesentliche Neuerfahrung für den Patienten ermöglicht. Und daß gerade die guten Neuerfahrungen die früheren schlechteren und defizitären Beziehungen aus der Relation heraus erst richtig bewußt werden lassen, führt in aller Regel erst zu Schmerz, Trauer, Enttäuschung und Wut, bevor eine bessere Beziehung auch lustvoll und entlastend erlebt und ausgestaltet werden kann.

In der konfliktorientierten PdE wird besonders darauf zu achten sein, wie der Fokalkonflikt in der Therapeut-Patient-Beziehung erscheint, und es wird andererseits immer wieder auf die Therapeut-Patient-Beziehung zu fokussieren sein, um die bestehende Beziehungsdynamik bewußt werden zu lassen und erlebbar zu machen.

Idealerweise wird der Fokalkonflikt im Zusammenhang mit der Symptomatik und dem zeitlichen und dynamischen Zusammenhang und dem dazugehörigen spezifischen genetischen Material verständlich werden müssen, aber der affektive Gehalt des Konfliktes sollte sich vor allem in der Übertragungs-Gegenübertragungs-Dynamik zwischen Therapeut und Patient eröffnen und dort auch gehalten und durchgearbeitet werden.

Das „Durcharbeiten" meint vor allem, daß zwischen dem Anteil des Patienten-Affektes, der der realen Person des Therapeuten und den Grenzen der professionellen Beziehung und des Settings gilt, von dem Anteil differenziert wird, der in der Übertragung transportiert wird und den Personen und Geschehnissen von Dort und Damals gilt.

Eine andere Form des „Durcharbeitens" gilt der möglichst vollen Entwicklung der im Konflikt gebundenen Emotionen und dem möglichst konkreten und genauen Erinnern der früheren lebensgeschichtlichen Bedingungen und Erfahrungen.

Ein Hauptproblem der konfliktorientierten Arbeit sehen wir darin, daß das Durcharbeiten bei einer „positiven" Übertragung auf den Therapeuten steckenbleibt, daß der Patient betont, daß er froh und dankbar sei gegenüber dem Therapeuten, daß ihm die Gespräche wichtig seien und er gut vorankomme, aber leider die Verhältnisse, in denen er lebt, so belastend seien, oder doch wieder mal Symptome aufgetreten seien usw. Das heißt, das Negative, das Böse und Destruktive bleibt aus der Therapeut-Patient-Beziehung ausgespart, wird abgespalten auf Personen und Umstände außerhalb der

Therapie oder auch nur in früheren Lebensphasen gesehen und besprochen. Eine andere Variante könnte auch sein, daß der Patient zwar dankbar ist und die Therapie oder den Therapeuten lobt, aber unverdrossen durch sein schlechtes Befinden „nervt". Es werden also auch die sogenannten „negativen" Übertragungsanteile zu erfassen und zu bearbeiten sein, die durch eine sehr feine Widerstandsanalyse, vor allem im Hinblick auf die Therapievereinbarung, gelingen können.

Hier zeigt sich das heimlich-unbewußte und indirekt-aggressive Agieren des Patienten vor allem dann in der Therapeut-Patient-Beziehung, wenn die Beziehung in der Widerstandsanalyse auch angesprochen wird (etwa nach dem Motto, wenn ein Patient z.B. zu spät kommt: Was wollen Sie mir damit sagen?). Eine solche Frage wie auch andere, z.B. Wie geht es Ihnen jetzt mit mir?, Was fühlen Sie hier und jetzt in unserer Beziehung?, Was meinen Sie, was Ihre Worte und Ihr Verhalten in mir jetzt auslösen oder auslöst? - sind sehr hilfreich, um auch die „negativen" Aspekte in der therapeutischen Beziehung zu erfassen.

Um die Differenzierung zwischen Realanteil und Übertragungsanteil gut voranzubringen, um die Übertragung auch mit ihren negativen Aspekten gut aushalten zu können, ist das eigene Erleben des Therapeuten die wichtigste Basis. Der Therapeut muß natürlich durch seine Selbsterfahrung seine Erlebens- und Reaktionsweisen gut kennen und auch kontrollieren können, er muß seine eigenen wunden Stellen erfahren und selber durchgearbeitet haben oder Möglichkeiten wissen, dies immer wieder mal tun zu können. Denn in einer intensiven Therapie wird der Therapeut von seinem Patienten stets an die eigene Grenze geführt werden, weil das ja gerade die neurotische Stärke ist, das Gegenüber gut wahrzunehmen, dessen Wünsche herauszuahnen und zu bedienen oder dessen Schwachstellen aufzufinden und zu reizen, um damit von den eigenen schmerzlichen Erfahrungen abzulenken.

Diese notwendige Selbsterfahrung vorausgesetzt, wird der Therapeut stets sein eigenes Erleben wahrnehmen und differenzieren. Er wird in aller Regel dahin kommen, auf sein Erleben mehr zu achten als auf das, was der Patient zu ihm sagt, weil in der erlebten Beziehungsdynamik häufig mehr unbewußtes Material sich manifestiert als in den bewußten Mitteilungen. Der affektive Teil des Erlebens des Therapeuten ist unserer Erfahrung nach wenigstens so wichtig wie die gedanklichen und bildhaften Assoziationen der „frei schwebenden Aufmerksamkeit" des Therapeuten.

So erhält der Therapeut mit Hilfe seines Erlebens
- einen wichtigen Zugang zu den unbewußten Vorgängen des Patienten (die Gefühle und Affekte des Therapeuten sind ein Ausdruck der unbewußten Problematik des Patienten)
- evtl. Hinweise, daß in ihm selbst Konflikte und Abwehrvorgänge durch den Patienten aktiviert wurden (die zu identifizieren vor allem durch die eigene Selbsterfahrung möglich geworden oder durch Supervision zu erschließen sind, wenn die Therapie nicht mehr gut vorankommt)
- einen Maßstab dafür, wieviel von der emotionalen Spannung zwischen Therapeut und Patient der Realität ihrer Beziehung oder der Übertragung gilt (also z.B. Antwort auf die Frage gibt, bin ich wirklich so gut und edel oder so gefährlich und schlecht, wie der Patient mich gerade erlebt und darstellt?).

Das gesündere Erleben des Therapeuten, d. h. daß er gelassener und toleranter reagieren kann, daß er ehrlicher, echter und authentischer sein sollte, als es der Patient bisher kennengelernt hat, das bietet die wesentliche Grundlage für heilsame Neuerfahrungen, auch als Vorbild für den Patienten für freieres Wahrnehmen und Erleben.
Der therapeutischen Kunst bleibt es vorbehalten, herauszufinden, was aus der permanenten Selbstwahrnehmung des Therapeuten, wann und wie dem Patienten mitgeteilt oder angeboten wird, um dessen Selbstexplorationsprozeß zu befördern. Auf jeden Fall aber ist das reflektierte Erleben des Therapeuten (im Stillen für sich selbst) die Basis, von der er auf die Beziehung fokussieren und Übertragungen identifizieren kann und sozusagen die Therapie „dynamisch" erhält und das mögliche acting-out zum therapeutisch hilfreichen acting-in machen kann.

3.3. Die therapeutische Arbeit im Rahmen der getroffenen Vereinbarung

3.3.1. Die therapeutische Haltung

Die wichtigste Funktion des Therapeuten ist, daß er Raum und Zeit gibt und offen hält für die Selbstexploration des Patienten. Darüber hinaus wird er durch sein Verhalten bemüht sein, diesen Prozeß anzuregen und zu befördern. Er soll bereit und offen genug sein, gut zuzuhören und dabei vor allem auf sein eigenes Erleben, seine Gefühle und Einfälle zu achten. Damit hält er sozusagen die Grundlagen für den therapeutischen Prozeß bereit. Er wird dann das therapeutische Anliegen dadurch befördern, daß er auf das Einhalten der Therapievereinbarung achtet bzw. die Vereinbarung - wenn nötig - in Zusammenarbeit mit dem Patienten verändert oder erweitert und dann im wesentlichen eine ständige Widerstandsanalyse betreibt.

Da wir nach dem theoretisch-tiefenpsychologischen Hintergrund davon ausgehen, daß die Symptomatik, das genetische Material und die Übertragungs-Gegenübertragungs-Dynamik den Fokalkonflikt erklären oder ihn in Szene setzen und darin die unbewußten Anteile des Konfliktes therapeutisch zu erarbeiten sind, wird der Therapeut natürlich Interesse haben, den Zugang zum konkreten unbewußten Material zu fördern und den Widerstand dagegen zu mindern. Dies kann er befördern

- durch Verbalisierung emotionaler Inhalte
- durch Hinweise auf Widersprüche und Fehlleistungen
- durch Hinweise auf die Körpersprache (Haltung, Mimik, Gestik)
- durch Hinweise auf formales Gesprächsverhalten (Ausweichen, Schweigen, Themenwechsel, Auslassen, viel Reden, Externalisieren)
- durch Hinweis auf sich ankündigende emotionale Reaktionen (z.B. Tränen in den Augen, rote Hautflecken, Husten, Schweißausbruch, Atemveränderung, Fäuste ballen)
- durch Ermutigung zu freien Einfällen, Assoziationen und Imaginationen
- durch Traumbearbeitung.

Die Haltung des Therapeuten sollte dabei von der Möglichkeit zur Empathie (wohlwollendes Interesse, vorurteilsfreies Akzeptieren und möglichst gutes Einfühlen in den Patienten) bis zur Fähigkeit der Konfrontation des neurotischen Agierens reichen.

Eine wesentliche therapeutische Möglichkeit besteht in der Mitteilung des Therapeuten über sein Erleben (seine Gegenübertragung). Im Erleben des Therapeuten kann sich der Patient gespiegelt sehen, kann daraus ein neues Verständnis für sich gewinnen und auch ein Vorbild für die eigenen emotionalen Prozesse erfahren.

3.3.2. Deutungen

Mit dem Deuten hat der Therapeut eine spezifische Möglichkeit, unbewußte Zusammenhänge dem Patienten nahezubringen und neue Einsichten zu ermöglichen. Gute und richtig dosierte Deutungen führen stets zu emotionaler Betroffenheit, die für den therapeutischen Fortgang unvermeidbar ist.

Falsche oder zu drastische oder zu frühe Deutungen können aber auch so verwirren und ängstigen, daß der Therapieprozeß dadurch nachhaltig gestört wird. Man wird also behutsam vorgehen müssen, wobei vorsichtige Andeutungen und Probedeutungen im Zweifel das weitere Vorgehen erleichtern. Die beste Deutungsarbeit besteht wohl darin, den Patienten zur Selbstdeutung anzuregen, denn jede Deutung hat nur dann wirklichen Wert, wenn sie vom Patienten auch als stimmig akzeptiert werden kann. Im Grunde genommen ist der Patient ja auch der einzige, der seine Probleme und Konflikte auch wirklich deuten und verstehen kann. Deutungen dürfen auch keine Suggestion sein, sondern sie sollen die Selbsterkenntnis fördern.

Wir unterscheiden in unserer Konzeption:

1. Widerstandsdeutung:
Damit sind Mitteilungen des Therapeuten an den Patienten gemeint, daß er Abweichungen von der Vereinbarung bemerkt, darauf aufmerksam machen will, damit den Patienten anregt, das widerständige Verhalten zu verstehen oder ihm eine Erklärung dafür anbietet.

z.B. „Mir fällt auf, daß Sie das Thema Sexualität immer wieder vermeiden, und ich vermute, daß sie davor eine besondere Scheu haben."
„An dieser Stelle fangen Sie immer wieder an, auf Ihren Mann zu schimpfen, und ich denke mir, daß da ein besonderes Problem bei Ihnen berührt wird."

2. Übertragungsdeutungen:
Der Therapeut versucht durch Hinweise, Anfragen oder Erklärungsangebote, auf die aktuelle Beziehungskonstellation zwischen Therapeut und Patient und das Erleben des Patienten gegenüber dem Therapeuten aufmerksam zu machen.

z.B. „Sie schweigen jetzt und ich stelle mir vor, daß es Ihnen schwer fällt, mit mir darüber zu sprechen."
„Sie fürchten jetzt offenbar, daß ich wie Ihr strenger Vater reagiere."
„Ich habe jetzt den Eindruck, daß ich mich wie eine gute Mutter um Sie kümmern sollte."

3. Inhaltsdeutungen:
Hierbei gibt der Therapeut vor allem theoriegeleitete Erklärungsangebote für die inneren Konflikte, für die widerstreitenden Bedürfnisse und die unterdrückten Wünsche und Gefühle. Dabei halten wir es für wichtig, keine theo-

retischen Erklärungen zu geben, die leicht als „Ideologie" vom Patienten, also praktisch zur rationalisierenden und intellektualisierenden Abwehr gegen das affektiv getragene Erleben, benutzt werden könnten. So kämen wir wohl nie auf die Idee, z.B. von einem „Ödipuskomplex" gegenüber dem Patienten zu sprechen, sondern wären bemüht, eine ödipale Konfliktkonstellation konkret und personell in ihrer jeweiligen Erscheinungsform zu beschreiben.

z.B. „Bei dem, was Sie mir eben erzählt haben, müßten Sie eigentlich ziemlich enttäuscht oder verärgert sein, und ich wundere mich, daß Sie darüber so gelassen berichten."
„Als Sie eben über Ihre Frau so positiv sprachen, sah ich Ihre Augen feucht werden. Ich vermute, daß da noch etwas anderes bei Ihnen eine Rolle spielt."
„Jetzt kann man so richtig spüren, wie wütend Sie sind, was Ihnen offenbar auch große Angst macht."

4. Genetische Deutungen:
Der Therapeut regt den Patienten an nachzudenken, sich zu erinnern oder gibt selbst aus seinem angesammelten Wissen über den Patienten Hinweise und Erklärungen für relevante lebensgeschichtliche Erfahrungen und Traumatisierungen und auf das etwaige Eltern-Kind-Verhältnis. Damit sollen die noch wirksamen Verbindungen von Dort und Damals zum Hier und Jetzt deutlich gemacht werden.

z.B. „Wenn Sie so von Ihrem Vater sprechen, kann ich richtig spüren, daß Sie ihn auch gern gehabt haben."
"Was Sie mir von Ihrem Arbeitskonflikt mit Ihrer Chefin berichtet haben, klingt so, als würden Sie ihr immer alles recht machen wollen, ohne dafür entsprechend gewürdigt zu werden, wie Sie es schon von Ihrer Mutter her kennen."
„An dieser Stelle reagieren Sie auf Ihren Mann, als wenn es Ihr Vater wäre."

5. Anregungen zur Selbstdeutung
„Was bedeutet das für Sie?"
„Wie verstehen Sie das?"
„Was entnehmen Sie daraus?"
„Wie geht es Ihnen damit?"
„Was fühlen Sie dabei?"

Jede Selbstdeutung des Patienten ist wertvoller als gegebene Deutungen, weil sie aus der Selbsterkenntnis des Patienten stammen und damit die Gefahr von Fehldeutungen, Suggestionen und Manipulation durch den Therapeuten verringert wird.
Wichtig ist, daß der emotionalen Reaktion auf eine angemessene Deutung genug Raum und Zeit gelassen wird. Das betroffene Schweigen, das Weinen und Aufschreien, die Empörung, der Schmerz und die Trauer, die sich plötzlich mit einer Deutung wieder eröffnen, brauchen Bejahung, Beförderung und Schutz. Hier bewährt es sich, wenn ein Therapeut über körpertherapeutische Interventionen und Erfahrungen verfügt, wie man gut helfen kann, daß sich Gefühle voll entfalten und auch ausgedrückt werden können.

3.3.3. Aktivierende therapeutische Interventionen

Am Anfang der therapeutischen Arbeit stehen Zuhören, Einfühlen, das Wahrnehmen des Therapeuten, die Widerstandsanalyse und Deutungen im Vordergrund. Am Ende der Therapie werden auch aktivierende Interventionen sinnvoll, die die Integration der Erinnerungen und Neu-Erfahrungen in die Struktur des Patienten und die Transformation in seine Lebensweise außerhalb der Therapie betreffen.

1. Erlebnisaktivierende Interventionen
z.B. „Was fühlen Sie im Zusammenhang mit dieser Erinnerung oder Erfahrung?"
„Was geht jetzt in Ihnen vor?"
„Ja, lassen Sie das zu und geben Sie dem Ausdruck!"

2. Das Verstehen beförderne Interventionen
z.B. „Wie verstehen Sie das jetzt?"
„Wie verstehen Sie sich jetzt?"
„Wie können Sie sich jetzt Ihre Symptome, Ihre Probleme, Ihre Konflikte erklären?"

3. Handlungsaktivierende Interventionen
z.B. „Was bedeutet das für Ihr bisheriges Verhalten?"
„Was bedeutet das für Ihre Lebenssituation?"
„Wie wird Ihr Partner, die Familie, die Kollegen darauf reagieren?"
„Welche Konsequenzen wollen Sie daraus ziehen?"
„Welche Entscheidungen wollen Sie jetzt treffen?"

„Was können Sie tun, um den begonnenen Prozeß weiter fortzuführen und auch zu beschützen?"

Der Umgang mit Integration und Transformation ist wie ein Prüfstein für den therapeutischen Erfolg und die notwendige Ablösung vom Therapeuten und aus der Therapie. Daß bei den aktivierenden Interventionen keine Suggestion und Beeinflussung geschehen sollte und daß der Patient frei bleibt, seine Entscheidung zu treffen und zu verantworten, gehört zu unserer therapeutischen Grundhaltung. Daß ihm am Ende aber auch ein kritisches Abwägen von Für und Wider denkbarer Entscheidungen in der gewachsenen Beziehung möglich geworden ist und die therapeutische Beziehung eher in ein Gespräch unter gleichrangigen Erwachsenen übergeht, kann als ein gutes Zeichen für den Erfolg der gemeinsamen Arbeit gewertet werden.
Die klassische psychoanalytische Formel für den Therapieprozeß: Erinnern, Wiederholen, Durcharbeiten hieße für die PdE eher: Wiederholen, Erinnern, Durcharbeiten oder noch treffender: Wiederholen, Fühlen und Verstehen, Integrieren und Transformieren.

Widerstandsanalyse in der Psychodynamischen Einzeltherapie

F. Jäkel

Bei der praktischen Umsetzung der Psychodynamischen Einzeltherapie wird großer Wert auf eine früh beginnende, konsequente Widerstandsbearbeitung gelegt. Damit ist die Methode von Anfang an, bei aller Annahme und wohlwollender Haltung gegenüber dem Patienten, als ein zugreifendes, durch deutliche konfrontative Elemente gekennzeichnetes Verfahren zu verstehen. Dieser Wesenszug ergibt sich zum einen aus dem kurz- und focaltherapeutischen Konzept, ist zum anderen aber auch in Zusammenhang mit der Geschichte der Psychotherapie in der DDR zu sehen.
In der Ausbildung und im psychotherapeutischen Versorgungssystem wurden in der DDR Psychotherapieformen favorisiert, die keinen konfliktaufdeckenden Charakter trugen, sondern auf Beschwichtigung, Anpassung, Harmonisierung und Konfliktvermeidung ausgerichtet waren. Mit diesen nicht aufdeckenden Verfahren sollten die bestehenden und vom Patienten bei der Symptombildung verwendeten Abwehrmechanismen wie Verdrängung, Verleugnung, Verschiebung, Reaktionsbildung oder Rationalisierung gestärkt oder sogar neue Abwehrformationen aufgebaut werden.
Eine Ausnahme bildete in dieser Hinsicht die Intendiert Dynamische Gruppenpsychotherapie, die als gruppentherapeutisches Verfahren ein schrittweises Bewußtwerden von Widerstandsmanifestationen und deren graduelle Überwindung anstrebte. Auf dem Felde der Einzelpsychotherapie ist die Psychodynamische Einzelpsychotherapie als Reaktion auf die oben dargestellte Situation zu verstehen.
In der psychotherapeutischen Praxis, im alltäglichen Umgang mit Psychotherapiepatienten, waren die Grenzen von nicht tiefenpsychologisch ausgerichteten Verfahren immer spürbar und auch das Bewußtsein für diesen Mangel stets wach geblieben. Mehr oder weniger reflektiert, aus dem Druck der realen Anforderungen heraus, wurde von den psychotherapeutisch tätigen

Ärzten und Psychologen mit den Patienten am Verständnis und an der Veränderung von Widerstandskonstellationen gearbeitet.
Mit der Gründung der Sektion Psychodynamische Einzeltherapie, der konzeptionellen Ausarbeitung der Methode und dem Angebot von Ausbildungsgängen und Weiterbildungsveranstaltungen wurde auch dem bestehenden Bedürfnis Rechnung getragen, in Fragen des Umganges mit und der Analyse des Widerstandes in Einzelbehandlungen Orientierung und Anleitung zu finden.
Die Widerstandsanalyse in der Psychodynamischen Einzeltherapie erfolgt, wie bei anderen tiefenpsychologischen Verfahren auch. in aufeinander folgenden Schritten: Der Patient muß zunächst empfinden und verstehen, daß er Widerstand leistet. Im weiteren ist die Einsicht darin zu befördern, in welcher Form sich seine Widerstände äußern, auf welche Weise er widerständig handelt. Letztlich ist zu erarbeiten, warum der Widerstand auftritt, welcher Sinn sich mit dem Widerstand verbindet und wogegen der Widerstand gerichtet ist.
Da die Widerstände des Patienten anfangs hauptsächlich gegen den Therapeuten und seine Bemühungen gerichtet sind, den therapeutischen Prozeß in Gang zu bringen, liegt hier zunächst der Schwerpunkt der Widerstandsarbeit. An dieser Stelle ist z.B. auf Versuche des Patienten zu achten, gegen tragende Therapievereinbarungen zu verstoßen, indem z.B. Initiative und ausschließliche Verantwortung für den Fortgang der Therapie dem Therapeuten zugeschoben werden. Oder der Patient kann versuchen, das therapeutische Setting zu untergraben, indem er sich auf Gesprächsangebote zurückzieht, die ausschließlich auf externale Themen oder die Symptomebene abzielen.
Besonders ernst zu nehmen und gründlich zu bearbeiten, sind in diesem Zusammenhang natürlich auch Widerstände, die sich darin äußern, daß die prinzipielle Wirksamkeit bzw. Potenz der Therapie oder des Therapeuten in Frage gestellt wird. Verbunden mit dieser Widerstandsform ist häufig das Unterfangen, den Therapeuten in seiner analysierenden Haltung zu verunsichern und beispielsweise zu beratenden oder somatisch orientierten Behandlungsaktionen zu verführen.
Zu empfehlen ist dem Therapeuten in dieser Phase ein Auftreten, das Konsequenz und Sicherheit hinsichtlich seines Therapieangebotes signalisiert und den Patienten davon überzeugt, daß er gewillt ist, das therapeutische Anliegen gegen jede Art von Widerstand aufrechtzuerhalten, ohne dem Patienten seine Widerständigkeit in irgendeiner Form vorzuwerfen.
Vom Patienten wird diese Konsequenz nicht ohne Beunruhigung und Unbehagen vermerkt, andererseits aber auch als Ausdruck Sicherheit gebender

Ernsthaftigkeit, Verläßlichkeit und als Hinweis auf ehrliches Bemühen registriert.

In der Regel bereitet es dem Patienten wenig Schwierigkeiten, die vorhandenen Widerstände zu erkennen und zu verspüren. Voraussetzung hierfür ist, daß der Therapeut die Therapie durch eine gründliche Diagnostik, eine sorgfältige Entscheidung für das methodische Vorgehen und eine solide Therapievereinbarung vorbereitet hat.

In diesem Falle müssen das vom Behandler aufrecht gehaltene therapeutische Anliegen und die Widerstände des Patienten, die sich gegen das Bewußtwerden von peinlichen, verunsichernden und schmerzlichen Einsichten und Erfahrungen richten, schnell in Kollision miteinander geraten. Der Patient wird in irgendeiner Weise gegen die in der Therapievereinbarung festgelegten Absprachen verstoßen. Diese Verstöße können sich gegen die in der Therapievereinbarung niedergelegten inhaltlichen oder/und formalen Festlegungen richten. Dies kann z.B. durch Verweigerung der Initiative, Ausweichen auf Inhalte außerhalb des vereinbarten Focus oder durch Unpünktlichkeit oder das Versäumen von Stunden geschehen.

Sorgfalt und Gründlichkeit bei der Vereinbarung der Behandlung mit genauer Absprache der beiderseitigen Verantwortlichkeiten erleichtern also den Einstieg in die Widerstandsbearbeitung, weil die Widerstände so eher auszumachen und für den Patienten so schneller wahrnehmbar werden. Gerade in der Focaltherapie wird mit der Therapievereinbarung ein relativ übersichtliches Feld für die Entfaltung und Bearbeitung der Beziehungsdynamik zwischen Patienten und Therapeuten abgesteckt, deren Verlassen sofort als Widerstand auszumachen und zu bearbeiten ist.

Für den Fortgang des Therapieprozesses ist es nur von Vorteil, wenn der Patient möglichst frühzeitig versteht, daß er bei allem Leidensdruck, bei ehrlichem Behandlungswunsch, bei aller Kooperationsbereitschaft dem Behandlungsprozeß dennoch Kräfte entgegensetzen muß.

Auch der Therapeut sollte diese Tatsache nicht aus den Augen verlieren, auch wenn der Patient durchaus freundlich, bemüht, introspektiv oder gefühlsmäßig bewegt erscheinen mag.

Der Widerstand ist als ein normales Geschehen im Therapieprozeß zu akzeptieren, mit dem auf Schritt und Tritt zu rechnen ist. Er ist aber keineswegs nur eine lästige Erscheinung, die überwunden werden muß. Der Widerstand, sein Auftreten und Verstehen werden zu einem tragenden Element im Therapieprozeß, indem er den Weg zu den verborgenen seelischen Konflikten, den abgewehrten Bedürfnissen und gefürchteten Gefühlen weist.

Die Art, Qualität und die Stärke der auftretenden Widerstände sagen einiges darüber aus, wie der Patient versucht, seine inneren Konflikte zu bewältigen.

Die Widerstände sind die in der Übertragung auflebenden, gewissermaßen äußeren Darstellungen der intrapsychischen Abwehrprozesse des Patienten und damit wichtige Wegweiser zu der typischen psychischen Verarbeitung innerseelischer Konflikte auf Seiten des Patienten.

So kann die auf den ersten Blick äußerst bemühte Mitarbeit in den Therapiestunden, mit ausführlicher, genauer Erinnerung von immer neuen Einzelheiten aus der Lebensgeschichte, sich schnell als Widerstand erweisen, hinter der ein Patient mit einer vorwiegend schizoiden Neurosenstruktur versucht, narzißtische Zufuhr und Abwehr von emotionaler Betroffenheit, Nähe und Verbundenheit zu erreichen. Sein Widerstand, der sich in überbetonter Leistungsbezogenheit, Intellektualisierung, Rationalisierung und Abspaltung von emotionalen Stellungnahmen zeigt, weist den Weg zum Verständnis seiner verborgenen neurotischen Konflikthaftigkeit. Auch in Bezug zum Therapeuten dürfen die großen Sehnsüchte nach Kontakt und emotionaler Bezogenheit nicht spürbar werden. So wie der Patient in seiner frühkindlichen emotionalen Mangelsituation Wege finden mußte, mit seiner damaligen Not umzugehen, indem die lebendigen Bedürfnisse hinter Distanz, Autarkiebestrebungen, Vermeidung intimer Emotionalität und Mißtrauen verborgen wurden, versucht er auch jetzt in der Beziehung zum Therapeuten einen Umgang zu finden, der die Reaktivierung seines aus früher Beziehungserfahrung bedingten Konfliktes verhindert.

In einem anderen Falle wird in der Therapiesituation von einem Patienten mit einer vorwiegend depressiven Konfliktverarbeitung ein um Anpassung, Akzeptanz und Annahme bemühtes Verhalten gezeigt, das ganz auf die Erwartungen bzw. vermuteten Erwartungen des Behandlers ausgerichtet ist. Durch Anpassung und Selbstverleugnung gegenüber dem Therapeuten, durch Unterdrückung von lebendigen Bedürfnissen, Autonomiebestrebungen und aggressiven Impulsen soll diese Bezugsperson zu versorgender emotionaler Zuwendung verpflichtet und einem phantasierten Objektverlust vorgebeugt werden. Um den Preis von Lebendigkeit, Selbständigkeit, Aktivität und Lebensfreude wird versucht, jegliche Beziehungsspannung zu vermeiden, die an mangelnde Zuwendung, emotionale Entbehrungen, bedrohlichen Beziehungsabbruch oder gar Feindseligkeiten aus den Primärbeziehungen erinnern könnte. Wieder bildet sich im Widerstand des Patienten sein unbewußter Konflikt ab.

Ein anderer Patient, der sich mit Zwangsvorstellungen, Leistungsbeeinträchtigungen, Entscheidungsunfähigkeit, Hingabestörungen und psychogenen Beschwerden im Verdauungstrakt in Behandlung begeben hat, sitzt dem Therapeuten ernst, zögernd, sehr kontrolliert und beherrscht gegenüber. Der Patient wirkt starr, gebremst und prinzipienhaft, seine Ausführungen sind langatmig und von ermüdender Genauigkeit. Der Patient wirkt emotional wenig bewegt und versucht zum Therapeuten eine Sicherheit gebende Distanz zu erhalten. Dies drückt sich auch in der Gegenübertragung des Therapeuten aus, der das Gefühl hat, mit dem Patienten nicht wirklich in Kontakt zu kommen und sich selbst immer wieder in einem Netz von Pedanterie, Spitzfindigkeit und Haarspalterei gefangen fühlt. Unschwer ist hinter diesem Abwehrverhalten des Patienten seine zwanghafte Neurosenstruktur auszumachen. Das Widerstandsverhalten ist darauf gerichtet, durch Sicherungsstreben, Unbeweglichkeit, Vermeidung und Festhalten am Alten alle Hingabeimpulse zu unterdrücken, sei es Hingabe an eigene lebendige Impulse oder an Bezugspersonen. Der Widerstand steht im Dienste der Angstvermeidung, hier der Angst vor Hingabe, hinter der genetisch die Angst vor Liebesverlust durch das frühe Objekt sowie Über-Ich-Angst stehen, die ihren Ausgangspunkt in der anal-retentiven und der motorisch-aggressiven Phase haben.

Der Vollständigkeit halber einige Gedanken dazu, in welcher Form eine hysterische Abwehrstruktur in Erscheinung treten kann. Eine Patientin mit den für diese Neurosestruktur typischen Konversionssymptomen und dissoziativen Störungen bemüht sich beispielsweise dem Therapeuten gegenüber, die „optimale" Patientin zu sein. Sie trachtet herauszufinden, was der Behandler am liebsten hören würde, paßt sich unwillkürlich an das Bild der Frau an, das sie überhaupt bei Männern vermutet und zeigt dabei eine symbolisch überfrachtete und von Hyperemotionalität gekennzeichnete Interaktion. Der Therapeut mag sich dabei vielleicht ganz angesprochen oder auch zufrieden fühlen, da die Gespräche problemlos und auch recht spannend verlaufen, obwohl das Geschehen oberflächlich bleibt und sich nichts wirklich verändert. Oder er mag sich durch Oberflächlichkeit, Unechtheit und Hyperemotionalität gestört fühlen und gereizt reagieren. In beiden Fällen wird die Patientin auf diese Weise eine Lebenserfahrung unreflektiert wiederholen, daß es ihr nicht möglich ist, sie selbst zu sein. Erst wenn erlebbar und bearbeitbar wird, daß das histrionische Verhalten einen Sinn hat, der in der Veränderung der Selbstrepräsentanz vor sich und anderen besteht, und worüber unbefriedigend gelöste Konflikte aus dem ödipalen aber auch oralen Triebbreich im Unbewußten gehalten wrden können, wird der Weg zu therapeutischer Veränderung frei. Für die Patientin mit hysterischer Abwehr beginnt der Weg damit, im Schutze der therapeutischen Beziehung zu sich selbst zu finden, das Risiko einzugehen, eigene Bedürfnisse und Wünsche ohne Dissoziation als eigene anzuerkennen und den Vorstellungen und Strebungen anderer entgegenzustellen.

Eine in dieser Weise verstandene Widerstandsanalyse ist der Schlüssel zu wirklicher Veränderung. Die Widerstände werden, wie anderes konflikthaftes Material auch, nicht abwertend als Phänomene gesehen, die ausschließlich feindlich gegen den Therapieprozeß gerichtet sind. Im gegenteil, sie verdienen als nutzbringendes Moment im Therapieprozeß eine einfühlsame Analyse wie andere psychische Erscheinungen auch.
Um auch dem Patienten einen solchen toleranten Umgang mit seinen Widerständen zu ermöglichen ist es ratsam, seine Widerstände auch als eine Leistung zu würdigen, mit der er überwältigende bedrohliche Gefühle vermeiden und sein psychisches Funktionieren sichern kann. Sie sind damit ein wichtiger Aspekt seines psychischen Gleichgewichtes und seiner Selbstwertregulation. Ihnen ist insofern Respekt zu zollen, als sie für das Bemühen des Patienten stehen, die Kohärenz seiner Persönlichkeit, egal wie neurotisch diese ist, aufrechtzuerhalten.
Gleichzeitig ist das Verständnis und Empfinden dafür zu erreichen, wie die Widerstände aber auch zur Verfestigung und Reproduktion der seelischen Not des Patienten beigetragen haben und daß im Schutz der therapeutischen Beziehung ein Angebot zu Verständnis und Abbau der individuellen Widerstände besteht.
In diesem Zusammenhang sollte auch geklärt werden, daß die Widerstände eine variierende Bewußtseinsnähe besitzen. Sie können bewußt, vorbewußt und unbewußt sein. Mögen die früh im Prozeß auftretenden, auf ein Aufweichen der Therapievereinbarung gerichteten Widerstandsphänomene noch eine relative Bewußtseinsnähe besitzen, muß der Patient darauf vorbereitet sein, daß ihm mit Annäherung an abgewehrte Persönlichkeitsaspekte in selbstverständlicher und unbewußter Weise widerständiges Verhalten unterläuft.
Vom Therapeuten wird im Konzept der Psychodynamischen Einzeltherapie gerade wegen der offensiven Widerstandsbearbeitung eine Form gewählt, die keine verfolgenden, vorwurfsvollen, anklagenden Momente enthält, sondern sich durch eine neugierig suchende, verständnisvolle, tolerante Haltung auszeichnet. So kann der Patient seine Widerstände am ehesten auch als Aspekt seines psychischen Funktionierens und als Leistung innerhalb seiner Selbstwertregulierung akzeptieren. Durch so eine Vorgehensweise wird auch die Angst des Patienten abgebaut, durch die Existenz und das Aufdecken seiner Widerstände die Achtung des Therapeuten zu verlieren oder die therapeutische Beziehung zu gefährden.
Eine weitere Bedingung, warum nach dem Konzept der Psychodynammischen Einzeltherapie mit einer unverzögerten Widerstandsbearbeitung begonnen werden kann und muß, liegt darin begründet, daß im Therapieverlauf

eine ausgesprochene Betonung des „hier und jetzt" gegenüber dem „dort und damals" bzw. dem „da und dann" stattfindet. Übertragungsdeutungen und der Übertragungsanalyse wird damit Priorität eingeräumt, während die Analyse anderen Materials, und damit auch genetische und andere Außer-Übertragungsdeutungen in ihrem Stellenwert zurücktreten.

Wo möglich wird die Übertragungsanalyse als eine Arbeit in der Übertragung, nicht an der Übertragung gestaltet.

Damit wird bezweckt, den Patienten relativ lange und intensiv im Übertragungserleben zu belassen. Frühere Beziehungserfahrungen und -konflikte werden so annäherungsweise wieder erlebbar. Damit gelingt es, diese vor allem in ihrer affektiven Qualität erfahrbar werden zu lassen, anstatt gefühlsabgespalten oder intellektualisiert darüber zu reden. Emotionale Betroffenheit ist wichtiger als rationale Einsicht.

Bei allen auf der Hand liegenden Vorteilen einer solchen Vorgehensweise, wird die Abwehr des Patienten dabei natürlich in besonderem Maße aktiviert und sich in vielfältiger Form als Widerstand in der Interaktion zwischen Patienten und Therapeuten bemerkbar machen, aber damit für das therapeutische Anliegen bei entsprechender Handhabung auch zu nutzen sein.

Bei der innerhalb der Psychodynamischen Einzeltherapie gewählten therapeutischen Vorgehensweise werden die Widerstände des Patienten früh im Prozeß spürbar und identifizierbar. Sie drängen gleichsam zu einer angemessenen Bearbeitung. Ausweichen, Zögern und Aufschieben können den therapeutischen Prozeß nur gefährden. Um so mehr hat der Therapeut in diesem Zusammenhang somit immer wieder sehr viel Einfühlungsvermögen zu zeigen, um den Patienten nicht zu überfordern und Angst, Scham und Schuldgefühle nicht übermächtig werden zu lassen.

Hierbei ist der schon oben angedeutete tolerante, nicht vorwurfsvolle und nicht verfolgende Umgang mit den Widerständen von Bedeutung. Zum anderen ist bei der Entscheidung für eine Focal- und Kurztherapie schon berücksichtigt worden, daß der so behandelte Patient über eine relative Ich-Stärke verfügt, auf die auch bei der Widerstandsanalyse vertraut werden kann. Die glückliche Bearbeitung der Widerstände erfordert dennoch immer wieder den im Umgang mit Übertragungs- und Gegenübertragungseindrücken geschulten empathischen Therapeuten, der dabei auch immer wieder seine eigenen neurotischen Konflikttendenzen beachten kann.

Letztlich muß als Grundlage einer erfolgversprechenden Widerstandsanalyse, wie für den Behandlungsprozeß insgesamt, eine über alle Untiefen des Verlaufes tragende therapeutische Beziehung angesehen werden, die aus dem Erleben des Patienten erwächst, verstanden zu werden und es mit einem wirklich interessierten, akzeptierenden, einfühlsamen und doch authentischen, sich abgrenzenden, auch frustrierenden Therapeuten zu tun zu haben. So entsteht in der Therapie eine Atmosphäre, die in der Literatur gelegentlich als „Versagung in der Intimität" oder „intime Trennung" beschrieben wird, die von einer Oszillation zwischen Befriedigung und Versagung charakterisiert ist und, wie im realen Leben, als günstige Voraussetzung für psychische Entwicklung angesehen wird.

In dieser Einheit und Abfolge von befriedigender Beziehung mit einer geachteten Bezugsperson bei gleichzeitig erlebter Dissonanz oder Inkompatibilität in der therapeutischen Begegnung wird die Voraussetzung zur Verinnerlichung korrigierender emotionaler Erfahrung auch im Rahmen der Widerstandsanalyse gesehen. Die Befriedigung kann dabei nicht ehemalige infantile Bedürfnisse betreffen, sondern kann nur aus der gegenwärtigen besseren Beziehung erwachsen. Die Versagung betrifft die neurotischen Ansprüche und Erwartungen des Patienten und die realen Grenzen in der Therapeut-Patient-Beziehung.

Nach unseren Erfahrungen ist es der therapeutischen Beziehungsgestaltung nur förderlich, wenn der Behandler bemüht ist, nicht als „neutrale Projektionsfläche" in Erscheinung zu treten, was ohnehin nicht zu realisieren sein dürfte, sondern sich als lebendige, reale Person aus „Fleisch und Blut" mit individuellen Eigenheiten zu erkennen gibt. Dabei müssen keineswegs grundlegende Haltungen der analytischen Behandlungstechnik aufgegeben werden. Insbesondere kann der Patient bei einem solchen „menschlichen" Therapeuten, bei dem Widerstände zumindest auch vorstellbar sind, leichter seine Scham- und Schuldgefühle über eigene Widerstandsphänomene ablegen.

Die Bearbeitung der Widerstände erhält eine von Patienten und Therapeuten geprägte einmalige Färbung, wie der gesamte Therapieprozeß eine einmalige Begegnung zwischen Patienten und Therapeuten darstellt.

Der Focus als Prozeß der Beziehung

F. Höhne

Als wir mit der Ausbildung in Psychodynamischer Einzeltherapie begannen, stellte sich für Ausbildungskandidaten die Formulierung von Foci immer wieder als schwierig dar. Die Kandidaten waren häufig unsicher und unerfahren in der Wahrnehmung und Benennung von Übertragungen und Gegenübertragungsgefühlen. Dies verführte, auf Sachprobleme, die von Patienten angeboten wurden, einzugehen und diese zu bearbeiten.

Die Ursachen dieses Ausweichens mochten dabei vielfältig sein, stellten sich jedoch als eine Mischung verschiedener Komponenten dar.

Psychodynamische Einzeltherapie wurde auf Grund der Entwicklungsbedingungen in der ehemaligen DDR von vornherein im Prinzip "aus der Praxis - für die Praxis", oder wie es heute genannt würde, "learning by doing" vermittelt. Dabei mußten sich bei den Ausbildungskandidaten im unterschiedlichen Maße Insuffizienzgefühle hinsichtlich eigener theoretischer Konzepte der Beziehungsdiagnose und -gestaltung einstellen. Die Kurse wurden, und dies geschieht auch heute so, selbsterfahrungsorientiert vermittelt. Dadurch werden aber neurotische Abhängigkeitswünsche bei den Kandidaten aktiviert, die die Arbeitsweise der Dozenten von vornherein als unangreifbar und unbedingt unfehlbar stehen lassen müssen. In den Kursen konnten und können diese Beziehungsmuster nur teilweise bearbeitet werden; weitergehende Selbsterfahrung bleibt dabei unerläßlich.

Um die erwähnten theoretischen Defizite und die in der Ausbildung erlebten narzißtischen Kränkungen zu kompensieren, war immer wieder zu erleben, wie an intellektualisierten komplexen Foci gearbeitet wurde. Diese haben aber das Manko, daß sie die eigentlich im Focus widerzuspiegelnde konkrete therapeutische Beziehung so abstrahieren, daß diese kaum noch als Arbeitsgegenstand für den Patienten (und mitunter damals sicher auch für den Therapeuten) erlebbar sind. Wir stießen bei diesem Vorgehen auf eines der Grundprobleme in der Analyse von Gegenübertragungsgefühlen; das mangelnde Vertrauen des Therapeuten in die Wahrhaftigkeit und Richtigkeit seiner eigenen Wahrnehmungen.

Mit der wachsenden Selbsterfahrung, auch in der Wahrnehmung und Analyse der Gegenübertragung, wuchs bei den Kandidaten auch die Fähigkeit zur Fokussierung.

Wie ist nun aber die Bildung eines Focus in der Psychodynamischen Einzeltherapie zu verstehen?

Jede Begegnung zweier Menschen findet in einer jeweils einmaligen Szene statt. Diese wird bestimmt
- durch den Anlaß der Begegnung (handelt es sich um ein Verkaufsgespräch, ein Fußballspiel, ein therapeutischer Erstkontakt etc.),
- den Raum (Stadion, Restaurant, Praxis; ob dieser zu einer der Personen gehört oder neutralen Boden darstellt),
- den zu erwartenden Zeitrahmen der Begegnung,
- den Zeitpunkt der Begegnung in der individuellen Biographie der Beteiligten sowie
- deren gemeinsamen Beziehungsgeschichte.

In der therapeutischen Begegnung ist es die Aufgabe des Therapeuten, die Art und Weise, wie der Patient diese Begegnung innerhalb des gegebenen Rahmens strukturiert, aufmerksam wahrzunehmen und zu registrieren. Das Erleben des Therapeuten in dieser Situation wird bestimmt
- durch das Agieren des Patienten
- seinen eigenen Erfahrungshintergrund bezüglich der eigenen Emotionalität und Abwehrstruktur
- die Kenntnis seiner eigenen Wirkungen im sozialen Umfeld.

Im Therapeuten passiert etwas, was sein Gegenüber in ihm ausgelöst hat. Im Denkmodell der Psychodynamischen Einzeltherapie, das von einer permanenten Analyse der Übertragungs - Gegenübertragungsbeziehung ausgeht, wird dieses im Therapeuten wahrnehmbare Geschehen Ausgangspunkt der weiteren gemeinsamen Arbeit. Die Frage "Was macht der Patient mit mir?" ist Voraussetzung für die Frage "Was macht es für ihn nötig, sich so zu verhalten?", oder auch in einer Abwandlung "Was vermeidet er damit?" und, selbstreflexiv, „Welchen Anteil habe ich daran?".

Wir dürfen davon ausgehen, daß das Verhalten des Patienten seinen Versuch darstellt, mit seinen Bedürfnissen und Ängsten in der reduzierten Situation des diagnostischen oder therapeutischen Kontaktes umzugehen. Er wird unbewußt versuchen, seine Bedürfnisse maximal zu befriedigen und den

Druck seiner Ängste zu minimieren. In der Beantwortung der beiden Fragen findet der Therapeut in sich bereits einen ersten Focus der Begegnung. Das "Was macht der Patient mit mir?" beschreibt die von dem Patienten in der Situation gebrauchte Abwehrform, die Antwort auf die zweite Frage stellt eine erste psychodynamische Hypothese über die abgewehrten Gefühle oder Impulse dar.

Aus der Sicht des Patienten ist dessen Verhalten in der Situation des Umgangs mit dem Therapeuten nicht als losgelöst von seinem übrigen Leben zu betrachten. Die Parallelen zu anderen gegenwärtigen sozialen Situationen und zu seiner Biographie sind ihm in der therapeutischen Arbeit weiter einsichtig zu machen. Damit kann der Patient für den Focus folgende Fragen beantworten: "In welchem Zusammenhang steht mein Leiden, was erreiche oder vermeide ich damit ?" - wobei mit „Leiden" ein Symptom, eine Störung oder auch ein bestimmtes Verhalten gemeint ist, und: "Was macht es für mich nötig, mich so zu verhalten?" - womit der Patient eine erste psychodynamische Hypothese zu seiner Störung gebildet hat.

Dieser, vom Patienten in Zusammenarbeit mit dem Therapeuten gebildete Focalsatz, stellt eine Einigung aus dem Erleben und der Einsicht des Patienten und der Gegenübertragung des Therapeuten dar. Der Therapeut verfügt im Regelfall auf Grund seiner Erfahrungen und seines Wissens über weitergehende psychodynamische Hypothesen, die aber dem Patienten durch Deutungsarbeit nicht oder noch nicht zugänglich sind. Dieses psychodynamische Verständnis des Leidens durch den Therapeuten bestimmt die weitere Arbeit mit dem Patienten ebenso wesentlich, wie die Übertragungsangebote des Patienten.

Solche Foci können bereits in den ersten Szenen eines Kontaktes gebildet werden, wobei bereits wichtiges Material für die gemeinsame Arbeit zu Tage gefördert werden kann.

Eine Illustration dafür ist jener Patient, der nach einer telefonischen Vereinbarung eines Erstkontaktes zur vereinbarten Zeit an der Haustürklingel meiner Praxis schellte, obwohl diese Tür aufgeschlossen, aber eingeklinkt war. Da ich über eine Wechselsprechanlage und einen elektrischen Türöffner an meiner im Erdgeschoß liegenden Praxistür verfüge, konnte ich bei meiner Frage "Ja, bitte...?" über die Wechselsprechanlage keine Antwort bekommen. Irritiert ging ich zur Praxistür, konnte aber dort niemanden finden. Dies irritierte mich noch mehr, ich mußte erst einen Augenblick nachdenken. Die Klingelmöglichkeit an der Haustür war für meine Situation so ungewöhnlich, daß sie mir nicht sogleich einfiel; wenn ich in der Praxis bin, ist die Haustür aufgeschlossen. Als ich ca. 30 - 40 Sekunden nach dem Klingeln vor die Haustür trat, war dort niemand. Ich fühlte mich getäuscht und veralbert und kehrte ärgerlich in meine Praxis zurück. Nach ca. einer Minute klingelte es erneut. Die Szene begann von vorn, nur daß diesmal bei meinem etwas schwungvollen, weil ärgerlichen Öffnen der Haustür, der erwartete Patient davor stand. Meinen Ärger registrierend, war ich zunächst um eine Aufklärung des Verhaltens des Patienten bemüht. Dieser hatte aus ihm zunächst unbegreiflichen Gründen nicht an der Haustür geklinkt. In der Annahme, diese sei verschlossen, hatte er sofort geklingelt. Als ich dann nicht sofort erschienen sei, habe der Patient nach einem Hintereingang des Hauses gesucht, diesen aber verschlossen gefunden. Dort hatte er geklinkt. Darauf habe er erneut an der Haustür geklingelt und sei durch mein schwungvolles Öffnen erschrocken gewesen.

So stellte sich in dieser vom Patienten inszenierten Begrüßungsszene bereits dessen Ambivalenz zu einem therapeutischen Kontakt dar. Folgerichtig wurde im Verlaufe der ersten Stunde ein Focus erarbeitet, der diesem Geschehen gerecht wurde; "Ich möchte mich auf eine therapeutische Beziehung nicht einlassen, weil ich Angst vor Zurückweisung habe." Damit konnten die Ängste des Patienten zum Arbeitsgegenstand innerhalb der ersten probatorischen Kontakte werden.

In der nächsten Stunde erschien der Patient schwungvoll und forsch, was mich dazu veranlaßte, dieses in den Kontrast zum Erscheinen zur ersten Stunde zu stellen. In diesem Verhalten konnte der Patient eines seiner zwei "Gesichter" identifizieren, mit denen er in jeweils einer seiner beiden nahezu vollständig getrennt gehaltenen äußeren Welten lebt, seiner Privatwelt und seiner Arbeitswelt. Damit konnte der Focus aus der ersten Stunde präzisiert werden; "Ich werde abgelehnt, wenn zu viel von meiner Privatwelt sichtbar wird." Dieser Focus, mit dem die zweite Stunde beendet wurde, löste in mir eine Reihe von weitergehenden psychodynamischen Überlegungen aus, die für mich hinsichtlich diagnostischer Einordnungen und eventueller therapeutischer Strategien Relevanz hatten, die aber nicht direkt in den mit dem Patienten zu erarbeitenden Focus Eingang finden konnten. So nahm ich seine Ängste nicht nur als Angst vor Zurückweisung, sondern auch als Angst vor Entwertung wahr, zumal ich mich selbst im Erstkontakt nicht ernst genommen und damit entwertet fühlte (ich kam mir ja an der Haustür veralbert vor). Dieses Erleben als Spiegelübertragung hätte mir auch einen Zugang zu einer Hypothese über eine anzunehmende narzißtische Problematik des Patienten eröffnen können. Diese zu bearbeiten bedarf aber einer längerdauernden therapeutischen Beziehung. Dabei war für mich zu diesem Zeitpunkt aber unklar, ob ich dem Patienten zu weiteren probatorischen Sitzungen hätte Termine vergeben können oder ihn zu einem Kollegen verweisen müßte, da ich keinen freien Therapieplatz für eine evtl. psychoanalytische

Therapie hatte. So wären sowohl der Patient als auch ich zu diesem Zeitpunkt mit einem anderen Focus überfordert gewesen.
Zu Beginn der nächsten Stunde überschüttete mich der Patient mit einer Vielzahl von Informationen aus seinem Beruf. Er berichtete ausführlich über seine Karriere und darüber, wie beliebt er bei Mitarbeitern und Untergebenen sei. Zu den bisherigen Sitzungen war der 32-jährige Mann immer korrekt gekleidet erschienen, immer im Sakko, mitunter mit Krawatte. Die in Nasenflügel und Wange befestigten Schmuckstücke boten dazu einen eigentümlichen Gegensatz. Da er in einem ca. 40 km entfernten Ort wohnte und täglich zur Arbeit fuhr (mithin seine "Arbeitswelt" von seiner "Privatwelt" auch räumlich getrennt war), versuchte ich seine andere "Welt" ins Sprechzimmer zu holen. Ich fragte, was wohl seine Bekannten und Freunde sagen würden, wenn sie ihn so sehen und reden hören könnten. Mit seiner erschrockenen Reaktion zeigte er, wie sehr er seine Berufswelt von seinen privaten Kontakten trennen mußte. Andererseits hatte er zu seinen Arbeitskollegen keinerlei über die Arbeit hinausgehenden privaten Kontakte. Meine Deutung, daß er wohl annehme, daß diese bei einem Blick in sein Privatleben über ihn erschrocken wären, ebenso wie ich es wohl wäre, da ich nur Informationen über seine Arbeit haben dürfte, wurde von ihm bestätigt. Dies ermöglichte ihm zu phantasieren, wie wohl Menschen sein müßten, die von seinen Kollegen, so wie er sie kennt, und von mir abgelehnt würden. Am Ende der Stunde konnte ein Focus formuliert werden, der den Patienten erschrecken ließ, obwohl er ihn als richtig akzeptieren konnte; "Ich muß mich korrekt, erfolgreich und beliebt zeigen, weil ich mich eigentlich für schlampig, faul und verwerflich halte."
Nach dieser Sitzung war ich unruhig und ängstlich. Hätte ich nicht erst einmal den Patienten ausführlicher über seine Arbeit sprechen lassen sollen? Dies wäre zwar ein Ausweichen gewesen, hätte aber durch eine Verminderung der Übertragungsspannung dem Patienten mehr Sicherheit geben können. Hatte ich nicht zu forsch und erfolgsorientiert agiert, um meine Entwertungsgefühle aus der ersten Sitzung zu kompensieren? Hatte ich nicht vielleicht den Patienten auch beeindrucken wollen? Hatte ich ihn vielleicht damit so verschreckt, daß er wegbleiben würde?
So konnte ich in meiner Gegenübertragung gut die Vermeidungsängste des Patienten gespiegelt finden, aber auch Unsicherheiten in mir, die ich zu diesem Zeitpunkt noch nicht recht verstehen konnte.
Der Patient berichtete dann auch, daß er zwischen den Terminen eine aufregende Zeit mit Symptomverschlimmerung (er war wegen "Allgemeiner Unruhe" von seinem Hausarzt an mich verwiesen worden) und Schlaflosigkeit erlebt habe. Er glaube, er müsse zwei wichtige Entscheidungen treffen; mir

einmal über seine Homosexualität berichten, die er in seiner "Privatwelt" engagiert und fast militant lebe, und zum anderen, den Kontakt mit mir abbrechen, weil er nur so der Gefahr entgehen könne, daß seine mühsame Konstruktion der "getrennten Welten" zusammenbreche. Er habe bisher noch gar nicht wahrgenommen, daß er diese Konstruktion errichtet habe, könne aber seine Beschwerden auf dem Hintergrund dieses Spagates verstehen. Er habe aber auch nicht einfach wegbleiben können, weil er dann das Gefühl gehabt habe, mich zu enttäuschen. Dies habe er sich und mir nicht antun wollen, weil er mich durchaus als bemüht und wohlwollend erlebt habe.

Erst hier konnte der Patient einiges aus seiner Kindheit preisgeben; daß er ohne Vater als uneheliches Kind in dörflicher Enge aufwachsen mußte, mit einer Mutter, die ihre Schuldgefühle durch hohe Anpassung an die Normen des katholisch geprägten Dorfes kompensieren wollte.

Mit dieser Schilderung wuchsen in mir eine ganze Reihe von psychodynamischen Hypothesen. So schien mir seine Spaltung in die beiden Welten eine Fortsetzung der mütterlichen Spaltung von Lust und Norm zu sein. Seine Homosexualität könnte die Suche nach väterlicher oder männlicher Identifikationshilfe sein; oder aber auch ein Protest gegen die Mutter mit ihrer Unterwerfung unter die dörflichen Normen? Ebenso wäre eine Identifikation mit der Mutter in der Stigmatisierung der Normverletzung (Mutter: Uneheliche Schwangerschaft, Patient: Homosexualität) denkbar.

In mir entstanden immer mehr Ideen und Hypothesen mit der großen Verführung, daran möglichst intensiv mit dem Patienten zu arbeiten und seine zweite Entscheidung zum Kontaktabbruch einfach zu überhören oder ihn gar zum Weitermachen zu überreden. Dieser Impuls ermöglichte mir wahrzunehmen, daß der Patient vermutlich genau das unbewußt zu erreichen suchte, womit er mich in seine "Privatwelt" hinüberholen wollte. Auf seiner Seite stehend sollte ich dort für ihn Verantwortung übernehmen. Die Deutung, daß ich mich um ihn bemühen solle, damit er seine Angst vor Ablehnung nicht mehr so spüren müsse, konnte der Patient annehmen. Damit wurde es möglich, einen weitergehenden Focus zu formulieren: "Ich versuche andere zu animieren, sich um mich zu kümmern, weil ich Angst davor habe, diese mit meinen Sehnsüchten zu verschrecken, wenn ich selbst diese artikuliere".

So wurde dem Patienten offensichtlich, daß im Umgang mit mir in ihm Sehnsüchte wach wurden, die er vor sich selbst, aber erst recht vor mir glaubte verbergen zu müssen. Da ich nicht bereit war, mit ihm in seiner "Privatwelt" zu agieren, aber auch nicht mehr klar seiner "Arbeitswelt" zuzuordnen war, wurden im Umgang mit mir massive Ängste mobilisiert, die der Patient zwar wahrnehmen, aber scheinbar nicht weiter bearbeiten wollte. Nur durch das Wiederherstellen der Spaltung schien ihm Stabilisierung möglich.

In dieser Situation fielen mir meine Bedenken nach der letzten Therapiestunde wieder ein und mein Gedanke, ob ich den Patienten nicht irgendwie beeindrucken wollte. Diesen konnte ich jetzt besser als Ausdruck meiner Ambivalenz im Umgang mit eigenen homoerotischen Impulsen finden. Dies ermöglichte mir die Frage, ob er denn nicht hoffe, daß ich Homosexualität verurteile, damit ich ihm keinen nächsten Termin gebe und er so sein Weltbild erhalten kann. Nach langem Überlegen stimmte er dem zu mit der Bemerkung, daß man ja nur für oder gegen Homosexuelle sein könne. Mit dieser Feststellung wuchs in mir die Vermutung, daß für den Patienten seine Homosexualität seine Möglichkeit zur Errichtung der Spaltung und damit im Dienste der Abwehr stehen könnte. Ich fand mich an meine Phantasien im Stundenverlauf erinnert und daran, daß die Weiterbearbeitung der möglicherweise dahinterstehenden Problematik den Rahmen eines focussierten Vorgehens sprengen würde. Damit wurde es aber für mich zunächst nötig, dieses Thema zu vermeiden, da ich nur den Zeitrahmen für eine Kurzzeittherapie zur Verfügung stellen konnte.

So sagte ich dem Patienten, daß ich mit ihm nicht über sein Weltbild diskutieren wolle, weil ich vermute, daß dieses von seiner Krankheit mitbestimmt werde. Ich würde aber gern mit ihm einen weiteren Termin vereinbaren, um ihm die Gelegenheit zu geben, sich mit der Frage, warum diese Weltsicht für ihn nötig sei, auseinanderzusetzen.

Der Patient willigte in weitere Termine ein, wobei es in der nächsten Sitzung zu einer Therapievereinbarung kam. Der erste, im strengen Sinne "therapeutische" Focus lautete: "Ich muß mich in allem, was ich tue, nach außen konsequent zeigen, weil ich mit meinen inneren Ängsten und Sehnsüchten nicht ernst genommen wurde und ich so eine Konfrontation damit vermeiden kann."

Aus dieser kurzen therapeutischen Begegnung läßt sich Wichtiges für die Formulierung von und die Arbeit mit Foci in der psychodynamischen Einzeltherapie ableiten.

Bei der Betrachtung der ersten Stunde und des dort gebildeten Focus fällt auf, daß die aggressive Seite des Verhaltens des Pat. (zu der ich ja auch entsprechende Gegenübertragungsgefühle entwickelte) sich im Focus nicht explizit genannt wiederfinden läßt. Ich hatte in dieser Stunde die Konfrontation damit nicht weiter in den Mittelpunkt stellen wollen, weil es mir primär um das Herstellen einer Arbeitsbeziehung gegangen war. So schien es mir zunächst wichtig, einen Teil der wahrgenommenen Emotionen zunächst nicht in die Bearbeitung einzubeziehen, sondern die Aufmerksamkeit auf die Ambivalenz des Patienten zu fokussieren.

Diese Entscheidung innerhalb des therapeutischen Kontaktes ist aber auch von meiner eigenen Schwierigkeit mitbestimmmt, aggressives Verhalten so zu konfrontieren, daß der Pat. sich nicht abgelehnt fühlt. Diese Schwierigkeit wird in solchen Situationen behindernd, wo noch keine Arbeitsbeziehung besteht und ich befürchten muß, daß ich dem Patienten Material für einen Kontaktabbruch liefere. Damit hätte der Patient die Möglichkeit, mich für das Scheitern seiner Bemühungen um eine Therapie verantwortlich zu machen. Ein Therapeut, der diese Schwierigkeit nicht hat, hätte möglicherweise ein anderes Deutungsangebot an den Patienten machen können, das seine abgewehrten aggressiven Impulse einbezieht.
Betrachtet man die einzelnen Foci aus den vier Sitzungen, wird deren enge Verwandtschaft erkennbar.
Im ersten Focus "Ich möchte mich auf eine therapeutische Beziehung nicht einlassen, weil ich Angst vor Zurückweisung habe" steht die Abwehr regressiver Beziehungswünsche im Mittelpunkt. Diese Abwehr erfolgt innerhalb eines Ambivalenzkonfliktes durch Projektion der aggressiven (ablehnenden) Impulse auf den Therapeuten. Damit wird dieser zum "bösen Objekt" gemacht, der den Patienten zurückweist.
Der zweite Focus "Ich werde abgelehnt, wenn zu viel von meiner Privatwelt sichtbar wird" behält die Abspaltung des "bösen Objektes" im Therapeuten bei. Gleichzeitig benennt aber der Patient einen inneren Spaltungsvorgang, der sich in der Einführung der beiden "Welten" widerspiegelt.
Der sich hier andeutende Weg quasi von der Oberfläche hin zum inneren Kern eines neurotischen Konfliktes wird im dritten Focus "Ich muß mich korrekt, erfolgreich und beliebt zeigen, weil ich mich eigentlich für schlampig, faul und verwerflich halte", fortgesetzt. Hier wird die Projektion der aggressiven Impulse nach außen aufgegeben. Es wird eine Spaltung beschrieben in einen "Guten" und einen "Bösen", die aber im Patienten selbst vereinigt sind. Die Selbstabwertung scheint dabei für den Patienten ein wesentlicher Weg zur Impulskontrolle.
Im schließlich letzten Focus innerhalb der probatorischen Sitzungen "Ich versuche, andere zu animieren, sich um mich zu kümmern, weil ich Angst davor habe, diese mit meinen Sehnsüchten zu verschrecken, wenn ich sie artikuliere" wird es dem Patienten möglich, erstmals regressive Beziehungswünsche ohne aggressive Abwehr (also auch ohne Selbstabwertung) zu benennen.
So gesehen läßt sich erkennen, daß sich das Verhalten des Patienten vor der ersten Stunde auch mit dem 4. Focus beschreiben läßt. Allerdings hier auf einer Ebene, die eine gemeinsame Beziehungsgeschichte der beiden Protagonisten erkennen läßt. Diese Beziehungsgeschichte ist durch das Ringen um

echte Nähe gekennzeichnet. Das ermöglicht dem Patienten, den jeweils erkannten Grund der Behinderung von Nähe in der Beziehung auf seine eigene innere Konflikthaftigkeit zu beziehen. Somit sind in den Foci auch der Grad an Intimität im Umgang zwischen dem Patienten und mir erkennbar. Die benannten Fokalsätze beschreiben die Behinderungen im Umgang mit mir, die für den Patienten gerade in dieser Stunde spürbar geworden sind. Daß dieses Vorgehen auch von mir immer wieder das Bemühen um Reflexion meiner eigenen Behinderungen notwendig macht, habe ich versucht darzustellen.

Unter dem Gesichtspunkt, daß die Fokalsätze den jeweiligen Stand des Ringens um Offenheit und Nähe in der Beziehung darstellen, fällt der 3. Focus etwas aus dem Rahmen. In jedem der anderen Foci ist ein "Du", ein Gegenüber, deutlich spürbar. In diesem Focus ist dies so deutlich nicht der Fall. Hier steht für den Patienten im Mittelpunkt, wie er sich selbst sieht. Dies aber auf die Beziehung zu mir bezogen, heißt aber nichts anderes, als daß der Patient prüft, wie ich denn wohl mit seinen "bösen" Seiten umgehe, nämlich wenn er sich "...schlampig, faul und verwerflich..." zeigt. Diese Prüfung ist für ihn offensichtlich so verlaufen, daß er sich auf weitere Offenheit einlassen konnte.

Der Focus der 4. Stunde ist in dem der ersten bereits enthalten, spiegelt aber ein gemeinsam mit dem Patienten gewonnenes tieferes Verständnis für dessen Problematik wieder. Die Veränderung wird in den Abwehrformen am deutlichsten; Spaltung taucht schließlich im vierten Focus nicht mehr auf. Das heißt natürlich nicht, daß der Patient nun nicht mehr spaltet, sondern daß er innerhalb der therapeutischen Beziehung seine regressiven Impulse nicht mehr mit dieser frühen Abwehrform verbergen muß. Das Verständnis für das Funktionieren der Abwehr innerhalb des neurotischen Konfliktes wurde gewonnen, indem in jeder Stunde das unmittelbare, im Hier und Jetzt entwickelte Übertragungsgeschehen aufgegriffen und in Beziehung zu dem bereits bis dahin formulierten Focus gesetzt wurde. Dies ermöglichte dem Patienten, aus dem Hier und Jetzt der therapeutischen Beziehung über Parallelen in seiner Lebensumwelt und, in der letzten Sitzung besonders deutlich, in seiner Biographie zu reflektieren. In diesem Sinne dient die Konfrontation mit den im therapeutischen Kontakt entstehenden Beziehungsmustern dem Verständnis der gegenwärtigen Lebenssituation des Patienten und der biographischen Gegebenheiten, die diese Beziehungsmuster generierten. Damit wird ein Weg beschritten, der vom oberflächlichen Verhalten des Patienten weg hin zum emotionalen Erleben und zu Grundmustern der Beziehungsgestaltung des Patienten führt. Nur dieser Weg gibt mir die Möglichkeit, vom "Herumstochern" im aktuellen, oberflächlichen Lebensgeschehen abzugehen und mit dem Patienten internale Zusammenhänge mit emotionaler Evidenz zu bearbeiten.

Mit dem in dem Beispiel noch genannten fünften Focus, der die Dynamik zwischen regressiven Impulsen und deren Abwehr beschreibt, war mir für den ersten Therapieabschnitt eine Deutungshilfe zur Verfügung gestellt, mit der ich dem Patienten helfen konnte, die emotionalen Hintergründe des Konfliktes weiter herauszuarbeiten und ihm wieder einen Zugang zum abgewehrten emotionalen Erleben zu ermöglichen.

Der Therapeut wird bei der Psychodynamischen Einzeltherapie in jedem Moment des therapeutischen Kontaktes das aktuelle Übertragungs- und Gegenübertragungsgeschehen auf die Beziehungsstörung des Patienten fokussieren. Damit wird dem Patienten immer wieder eine neue Möglichkeit der Sichtweise auf seine Symptomatik ermöglicht, was auch zu einem veränderten Verständnis der Psychodynamik führt. Der in der Therapie bearbeitete Focus ist so immer auch Spiegel der augenblicklichen therapeutischen Beziehung und wird sich mit deren Veränderung selbst auch in einem Prozeß befinden.

Diese Arbeitsweise erfordert vom Therapeuten, mit seiner Gegenübertragung in der Beziehung beständig präsent zu sein und seine eigenen Störungsmuster soweit zu kennen, daß er nicht innerhalb dieser Muster mit dem Patienten agiert. Die Präsenz des Therapeuten schafft aber eine in der Intensität für den Patienten häufig beeindruckende Beziehung, geprägt von Echtheit, Wertschätzung und Wohlwollen, die in ihm eine Ahnung und auch Neugier von besseren, weil gesünderen Beziehungsmöglichkeiten wachsen läßt.

Die psychodynamische Einzeltherapie: ein analytisches Kurztherapieverfahren?

M. Grunert

Ausgehend von der Einbettung meines Arbeitens in die DDR-deutsche Therapielandschaft bis 1991 sah ich mich plötzlich mit dem für mich geschichtslos hereinbrechenden bundesdeutschen Therapieverständnis konfrontiert und aus einer Orientierungsnot heraus gezwungen, meinen Standort neu zu bestimmen.
Es taten sich eine ganze Reihe von Fragen auf:
- War/ist die Psychodynamische Einzeltherapie eine analytische Psychotherapie oder eine tiefenpsychologisch fundierte Psychotherapie?
- War die Einbettung unter die Tiefenpsychologie eine notwendige Konzession an die westdeutschen Kollegen und die KBV ?
- War die Benennung in Psychodynamische Einzeltherapie zu DDR-Zeiten ein Schachzug gegenüber parteipolitischen Betonköpfen (erinnert sei an das ursprüngliche Vorhaben von Kulawik, Wendt und Maaz, die zukünftige Sektion "Sektion für Psychoanalytische Einzeltherapie" zu nennen) ?
- Handelt es sich um eine eigenständige Methode innerhalb der tiefenpsychologisch fundierten Psychotherapie und was wäre dann der Unterschied zur dynamischen Psychotherapie nach Dührssen?
- Ist sie eine Fokaltherapie i.S. der Richtlinien?
- Oder ist sie gar eine analytische Psychotherapie nach 1.1.2. der Richtlinien?

Im Verlauf der Auseinandersetzung schien es mir immer schwerer möglich, Antworten zu finden. Doch stellte ich auch beruhigt fest, daß viele Kollegen ähnliche Fragen nach dem Standort ihrer Arbeit haben und es beklagen, daß eine klare Abgrenzung nur schwer möglich ist.

Es deutete sich an, daß die psychodynamische Einzeltherapie einerseits eine analytische Psychotherapie ist, weil sie die Essentials der Psychoanalyse in der Krankenbehandlung verwendet: Übertragung, Gegenübertragung, Widerstand und Abwehr, sowie Deutung unbewußten und vorbewußten Materials.

Eine andere Sichtweise ordnet die psychodynamische Einzeltherapie in die Fokaltherapien ein und siedelt sie damit innerhalb der tiefenpsychologisch fundierten Psychotherapie an.

Mir scheint, daß diese Verwirrung durch die Benutzung unterschiedlicher Bezugssysteme auftritt. Zum einen wird die fachlich bestimmte Terminologie der Psychoanalyse benutzt, zum anderen das formal-juristische Vokabular der Psychotherapierichtlinien.

Ohne auf alle Fragen eine Antwort finden zu wollen, hier einige Anregungen:

1. Richtlinien
In der Bundesrepublik wurden im Zuge der kassenärztlichen Versorgung auf Grund einer Verwaltungsnotwendigkeit 1967 die ersten "Richtlinien über die Durchführung von Psychotherapie zur Behandlung seelischer Erkrankung" eingeführt, die formale Abgrenzungskriterien in den Vordergrund stellen.

Zur Differenzierung der Therapieverfahren im kassenrechtlichen Sinne wurde der Begriff der "tiefenpsychologisch fundierten Psychotherapie" erst mit den Richtlinien - künstlich - geschaffen. Er entstammt damit also einer Verwaltungsnotwendigkeit und ist nicht Ergebnis einer methodisch inhaltlichen Entwicklung.

Die Richtlinien unterscheiden in dem für unseren Exkurs in Frage kommenden Bereich in:

1.1. Psychoanalytisch begründete Verfahren
 - ätiologisch orientierte Psychotherapie
 - Gegenstand: unbewußte Dynamik neurotischer Störungen, mit psychischen und/oder somatischen Symptomen

1.1.1 Tiefenpsychologisch f. Pth.
 - Kurztherapie
 - Fokaltherapie (mit abgrenzbarem neurotischen Konflikt)
 - Dynamische Pth n. Dührssen
 - niederfrequente Therapie in einer längerfristig Halt gewährenden Beziehung.

1.1.2. Analytische Psychotherapie
(neurotischer Konflikt, eingebettet in neurotische Strukt.)
- Langzeittherapie
- analytische Fokaltherapie

2. Bemerkungen zur Situation in der DDR

Die psychodynamische Einzeltherapie verstand sich zu DDR-Zeiten in der heutigen Terminologie als tiefenpsychologisch fundierte Psychotherapie - konkret als "Psychodynamische Kurztherapie", wenn wir uns an die Publikation zu dieser Methode, von Herrn Prof. Dr. Kulawik erinnern (1984). Kulawik äußerte deutliche Kritik an der gebräuchlichen Neurosedefinition der DDR, als "erlebnisbedingte Störung der Person - Umwelt- Beziehung..". Er meinte, dies führe zu einer "Inflationierung des Neurosebegriffes".
Er forderte vielmehr, Neurose wieder im analytischen Sinne als Ausdruck latenter - d.h. unbewußter - intrapsychischer Konflikthaftigkeit zu sehen.
Die Psychodynamische Einzeltherapie verstand er als eine analytische Kurztherapie zwischen 10 und max. 100 Stunden mit folgender Kennzeichnung:
- Begrenzung, Fokussierung, Aktivität (Planung), Formulierung eines Fokus als psychodynamische Minimalhypothese, Bearbeitung von Widerstand und Übertragung, Bestätigung u. Ermutigung, Steuerung der Übertragung durch eine "korrektive emotionale Erfahrung".
- Vorrangig werden im "Hier und Jetzt" zutage tretende Konfliktkerne angesprochen
- Realitätsnähe durch vis a vis - Position, bei eingeschränkter Regression.

Das wichtigste Anliegen ist die Klarheit zwischen Patient und Behandler darüber, welches Ziel beide in Übereinstimmung ansteuern."
Sein Fokusverständnis entspricht am ehesten dem "Thema" i.S. von Kutter, Mann und Nunberg: "Fokus als zentrales bewußtseinsfähiges Problem des Patienten in Übereinstimmung von Behandler und Patient."
Im Unterschied dazu verstehen Klüwer, Balint und Lachauer den Fokus als orientierende Formel, bestehend aus zentralem bewußten Problem und einer unbewußten Bedeutung.
Im Sinne der verwaltungsformalen Zuordnung in den Richtlinien ist - nach den bisher geschilderten - die psychodynamische Einzeltherapie ein psychoanalytisch begründetes Verfahren innerhalb der tiefenpsychologisch fundierten Psychotherapie.
Jedoch wäre es fatal, die Verwendung des Fokus nur an die Form einer tiefenpsychologisch fundierten Psychotherapie zu binden.

Mein Verständnis findet sich am ehesten in einer inhaltlichen Bestimmung wieder. Danach ist die psychodynamische Einzeltherapie eine analytische Psychotherapie, weil sie mit den Mitteln der Psychoanalyse innerhalb der Krankenbehandlung wirkt und sie damit:
- eine Variation des Themas "Psychoanalyse" darstellt
- mittels Übertragung - Gegenübertragung - Widerstand/Abwehr arbeitet
- von der Bewußtwerdung unbewußter Inhalte und Prozesse des Seelenlebens ausgeht
- aufdeckend, sowohl innerhalb der Aktualgenese als auch der Lebensgeschichte wirksam werden kann.

Außerdem erscheint mir die Unterscheidung zwischen tiefenpsychologisch fundiert und analytisch ungerechtfertigt, da auch die Psychoanalyse tiefenpsychologisch fundiert ist. Das eine als tiefenpsychologische Grundlage und das andere deren methodische Umsetzung.
Auch nicht die Erstellung eines Fokus entscheidet über den Terminus tiefenpsychologisch fundierte Psychotherapie (10-100 h) oder analytische Psychotherapie (-300 h), sondern der Umgang mit dem Fokus.
Ein wesentliches Unterscheidungsmerkmal zwischen beiden Verfahren ist die Tiefe und die Art und Weise der Steuerung regressiver Prozesse. Darauf möchte ich jedoch hier nicht weiter eingehen.
In tiefenpsychologisch fundierten Therapieverfahren steht meist nur ein orientierender Fokus im Zentrum der Behandlung und wird bearbeitet mittels Deutung im Dreieck der Einsicht:
1. aktueller interpersoneller Konflikt
2. auslösende interpersonelle Situation
3. pathogenes Umfeld unter Begrenzung regressiver Vorgänge

mit dem Ziel der Erhellung eines derzeit belastenden Konfliktes und der Klärung der vordringlichsten motivationalen Fragen.
Im Unterschied dazu geschieht die Arbeit bei der analytischen Langzeittherapie innerhalb der Tangenten:
1. Übertragung auf den Therapeuten
2. aktuelle Beziehungen des Pat.
3. frühere Beziehungen des Pat.

mit dem Ziel der Aufhellung der symptomatischen Störung durch eine Strukturveränderung. Thomä bemerkt dazu: "Die Analyse ist eine Fokaltherapie mit stetig wechselndem Fokus".

Vergessen wir nicht, die analytische Psychotherapie selbst ist eine begrenzte Psychotherapie auf analytischer Grundlage, bei der nur der sich in der Übertragung manifestierende Konflikt bearbeitet wird - d.h. Konzentration auf Hauptthemen, sowie Deutungsarbeit im eingeschränkten Spektrum - also eine "Kurzform der Psychoanalyse". Die Psychoanalyse als solche ist weder auf Krankenbehandlung, noch durch äußere Richtlinien begrenzt. Sie ist eine alleinig zwischen Analytiker und Analysand bestehende Arbeitsbeziehung. Weniger verwirrend wäre evtl. folgende Differenzierung in den Richtlinien gewesen:
"Die tiefenpsychologisch fundierte Psychotherapie unterteilt sich in 1. analytische Kurzzeitherapien (25-100 St.) und 2. analytische Langzeittherapien (100-300 St.).
Fazit: Die Antwort auf die zentrale Frage fällt je nach Standpunkt des Betrachters unterschiedlich aus. Maßgeblich sind die gemeinsamen Wurzeln, wobei unterschiedliche Einfärbungen nur Variationen zu einem gemeinsamen Thema auf der Klaviatur therapeutischer Begegnung darstellen.
Diese formal - inhaltliche Diskussion etwas relativierend möchte ich zum Schluß noch an die Worte Sigmund Freuds erinnern, daß der "Gebrauch der Analyse zur Therapie der Neurosen nur eine ihrer Anwendungen sei, ...vielleicht nicht die wichtigste. Psychoanalyse sollte Neurosen- und Kulturtheorie zugleich sein, und auf dem Lehrplan analytischer Praktikanten sollte neben medizinischem Fachwissen auch Kulturgeschichte, Mythologie, Religionspsychologie und Literaturwissenschaft gelehrt werden" (S. Freud, 1994).

Literatur

1. Kulawik, H.: *Psychodynamische Kurztherapie.* VEB G. Thieme Verlag, 1984
2. Freud, S.: *Die Frage der Laienanalyse. In: Studienausgabe, Schriften zur Behandlungstechnik.* S. Fischer, Frankfurt/M., 1994
3. Faber, F. R.: *Kommentar - Psychotherapierichtlinien.* Jungjohann
4. Haarstrick, R.: *Verlagsgesellschaft,* 1991
5. Kutter, P.: *Psychoanalytische Kurztherapie, Indikation und Interventionstechnik. In: Jahrbuch der Psychoanalyse, Bd 12.* Huber, Bern Stuttgart Wien, S178-191, 1981
6. Klüwer, R.: *Die Technik der Fokaltherapie. In: Provokation und Toleranz.* Suhrkamp, Frankfurt/M., 1978
7. Balint, M.: *Fokaltherapie.* Suhrkamp, Frankfurt/M., 1973
8. Lachauer, R.: *Der Fokus in der Psychotherapie. In: leben lernen 82.* J. Pfeiffer, München, 1992

Die psychodynamische Einzeltherapie in ihrer spezifischen Akzentuierung im Rahmen der analytischen Fokaltherapien

R. Vogt

Bezugnehmend auf meinen Vortrag auf den 1. Choriner Tagen will ich in diesem Vortrag versuchen, besonders die analytischen Therapieformen differenzierter zu sehen und konkrete Besonderheiten der Psychodynamischen Einzeltherapie (PdE) herauszuarbeiten.

Durch Literaturstudium und Supervisionen in analytischer Psychotherapie wurde mir in der vergangenen Zeit bewußt, daß die theoretischen Auffassungen und Spielbreiten analytischer Ansätze viel weiter gefächert sind, als ich bisher annahm. Gleichermaßen glaube ich zu beobachten, daß die Verfahrensweise und Theorie der PdE seit der Wende Veränderungen erfahren haben.

In dem Artikel von O. F. Kernberg (1994) fand ich Einschätzungen zu modernen Entwicklungstendenzen analytischer Psychotherapie - wie z. B.,

- daß die **Übertragung** heute offenbar früher gedeutet wird,
- **Gewohnheiten** als Symptom mehr in den Vordergrund der Behandlung gestellt werden,
- mehr im **Hier und Jetzt der Beziehung** gearbeitet wird,
- die Gegenübertragung des Therapeuten mehr als positives Arbeitsmittel des Analytikers gesehen wird,
- das **affektive Erleben** des Patienten mehr gefördert wird,
- das Unbewußte in **vielfältigerer** Erscheinungsart Beachtung findet als in der **Überbetonung der Traumanalysen** sowie
- anderes mehr **größere Vielfalt des Analytischen** zuläßt als in früheren klassischen Ansätzen der analytischen Psychotherapie.

Neben diesen eher gemeinsamen Tendenzen in analytischen Arbeitsstilen und Theorieschulen gibt es aber auch weiterhin Divergenzen der Entwicklungen, die der Autor ebenda anführt, wo es im Grunde wohl immer wieder darum geht, welche Variablen möglicherweise beim Patienten am effektivsten wirken und welche Rolle der Analytiker dabei spielen kann oder sollte.
Wenn ich heute die ersten Lehrtexte zur PdE lese, stelle ich auch im Vergleich zu den neueren Lehrtexten fest, daß der Ton der älteren Texte mehr **allgemeingültigere** Aussagen enthält als der neuere. Manchmal mutet der ältere Text auch mehr **wertend** - vom **Ziel** der Psychotherapie als einer "erwünschten Voraussetzung" auszugehen, als dieses der neuere Text aussagt.
Weiterhin wurde mir durch Supervisionen in PdE vermittelt, daß die Focusorientierung heute mehr indirekt "gesteuert" wird und mehr die Therapieatmosphäre der Zweierbeziehung berücksichtigt - ähnlich wie man es bei Lachauer (1992) findet.
Die analytischen Therapien - zu der ja auch die psychodynamische Fokaltherapie gehört - verstehen es meiner Ansicht nach vergleichbar gut, für den Patienten eine individuelle emotionale Atmosphäre zu schaffen, in der sich der Patient angenommen und beachtet fühlt, so daß er seine emotionalen Störungen im geschützten Raum bewußt wahrnehmen und bearbeiten kann, um schließlich in der therapeutischen Beziehung erste Erfahrungen einer punktuellen Probelösung für neues Erleben und Verhalten zu sammeln.
Hin und wieder glaube ich, bei Supervisionen in verschiedenen analytischen Therapierichtungen zu bemerken, daß die **individuellen Unterschiede** der Therapeuten einer Therapierichtung "real" größer sind als die Divergenzen "vergleichbarer Therapeutentypen" verschiedener Therapieschulen.

Was kann trotz aller Ähnlichkeit als spezifische theoretische und praktische Orientierung der PdE hervorgehoben werden?

Meines Erachtens ist es die besondere **A u s l e g u n g der Nutzbarmachung** der Therapeut-Patient-Beziehung in der Therapiediagnostik und -intervention.
Der Therapeut achtet tendenziell - ähnlich dem Vorgehen in einer Balintgruppe - stärker auf das konkrete Widerspiegeln der Symptomatik des Patienten im aktuellen Erleben bei sich (Körperwahrnehmung, Imagination, Emotionen).
Dabei soll das, was **jetzt**, **heute** und **für mich** (als Therapeuten) **wirklich zu spüren** ist, **möglichst heute** erforscht und (eventuell) heute teilweise in **dieser Stunde** gelöst werden.

Dadurch bleiben strategisch genetische Bearbeitungsorientierungen manchmal "auf der Strecke". Es gilt, stärker den "wirklichen" aktuellen Anspruch, das konkrete Auftreten des Patienten und die subjektiven Bedingungen des Therapeuten zu einem dyadischen Arrangement zu bringen und dabei manchmal außer (derzeit) acht zu lassen, was man sonst noch als Hintergrundwissen heranziehen könnte.

Gleichzeitig geht es ebenfalls unter prismatischer Analyse der konkreten Beziehungsangebote des Patienten darum, "Hier und Jetzt" die **heutigen** Verhinderungsmotive und Verhinderungsbedingungen der Lösung der Beziehungskollision (Neurosefixierung) **detailliert** in der Zweiersituation zu bearbeiten.

Der Ansatz der PdE berücksichtigt, analytisch gesehen, fokusorientiert nur den beim Therapeuten **aktuell erlebbaren** Teil der Neurose und orientiert sich in der Bearbeitungsrichtung auf den **mit diesem Therapeuten** "sofort" (in dieser Stunde) machbaren Teil von "Gesundheit".

Es geht also - akzentuiert formuliert - nicht so sehr darum, den Patienten "optimal" zu verbalisieren und zu verstehen, sondern gleichzeitig auch eben **nicht** zu verstehen und **Wirkungen** seines Beziehungsangebotes aktuell dosiert zu beschreiben (so wie man ihn möglicherweise auch in der Umwelt erlebt).

Die PdE beinhaltet also **tendenziell** mehr konkrete interindividuelle **Beziehungswiderstands- und -wirkungsanalysen** als andere analytische Fokalansätze es konzeptionell tun.

Der Therapeut als **"verstehender und nicht verstehender Partner"** ist nicht nur Objekt und Subjekt in seiner Selbstreflexion, sondern er arbeitet bewußt auch in diesen "Rollen zugleich" in der gemeinsam erlebbaren Stunde.

Der Wechsel vom teilweisen genetischen Verstehen der Therapiesituation zum teilweisen aktuellen "Mißverstehen" - der Wechsel vom teilweisen Akzeptieren der Verhaltensstagnation und -wiederholung zum teilweisen Nichtakzeptieren dieses Verhaltens und dem Ableiten konkreter Verhaltensschlußfolgerungen **vor Ort** verlangt vom Therapeuten wie Patienten eine hohe Differenzierungs- und Integrationsleistung sowie die Bereitschaft, sich authentisch und ganzheitlich in den **gemeinsamen** Prozeß der Auseinandersetzung einzulassen.

Die parallele Wahrnehmung des Therapeuten in positiver und negativer Übertragung und Gegenübertragung und die Übersetzung auf die Umwelt des Patienten ist nach meiner Kenntnis auch in anderen analytischen Konzepten enthalten; die "Eingrenzung" auf die "jetzt wirklich erlebbare Beziehung" und die für beide Seiten bewußt angestrebte "Behandlung" der **ver-**

schiedenen **Beziehungsrollen zugleich** bzw. in enger Folge - in z. T. **derselben** Stunde - ist meines Erachtens aber eine konzeptuelle Besonderheit.

Es ist, glaube ich, hinreichend bekannt, daß alle Begriffe in Theorien konzeptbezogen verwendet werden; d. h. was in der einen analytischen Theorie "notwendige Distanz" des Therapeuten genannt wird, könnte in einer anderen Theorie "mangelhafte Empathie" genannt werden.

Ich habe erlebt, daß das Vorgehen der PdE von anderen Fachkollegen manchmal als Verlust der emotionalen Abstinenz oder als Agieren des Therapeuten mißverstanden wurde.

In der Tat sind z. B. Selbsteinbringungen des Therapeuten riskanter zu handhaben als distanziertere Deutungen. Sie sollten prinzipiell auch nicht der "affektiven Not" (Gegenübertragung) des Therapeuten entspringen, sondern situativ wohl indiziert sein. Nur dann können sie die Regression und Reflexion des Patienten therapeutisch fördern, neurotisches Mißtrauen abbauen und zur konkreten begrenzten Neuerfahrung des Patienten mit "einem Beispiel vor Ort" einleiten und ermöglichen.

Die Selbsteinbringung bietet aber beispielsweise auch den Vorteil, den oft "erbitterten Kampf" des Patienten um die "wirklichen Schwächen und vergleichbaren Neurosen des Therapeuten" durch adäquate Differenzierung und Lösungssuche vor Ort in eine fruchtbare Auseinandersetzung münden zu lassen.

Weil jedoch die Relativität und Subjektivität der eigenen Wahrnehmung schwer zu fassen sind und die Flexibilität der differenzierten Verhaltensübersetzung kaum theoretisch zu vermitteln ist, muß der PdE-Therapeut besonders die Ressourcen der Selbsterfahrung und Supervision als Qualifikationsvariable ausschöpfen, um dadurch letztlich seine eigene Fähigkeit zu entwickeln, in der therapeutischen Beziehung **Objekt des Patienten, Subjekt seines Erlebens** und **Repräsentant einer möglichen Umwelt** zu sein und spürbar in Erscheinung zu treten.

Zum Menschenbild in der psychodynamischen Einzeltherapie

H. Küster

In der psychodynamischen Einzeltherapie wird - wie in allen tiefenpsychologisch orientierten Verfahren - der Mensch als ein körperlich, geistig, spirituelles, ganzheitliches, aktives Wesen angesehen. Bei der Verhaltensregulation und dem Erleben spielen neben genetischen, körperlichen und sozialsituativen Faktoren vor- und unbewußte Triebkräfte eine erhebliche Rolle. Im Verlaufe der Entstehung und Entwicklung der psychodynamischen Einzeltherapie wurden gerade jene unbewußten Momente thematisiert. Damit war sie gegen den ideologisch geprägten Zeitgeist der DDR.
Eine weitere Facette des Menschenbildes stellt das Grundmotiv des Leidens dar. „Auch ist sowohl im Leben des einzelnen Menschen wie in der Entwicklung ganzer Völker und Kulturen der Vorgang immer wieder zu beobachten, daß nach jugendlich-anfänglicher Hingabe an das Dasein und seine Freuden der reif gewordene Mensch die Vergänglichkeit und den zweifelhaften Wert alles Irdischen immer stärker durchschaut" (Störig, 1979, S. 36). Die scheinbare Unabänderbarkeit der äußerlich kargen DDR-Realität, das Fehlen einer Freizeitverdrängungsindustrie und die Ideologisierung persönlichen Handelns brachten die Nischenkultur hervor und beförderten diesen Zweifel. Insbesondere bei jenen, welchen die Notgemeinschaft der Nische nicht zur Verfügung stand, führte dies häufig zur Resignation mit der allseits beobachtbaren depressiven Subordination unter herrschende Machtstrukturen. Sie nahmen den Zweifel und ihr Unbefriedigtsein nicht wahr und bildeten Symptome. Das war für viele auch ein Schutz. Denn wurde ein Zweifel offen geäußert, bestand die Gefahr, daß dies die Mächtigen zumindest mit Androhung des Entzuges der Existenzberechtigung beantworteten.
Vielen Patienten war deshalb keinerlei Veränderungsmotivation als das Symptom zugänglich. Die Auflösung der inneren Konfliktdynamik des Patienten war insofern auch ein subversiver Akt.

Im Gegensatz dazu war im Osten Psychotherapie nach offizieller Denkart zum verlängerten Arm realsozialistischer Bildungs- und Erziehungspolitik verkommener kommunistischer Utopien degradiert. Da es weder unbewußte Triebkräfte noch unbewußte Konflikte angesichts der kommunistischen Hybris vom selbstbestimmten, aggressionsfreien Menschen geben durfte, war alles Individuelle suspekt und eine Kultur der Einkehr, Reflexion, Therapie und Supervision letztlich nicht erwünscht.

Die umrissene Situation führte seitens der Patienten und Therapeuten zu einer Einengung und Nichtwahrnehmung durchaus vorhandener Handlungsspielräume. Zum Beispiel interessierte sich die einzige Krankenkasse nicht dafür, welches Therapieverfahren mit welchem Setting angewendet wurde. In vielen Kliniken und Polikliniken führte Psychotherapie ein Schattendasein als Ausdruck der Ignoranz, in dem vieles im verborgenen wild wachsen konnte.

In meiner in diese Zeit fallenden anfänglichen Berufspraxis machte ich zunehmend die Erfahrung, daß ich Patienten immer besser verstand, die Patienten sich selbst ebenfalls, einschließlich der Verbesserung ihrer Selbstaktualisierungstendenzen. Jedoch blieben die Symptome bestehen oder sie rezidivierten nach kurzer Heilung. Später wurde mir bewußt, daß der Patient und ich mit dem Menschenbild aus unserer gemeinsamen DDR-Sozialisation heraus relativ schnell und bisweilen auf hohem Niveau eine Pseudonähe herstellen konnten. Auf diese Weise konnten beide ihre Autoritätsängste binden und die Auseinandersetzung um Macht und Konkurrenz niederhalten. Die Abwehr korrespondierte unheilvoll. Meine Erfahrungen aus Weiterbildungen in Gesprächspsychotherapie und verhaltenstherapeutischen Kursen bedurften einer Ergänzung.

In den gut strukturierten und methodisch durchdachten Kursen der psychodynamischen Einzeltherapie wurde mir die Auseinandersetzung mit väterlichen Autoritäten und Instanzen ermöglicht. Es gelang mir hier, Auseinandersetzungen zu führen, die mir außerhalb des geschützten Rahmens unmöglich erschienen. Darüber hinaus erlebte ich echte Verbundenheit anstelle des verordneten Kollektivismus. Insbesondere durch Wahrnehmung, aber auch Kenntlichmachen wechselseitiger Verschiedenartigkeit in einem auch schmerzhaften Auseinandersetzungsprozeß wurde dies entfaltet. Sowohl durch die vertiefte Selbsterfahrung als auch das erweiterte therapeutische Wissen und die erhöhte therapeutische Performance wurde ich sicherer und aktiver in meinen Beziehungsgestaltungen. Dadurch konnte ich die äußere „Wende" zunehmend als Chance für ein selbstbestimmtes (auch berufliches) Leben sehen und gestalten.

In meiner therapeutischen Arbeit machte sich dies durch lebendigere therapeutische Beziehungen, welche den Patienten zur aktiveren Auseinandersetzung mit den ihn umgebenden Bedingungen befähigten, deutlich. Insofern war die psychodynamische Einzeltherapie eine DDR-spezifische Form der Entdeckung eigener Klarheit. Das förderte die Ablösung von der sadistischen Außenklarheit des DDR-Systems. Obgleich diesen Prozessen und auch dem Erleben der Kompetenz eigener Grenzziehung, der Entdeckung des Individuellen im Gegensatz zum Pseudoaufgehobensein im Kollektiv Grenzen gesetzt waren, versuchten wir, durch unsere Therapie Handlungsspielräume im Patienten bewußt werden zu lassen. Dies war besonders schwierig, wenn sadistische Eltern mit dem repressiven System im Einklang handelten.

Unser Ziel war es, über die Schaffung bloßer reflexiver Strukturen hinaus die Patienten zu aktivem Handeln und Auseinandersetzung zu befähigen. Zusätzlich wurden durch die psychodynamische Einzeltherapie in den Weiterbildungen psychoanalytisches Wissen systematisch vermittelt und Selbsterfahrung durchgeführt. Die psychodynamische Einzeltherapie war dadurch zu einer beargwöhnten Gegenkultur geworden; das Menschenbild - ein Gegenentwurf zum verordneten Kollektiv. Aus anfänglich fragilen Zweckbündnissen entwickeln sich über aufbrechende Konkurrenz heute frei gewählte funktionsbezogene kollegiale Beziehungen von „unten". Die psychodynamische Einzeltherapie war und ist kein starres Konzept. In einem fortwährenden Auseinandersetzungsprozeß findet ein ständiges Ringen um gesunde, lebendige Beziehungsgestaltung statt. Dies ist durch den ursprünglich nischenartigen Charakter und jetzt minimale Institutionalisierungen möglich.

Nachdem ich auch im Rahmen kollegialer Supervision positive Erfahrungen mit der aufbrechenden Konkurrenz machen konnte, wurde mir die ostspezifische Diffamierung von Konkurrenz i. S. von Rivalität bewußt. Zunehmend wurden dann darunter liegende frühe Erfahrungen bearbeitbar, ohne diese - wie im neuen Deutschland üblich - durch Narzißmus oder Konkurrenz abwehren zu müssen. Insofern stellt unser therapeutischer Umgang in der jetzigen Gesellschaft abermals eine Gegenkultur dar, die uns in Verbundenheit sowohl Konkurrenz als auch frühe Störungsanteile erleben läßt.

Auch wenn die o. g. existentiellen Zweifel durch die beidseitigen deutschen Wendeillusionen für einen Augenblick überdeckt werden konnten, treten sie heute in vielfältigen Symptomen auf individueller Ebene hervor. Dies um so deutlicher, da persönliche Krisen quasi koevolutiv mit der permanenten gesellschaftlichen Krise korrespondieren.

Im Gegensatz zum früheren depressiv geprägten Rückzug der Patienten müssen wir uns nun zunehmend mit der therapeutisch-psychologisierten Gesellschaft des Westens auseinandersetzen. Häufig dient dabei die Versprachlichung des Inneren nicht der Beziehungsgestaltung, sondern der Selbstbehauptung und Vermeidung von Nähe. Allzu oft steht professionelles Outfit anstelle von Professionalität und werden Verkehrsformen überbewertet.

Mit unserer abermals kulturkritischen Haltung sehen wir uns in der kulturhistorischen Tradition der Psychoanalyse verwurzelt. Nuancierungen ihr gegenüber gibt es - aus dem DDR-Wildwuchs heraus erklärbar - in der Betonung des Schwergewichts auf der jeweils einmaligen Beziehung zwischen Patient und Therapeut. Deren Vielgestaltigkeit drückt sich in der Variabilität des Settings, bei der Formulierung des Fokus (enger oder umfassender), welcher am Patienten i. S. einer Probedeutung orientiert ist, aus. Somit liegt das Hauptaugenmerk auf der Analyse der Übertragungs- und Gegenübertragungsprozesse. Dabei werden diese Prozesse nicht bloß wahrgenommen oder in Supervisionen reflektiert, sondern bilden das Kernstück der aktiven Intervention des Therapeuten. Im Schutze einer derartig tragenden Beziehung können - in die Fokaltherapie eingebettet - „Inseln" tiefer Regression eingestreut werden. Dies wird ermöglicht, da der Patient durch ständiges offenes Inbeziehungtreten sowohl Ernsthaftigkeit als auch Schmerz, Trauer, Konfrontation und Gehaltensein erlebt. Gerade die spezifische Mischung aus Containing und selektiv authentischer Selbsteinbringung führt zu einer Stärkung der Ich-Funktionen einschließlich der „Antiregression". Nach Sandler & Sandler ist dies die Fähigkeit des Ichs, welche der Regression entgegen wirkt und im Alltag dazu beiträgt, ein reifes Funktionsniveau aufrechtzuerhalten. Der Patient findet auf dem Boden gewachsener Strukturbildung Sicherheit. Zunehmend kann er seine anti-regressive Funktion steuern. Der Patient muß Regression nicht zwanghaft vermeiden, wodurch Impulsdurchbrüche weniger heftig ausfallen. Im Dienste der Therapie gelangt der Patient dazu, seine anti-regressive Funktion zu lockern und Regressionen in analysesyntoner Weise zuzulassen.

In der Beziehungsgestaltung steht die Kenntlichmachung von Übertragungs- und Realanteilen im Mittelpunkt. Dazu bringt sich der Therapeut stärker als in der psychoanalytischen Therapie mit seinen Möglichkeiten einschließlich seiner Begrenztheit ein. Wir gehen davon aus, daß Übertragungen nie vollständig aufgelöst werden und gerade hierin eine Chance liegt, welche uns ermöglicht, daß sich Patient und Therapeut mit ihrer Geschichte, ihren Hoffnungen, Sehnsüchten, Verletzungen in einem lebenslangen Prozeß auseinandersetzen. Insofern bleibt immer ein Rest Übertragung erhalten, welcher durch ständiges Inbeziehungtreten deutlich gemacht werden kann. Wichtig ist die Bearbeitung der negativen Übertragungsanteile, um die Beziehungsfähigkeit des Patienten zu verbessern und im kollegialen Austausch sowie kritischen Diskurs die Methode der psychodynamischen Einzeltherapie zu entwickeln. Der Patient wird als gleichberechtigter Beziehungspartner angesehen, und ausgehend vom Oszillieren um aktuell-reale Konfliktanteile werden begrenzte Regressionen ermöglicht. Er erlebt dadurch Autonomie, Eigenständigkeit und Verantwortung für seinen therapeutischen Prozeß. Sowohl Rahmen als auch Inhalt (Fokus) der Therapie werden ausgehandelt. Änderungen werden jeweils thematisiert und in Beziehung zu der vorher getroffenen Vereinbarung gesetzt. Der Patient hat hier Möglichkeiten, sich auseinanderzusetzen. Der Therapeut bietet sich permanent als Gegenüber an und sitzt so im Brennpunkt der Übertragung bei gleichzeitig aktiverem Handeln. In unserer langjährigen Beziehungsarbeit wurde immer wieder deutlich, daß - wie häufig früher übersehen - durch ödipale Problematik frühe Störungsanteile kaschiert werden und in den Therapien nicht bearbeitet wurden. Therapeut und Patient verbündeten sich in ihrer vermeintlichen ödipalen Ohnmacht den herrschenden Strukturen gegenüber.

Durch die gesellschaftlichen Umbrüche, insbesondere dem Wegfall behütend-einengender staatlicher „Strukturhilfen", werden diese frühen Störungsanteile verstärkt und in den Therapien eher bearbeitet. Nun besteht andererseits die Gefahr eine reife ödipale Auseinandersetzung abermals zu vermeiden, indem der Patient in seiner frühen Problematik belassen wird. Durchaus vorhandene reife Strukturanteile werden vom Therapeuten nicht wahrgenommen und die Auseinandersetzung mit der neuen Macht sowie manigfaltiger Verbürokratisierungen wiederum aus vermeintlicher Auswegslosigkeit verhindert. Der Therapeut agiert eigene frühe Störungsanteile über den Patienten aus, bei gleichzeitiger stiller Übereinkunft, die schon vor der Wende tabuisierten Themen von Macht und Konkurrenz zu vermeiden. In der psychodynamischen Einzeltherapie ist deshalb das jeweils aktuelle Beziehungsangebot in Bezug zum Fokus des Patienten im Zentrum. Vom Therapeuten verlangt dies ein höheres Maß an Wahrnehmung und Einbringung des Übertragungsangebotes bzw. der Gegenübertragungsgefühle. Der Patient hat hierbei ein Minimum an Selbstverantwortung für den Therapieprozeß, einschließlich der Beziehungsgestaltung.

Indem wir das Hauptaugenmerk auf die therapeutische Beziehung legen, sind wir frei für methodische Variabilität und technische Vielfalt. Auch hierin sind wir uns der therapeutischen Gegenkultur und des möglichen Vorwurfs des Eklektizismus bewußt. Ebenso, wie sich Menschen in einem fortwährenden Wandlungsprozeß befinden, versuchen wir dies in und mit unserer Therapiemethode auch. Am Ende eines therapeutischen Weges steht gemeinsames Beziehungserleben, in dem beide - Therapeut und Patient - sich im existentiellen Schmerz begegnen und verschiedene Wege beschreiten können.

Literatur

1. Sandler, J., Sandler, A.-M.: Regression und Anti-Regression. *Forum der Psychoanalyse*, S. 283-292, 1993
2. Störig, H. J.: *Kleine Weltgeschichte der Philosophie.* Fischer Verlag, Frankfurt, 1979

Körperwahrnehmung in der psychodynamischen Einzeltherapie

A. Krüger

Die psychodynamische Einzeltherapie ist genuin eine psychoanalytische Therapie, denn sie arbeitet mit Übertragung und Gegenübertragung (1). Übertragung und Gegenübertragung gelten immer noch als die wichtigsten und unverzichtbaren Bestandteile einer analytischen Therapie (2).
Körperwahrnehmung in der Behandlungssituation und im therapeutischen Prozeß der psychodynamischen Einzeltherapie zu reflektieren, macht primär nur Sinn, wenn man sie zentral eingebettet in das komplexe Geschehen von Übertragung und Gegenübertragung erlebt und begreift. Auf der einen Seite lassen die Körperlichkeit des Patienten *und* die Körperlichkeit des Therapeuten bestimmte Übertragungsgefühle und -reaktionen beim Patienten selbst entstehen. Auf der anderen Seite lassen die Körperlichkeit des Therapeuten *und* die Körperlichkeit des Patienten bestimmte Gegenübertragungsgefühle und -reaktionen beim Therapeuten selbst entstehen.

Ein Beispiel (aus einer psychodynamischen Einzeltherapiestunde):
Ein 44jähriger, narzißtischer Patient wehrt aufkommende Nähebedürfnisse und -gefühle zum Therapeuten meist mit der "Zwei Schritt vor, ein Schritt zurück -Politik" ab. Während er in den vergangenen Stunden vorsichtig und mit leisen Zwischentönen Kontakt zu seiner Bedürftigkeit bekam, geht er diese Stunde wieder jenen "einen Schritt zurück". Sein "Karl Lagerfeld - Zopf" ist frisch und straff nach hinten gekämmt, die Augen funkeln kampfeslustig wie ein Platzhirsch und fixieren mich kontrollierend, der Oberkörper ist aufgebläht und beugt sich gleichzeitig weit zu mir herüber. Vordergründig spüre ich das Eindringliche, das Beherrschende, was von seiner Körperlichkeit ausgeht (im Hintergrund ahne ich auch das Mich-erreichen-wollen). Mit kaum verhaltener Theatralik erzählt er mir, wie er den Sinn eines alten Rocktitels "Time is on my side" neu entdeckt hätte. Fast triumphierend meint er, daß dies für ihn vor allem bedeute, daß er warten könne. Seine unüberhörbare Botschaft ist, daß er aussitzen könne, bis ich mich ihm nähern würde und er sich daher mir nicht zu nähern brauche.

Während ich in der ersten Zeit seiner Therapie meist mit Vorsicht oder ähnlicher "Kampfeslust" auf Grund meiner narzißtischen Anteile reagiert hatte, spüre ich inzwischen Langeweile und Müdigkeit bei seinen immer wiederkehrenden narzißtischen Attitüden (linear übersetzt = Körperhaltungen). Ich lehnte mich zurück, mein Blick wurde wie von einem Schleier zugezogen, mein Körper nahm eine distanzierte Beobachterposition ein. Daraufhin reklamierte er, so seine Worte, mein "neutrales Verhalten und den Schlafzimmerblick", dies mache ihm "zu schaffen und ärgerlich". Auf meine Frage hin, ob ihn das an irgendetwas erinnern würde, antwortete er nach einer kurzen Besinnung: "Mutter war auch so!". Er habe immer ihren Augenkontakt gesucht: "Wie schaute sie denn jetzt?". Wenn sie nicht freundlich schaute, dann hatte er das Gefühl, etwas falsch gemacht zu haben. Meine deutende Anfrage, ob dies bei ihm ein Gefühl ausgelöst hätte, nicht richtig zu sein, bejaht er mit starker Betroffenheit.

Meine körperliche Gegenübertragung, die eine Reaktion auf sein narzißtisch-körperliches Beziehungsangebot war, ließ ihn in eine Übertragung narzißtischer Wut zu mir kommen und ihn gleichzeitig den alten Schmerz des Nicht-gemeint-seins, des Nicht-richtig-seins spüren. Und sehr im Sinne einer realeren Selbstwahrnehmung formuliert er dann für unsere Beziehung: "Solange ich das nicht klar kriege, ob ich richtig bin, solange kann ich auch Ihre Solidarität mit mir nicht annehmen.". Er reflektiert hier ganz klar einen Teil seiner Näheproblematik und der Problematik bei der Findung eines realen Selbst.

Wenn in der psychodynamischen Einzeltherapie, die als Kommunikationsform die Sprache wählte, auch körpersprachlich kommuniziert wird, legen sich einige Fragen nahe (3):
– Was über- und vermittelt der Patient mit seiner Körperlichkeit, die u.a. als Körpersprache wie Gesichtsausdruck, Blickkontakt, Mimik, Gestik, Körperhaltung, Körperorientierung, Körperbewegung, energetisches Niveau, Körperfärbung, Stimme, Intonation etc. zum Ausdruck kommt?
– Was intendiert der Patient körperlich unbewußt und bewußt?
– Entspricht die Wahrnehmung des Therapeuten der unbewußten oder bewußten Intention des Patienten?
– Welche Beziehungen haben die körpersprachlichen Mitteilungen des Patienten zu dem, was gleichzeitig sprachlich ausgedrückt wird?

Diese Fragen sind natürlich nicht nur in die Richtung Patient -> Therapeut, sondern auch in die Richtung Therapeut -> Patient zu stellen. M.E. sind sogar die körperlichen Gegenübertragungsphänomene des Therapeuten, so er sie bei sich kennt, ein äußerst wertvolles Material, um den Patienten hilfreich konfrontieren und unterstützen zu können. Wirkliche Empathie und wirkliches Containment seitens des Therapeuten für den Patienten ist vor allem eine "Körperempathie" (body-empathy), die ihren Ursprung in geglückten frühen Objektbeziehungen zwischen Mutter und Kind hat. So hat sich bei mir in den letzten Jahren so etwas wie ein "innerer Katalog" entwickelt, der mit ausreichender Variabilität gegenübertragungsmäßig nicht ausgedrückte Gefühle von Patienten wahrnimmt.

Dafür einige kleine, unvollständige Beispiele:
- Druck in und auf meiner Brust - meistens eine Form von abgewehrter Angst beim Patienten;
- mein Herz zieht sich zusammen - abgewehrte Angst oder Angst vor sehnsuchtsvoller, liebevoller Hingabe seitens des Patienten, aber auch abgewehrte Wut kann dies bedeuten;
- Würge- und Ekelempfindungen nach der Therapiestunde - der Patient wehrt gefühlsmäßig ab, was er alles an Schlimmem und Grauenvollem hat schlucken müssen;
- Magen- und Oberbauchbeschwerden bei mir - meistens handelt es sich dann um eine Form von abgewehrter Wut beim Patienten gegen das jeweils andere Geschlecht;
- Stirnkopfschmerzen bei mir - der Patient wehrt seine narzißtische Grundproblematik rationalisierend ab;
- Kopf- und Ohrdruck - auch Abwehr der narzißtischen Problematik verbunden mit dem abgewehrten Schwerpunkt, keine Existenzberechtigung gehabt zu haben;
- schnell aufkommende lähmende Müdigkeit - der Patient wehrt irgendeine vitale oder soziale Bedürftigkeit ab;
- Angina pectoris-ähnliche Beschwerden bei mir - meistens handelt es sich dann um eine abgewehrte Wutproblematik beim Patienten;
- überdeutliches Schweregefühl in den Beinen - der Patient "hebt ab", ist nicht "geerdet";
- genitale Erregung und sexuelle Phantasien bei mir - meist handelt es sich dann beim Patienten um die Abwehr frühkindlich sexueller Bedürfnisse wie nach Wärme, Geborgenheit, Hautkontakt, Schutz, Kuscheln etc.

Natürlich "leide" ich nicht die gesamten 50 Minuten unter diesen Gegenübertragungsempfindungen bzw. -gefühlen. Sie sind oft eher nur ein "Anflug" einer Empfindung oder eines Gefühls. Über eine Konfrontation, eine Klarifizierung oder über eine Deutung gebe ich dann dem Patienten, falls psychodynamisch sinnvoll und notwendig, eine Rückkopplung über sein abgewehrtes Gefühl mittels meiner Gegenübertragung. Meine Rückkopplung kann den

Patienten auf drei verschiedenen Ebenen seiner unbewußten oder bewußten, seiner wahrgenommenen oder nicht wahrgenommenen Körperlichkeit erreichen: erstens, auf der Ebene der Empfindung, zweitens, auf der Ebene des Gefühls, drittens, auf der Ebene des Ausdrucks. Befindet sich der Patient nur auf der Empfindungsebene, hat er meist kein Gespür und keine Benennung für das Gefühl, geschweige, daß er das Gefühl ausdrücken kann. Spürt der Patient das Gefühl bereits, heißt es noch nicht, daß er es auch zum Ausdruck bringen kann. Aber wiederum ein Patient, der in einen gefühlsmäßigen Ausdruck kommen kann, muß noch lange nicht dieses Gefühl auch spüren und empfinden. Vor allem hysterische und narzißtische Patienten sind "gut" im Ausdruck, aber spüren und empfinden dabei oft nicht wirklich. Gerade narzißtische Therapeuten halten dies dann für "bare Münze".
Um die Richtigkeit meiner Gegenübertragung zu überprüfen, konfrontiere ich u.U. den Patienten vor, während oder nach meiner Rückkopplung mit seinem von mir wahrgenommenen Empfindungsverhalten: "Sie ballten eben die Faust, was spürten Sie dabei?". Oft hört man dann die Antwort: "Habe ich gar nicht gemerkt - gespürt auch nichts dabei.". In diesem Fall hat der Patient also weder auf der Empfindungs- noch auf der Gefühlsebene Kontakt zu seinem Affekt. Die *Konfrontation des Patienten mit seinem Empfindungsverhalten* ist generell ein wichtiges Mittel, um den therapeutischen Prozeß "zu nähren", die Übertragung des Patienten findet eine körperlich-emotionale Anreicherung und die Gegenübertragung des Therapeuten wird genauer, inhaltsvoller und damit unterstützender für den Patienten. D.h., die Konfrontation des Patienten mit seinem Empfindungsverhalten ist ein sinnvolles Arbeitsinstrument, auch ohne nun gleich die oben beschriebene Rückkopplung im Auge zu haben.
Der Vorgang der *paradoxen Kommunikation*, wie P. Watzlawick (4) ihn als widersprüchliches Mitteilen auf der Beziehungs- und Inhaltsebene beschreibt, den gibt es natürlich auch, wenn die Körperlichkeit des Patienten und des Therapeuten miteinander nonverbal kommunizieren. D.h., oft wird mit verschiedenen Signalen gleichzeitig Widersprüchliches auf der Empfindungs-, Gefühls- oder Ausdrucksebene mitgeteilt, z.B.: der Patient, der mit sehr wohlgesetzten Worten und sehr leiser Stimme, die scheinbar überhaupt nicht aggressiv klingen soll, seine doch vorhandene Wut nicht kommuniziert. Typische Gegenübertragungsreaktionen bei paradox kommunizierter Körperlichkeit sind Verwirrung, Gereiztheit, Orientierungsunsicherheit oder wertende Urteile wie: Er täuscht, betrügt, führt an der Nase herum, führt mich hinters Licht, will mich hereinlegen, irreführen (5). Mit D. Stern (6) können wir das *paradoxe Stimulierung* nennen. Er meinte damit v.a. die Zuwendung eines

Interaktionspartners zu einem anderen bei gleichzeitigem Vermeiden eines vollen Kontaktes, eine klare Abwendung wird aber auch vermieden. Und natürlich kann der Patient den Therapeuten, aber auch der Therapeut den Patienten paradox stimulieren.

Paradox kommunizierte Körperlichkeit, also der paradoxe Umgang mit einer körperlichen Empfindung, Gefühl oder Ausdruck, hat seinen Ursprung in der Charakterneurose (Umgang mit der gestörten Objektbeziehung) eines Patienten (oder Therapeuten), nicht in der Beziehungs- und / oder Übertragungsneurose (gestörte Objektbeziehung) des Patienten (oder Therapeuten). Situativ ausgedrückte Körperlichkeit, z.B. ein Seufzen, das Ballen einer Faust etc., ist meist die Verkörperung einer *aktuell übertragenen Objektbeziehung*. In deutlicher Unterscheidung dazu ist paradox kommunizierte Körperlichkeit bzw. charakterneurotische Körperlichkeit eine *habituelle Verkörperung*, z.B.: die leise, Wut unterdrückende Stimme, der aufgeblähte Oberkörper, die flache Atmung, die ständig durchgedrückten Knie, der steife Nacken etc.

Habituelle Körperlichkeit entsteht auf Grund früher mangelnder Objektbeziehung und früher aufdringlicher Objektbeziehungen. "In dem einen Falle dient es der Objektersetzung, im andern Falle der Objektabwehr." (7). Ausführlich und neuartig produktiv ist die mögliche und gestörte habituelle Körperlichkeit eines Menschen beschrieben im Buch von Stanley Keleman: Verkörperte Gefühle, Der anatomische Ursprung unserer Erfahrungen und Einstellungen (8).

Wie sollte ein Therapeut mit der habituellen Körperlichkeit eines Patienten umgehen, wie sollte er sie ansprechen? Abgesehen davon, daß er sie natürlich erst einmal wahrnehmen muß, gilt als *therapeutische Grundregel*, daß nur über einen aktuellen Beziehungsaspekt die habituelle Körperlichkeit ansprechbar ist (9). In der Regel reagieren die Patienten positiv darauf, sie fühlen sich ganzheitlich gesehen, spüren Interesse und Einfühlung.

Die Körperwahrnehmung des Patienten und des Therapeuten bzw. das Einbeziehen der Körperlichkeit beider in den therapeutischen Prozeß eröffnet eine weitere Möglichkeit des *Durcharbeitens* im analytischen Kontext von "Erinnern, Wiederholen und Durcharbeiten" (10).

Körperwahrnehmung in der psychodynamischen Einzeltherapie

Patient <---> Therapeut
Interaktion
mit seiner erlebten Körperlichkeit: mit seiner erlebten Körperlichkeit:
Empfindung, Gefühl, Ausdruck Empfindung, Gefühl, Ausdruck

(asymmetrische) Übertragung
-->

auf der oberen Schicht der sozial-emotionalen "Maske", der Charakter-Abwehr ("positive Übertragung") und auf der destruktiven vermischten Mittelschicht der Konfusion, Spannung, Angst und des Stresses (sozial-emotionaler "Mist") ("negative Übertragung") (vgl.: Reich, W., (1933) Charakteranalyse)

(asymmetrische) Gegenübertragung
<--

auf der oberen Schicht der sozial-emotionalen "Maske", der Charakter-Abwehr ("positive Gegenübertragung") und auf der destruktiven vermischten Mittelschicht der Konfusion, Spannung, Angst und des Stresses (sozial-emotionaler "Mist") ("negative Gegenübertragung")

(symmetrische) Ich-Du-Beziehung
-->

auf der primären Kernschicht, die das wahre Selbst ausdrückt und wirkliche Bezugnahme ermöglicht
(vgl.: Buber, M., Ich und Du)

(symmetrische) Ich-Du-Beziehung
<--

auf der primären Kernschicht, die das wahre Selbst ausdrückt und wirkliche Bezugnahme ermöglicht

Körperwahrnehmung, -ausdruck
-->

von Aktuellem und / oder Habituellem

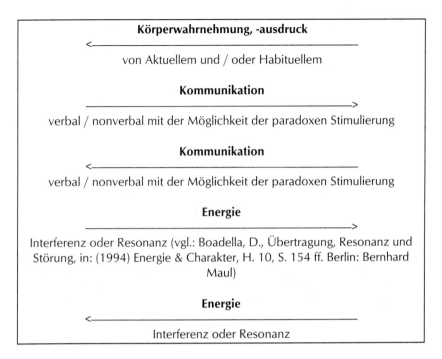

Literatur

1. Jäkel, F.: *Verwandt und verschwägert: Intendierte Dynamische Gruppenpsychotherapie und Psychodynamische Einzelpsychotherapie. Psychologische Beiträge 35 (4), 1993, 372*
2. Mertens, W.: *Einführung in die psychoanalytische Therapie. Bd. 2, S. 165. Stuttgart: W. Kohlhammer, 1990*
3. Herdieckerhoff, G.: *Körpersprache in der psychoanalytischen Behandlungssituation. Zeitschrift für Psychosomatische Medizin und Psychoanalyse 2, 1985, 132*
4. Watzlawick, P., Beavin, J. H., Jackson, D. D.: *Menschliche Kommunikation. Bern: Huber, 1969*
5. Herdieckerhoff, G.: *Körpersprache in der psychoanalytischen Behandlungssituation. Zeitschrift für Psychosomatische Medizin und Psychoanalyse 2, 1985, 137*
6. Stern, D.: *Mutter und Kind. Stuttgart: W. Kohlhammer, 1979*

7. Herdieckerhoff, G.: Therapeutischer Umgang mit habitueller Körpersprache. Zeitschrift für Psychosomatische Medizin und Psychoanalyse 2, 1986, 193
8. Kelemann, St.: Verkörperte Gefühle. München: Kösel-Verlag, 1992
9. Herdieckerhoff, G.: Körpersprache in der psychoanalytischen Behandlungssituation. Zeitschrift für Psychosomatische Medizin und Psychoanalyse 2, 1985, 148
10. Freud, S.: Erinnern, Wiederholen und Durcharbeiten. G. W. X, S. 126 ff, 1914

Die Mutter - Die Therapie - Die Frau
Das Mutterthema in der psychodynamischen Einzeltherapie

C. Arand, A. Hering

Einführende Gedanken

Sigmund Freud hat in seine Abhandlungen zur Sexualtheorie 1905 zur Frage der Partnerschaft zwischen Vater und Tochter und später zwischen Mann und Frau behauptet:
„ ... : wenn die Entwicklungsverzögerung der Frau überwunden ist und auf der Höhe ihrer weiblichen Existenz die volle Liebesfähigkeit bei ihr erwacht, ist ihr Verhältnis zum Ehemann längst verdorben: es bleibt ihr als Lohn für ihre bisherige Gefügigkeit die Wahl zwischen ungestilltem Sehen, Untreue und Neurose."

Aus diesen doch recht antiquierten, frühen analytischen Ansichten herauszukommen, war eine lange, anstrengende Geschichte, bei der gerade Frauen eine große Rolle gespielt haben.
Uns kam die Idee zu diesem Beitrag an einem Abend im August nach einer Gruppensupervision bei Herrn Maaz kurz nach unserem gemeinsamen Urlaub, der für uns beide sicher eine sehr wichtige Erfahrung war. Wir konnten erleben, daß es möglich war, gemeinsam Zeit zu verbringen, zu genießen, aktiv zu sein, zu reden, zu schweigen, kurz, Beziehung zu gestalten ohne das Alibi, zu einer Fortbildung zu fahren, um das zu tun. Dabei spielt sicher auch die Erfahrung der letzten 6 Jahre eine große Rolle, die wir in Begleitung von lehrenden, bemutternden und fordernden Männern verbracht haben, und die sehr wichtig war. Hier haben wir uns gestritten, verkrochen, geliebt, aber es war immer auch unter Aufsicht. Und diese neue Erfahrung war ein bißchen wie aus dem Nest fliegen und doch wissen, daß wir es schaffen, ohne die

Unsicherheit, mit der wir aus dem früheren Nest mußten. Aber was uns recht deutlich immer wieder auffällt, ist die Tatsache, daß es schon recht schwierig war und ist, unter diesen Umständen Frau zu werden.
Daher kam uns der Gedanke, daß es an der Zeit ist, einen eigenen, weiblichen Versuch zu starten. Wir wollen uns hier zeigen und anbieten als Gegenüber, das erste Flugversuche gut überstanden hat und nun Lust verspürt, eigene Erfahrungen einzubringen in eine Idee, eine Lebenseinstellung, die uns letztlich geholfen hat auf dem Weg zu uns selbst.
Wir möchten unsere Sicht der Dinge vermitteln, Anstoß geben zu neuer, gemeinsamer Arbeit, um nicht Fehler der Geschichte, sowohl der eigenen als auch der Geschichte der Psychoanalyse zu wiederholen.
Wir glauben auch, daß dieser Beitrag nur ein Anfang sein kann, daß wir nicht den Anspruch erheben, ein fertiges Gericht zu liefern, sondern vielmehr kam uns die Idee, weibliche Intuition anzubieten, um vielleicht auch in eine Methode, die wir von Männern gelehrt bekommen haben, unseren eigenen Anteil einzubringen. Dabei tauchten uns viele verschiedene Bilder auf, die der Idee, die wir haben, sehr nahe kommen.

Männer bauen Häuser, die von Frauen belebt, eingerichtet werden.
Männer pflanzen Bäume, die von Frauen gegossen und gepflegt werden.
Männer zeugen Söhne, die von Frauen geboren und genährt werden.

Es geht uns um Ergänzung, um Integration und auch um eigene Ideen.

Zu unserem Thema: Zur Mutter - zu der Mutter - Psychotherapie.

Die Therapie, die Methode, die wir doch in recht mühsamer gemeinsamer Arbeit erlernt, für uns erschlossen haben, war und ist das verbindende Element der Beziehung in unserer Ausbildungsgruppe. Sie war es, die uns Zusammentreffen ermöglichte, die schützend immer wieder für uns da war. Sie hat uns behütet, genährt, wachsen lassen. Wie eine gute Mutter.
Nun haben wir versucht, in der Literatur nach eben diesen Entwicklungsschritten, die mit einer guten Mutter gesetzmäßig ablaufen, Ausschau zu halten. Beim Blick in den Bücherschrank fiel uns zuerst auf, daß da nur männliche Autoren zu finden waren, angefangen von Freud über Reich, Kernberg, Kohut, Kächele bis Kulawik. Alles wichtige Bücher, die uns viel Halt gegeben hatten auf dem Weg bis hierher, die also auch mütterlich waren. Wir waren aber trotzdem entsetzt und machten uns - wenn auch nicht so ganz allein - auf die Suche nach Frauen. Und es fand sich dann recht schnell und auch viel Material.

Zur Geschichte der Mütterlichkeit und Weiblichkeit in der psychoanalytischen Therapie

Die Frauen in der psychotherapeutischen Geschichte standen zunächst sehr im Schatten des großen Patriarchen und Vaters Sigmund Freud. Neben ihm waren sie Tochter oder Rivalin, die angeblich ihren „ Penisneid ausagierten", indem sie sich wagten, in männliche Domänen der Wissenschaft vorzudringen. Beim Studium dieser historischen Hintergründe fiel uns auf, daß es Frauen waren, die anhand der Erfahrung ihrer eigenen Mütterlichkeit die Arbeit mit und an der Übertragungsbeziehung in den therapeutischen Prozeß einbrachten. Pionierarbeit leisteten dabei Helene Deutsch, Karen Horney, Anna Freud und Melanie Klein.

Helene Deutsch z.B. legte besonderes Gewicht auf das Thema der Identifikation mit dem Vater. Dies steht mit ihrem Mutterhaß, ihrer von da herrührenden Flucht vor der selbsterniedrigenden Identität mit der Mutter und folglich mit ihren Schwierigkeiten, selbst Mutter zu werden, im Zusammenhang. In ihrem Werk zur Psychologie der Frau stellt sie die Strukturen der gesellschaftlichen Abwertung der Frau und Mutterschaft und mit ihr die Problematik, die sich dadurch für die weibliche Sexualität und Selbstachtung ergibt, dar.

Karen Horney hingegen liebte und glorifizierte ihre Mutter. Sie hielt eine weibliche Identität und sich selbst verwirklichende Individualität für selbstverständlich. Neurose führte sie auf einen Mangel an elterlicher oder mütterlicher Warmherzigkeit zurück, wodurch dieses angeborene Potential zur Selbstentfaltung verkümmere.

Anna Freud scheint ihre Mutter total ignoriert zu haben. Sie war eher bemüht, die Zuneigung ihres Vaters zu erlangen, dessen wohl treueste Schülerin sie bis zum Ende blieb. Sie legte ihr Augenmerk mehr auf die gesellschaftlichen, äußeren Gegebenheiten des Mutterseins, auf das mütterliche Umfeld, das für die emotionale, soziale und sprachliche Entwicklung der Kinder erforderlich ist.

Melanie Kleins Interesse galt dagegen mehr den innerseelischen Bedingungen des Mutterseins, da sie selbst in ihrer Entwicklung mit einer hysterisch - depressiven Mutter immer wieder in eigene Schwierigkeiten geriet. Sie markierte mit ihrer Art von Analyse einen wichtigen Schritt weg von Freuds individualisierter Triebtheorie hin zu einer psychoanalytischen Theorie und Praxis, die viel stärker auf Beziehungsprobleme abgestellt war. Außerdem hielt sie es für wichtig, sowohl auf die negativen als auch auf die positiven Gefühle gegenüber der als Mutter empfundenen Therapeutin einzugehen.

Zuvor hatte man die negative Übertragung für ein bloßes Therapiehindernis gehalten. Sie stellte dagegen fest, daß es oft unmöglich ist, die Analyse überhaupt in Gang zu setzen, wenn eine Auseinandersetzung mit solchen Gefühlen nicht stattfindet.

Bemerkenswert ist, daß zur damaligen Zeit die Entwicklung dieser verschiedenen weiblichen Sichtweisen zu massiven Auseinandersetzungen und scheinbar unlösbaren Konflikten, sowohl unter den Frauen als auch zwischen ihnen und Freud, und sogar zu Entzweiungen in verschiedene Schulen führte.

Zur Mütterlichkeit in der psychodynamischen Einzeltherapie

Im Verlauf unserer nunmehr sechsjährigen Ausbildung und Arbeit mit der Methode der psychodynamischen Einzeltherapie konnten wir die Verschiedenartigkeit von männlicher und weiblicher Vorgehensweise in der Therapie immer deutlicher wahrnehmen. Dabei haben wir diese vermutlich geschlechtsspezifischen Unterschiede als gegenseitige Bereicherung erfahren.

Wir als Frauen haben zum Beispiel immer wieder Schwierigkeiten erlebt, ausreichend Struktur zu geben, genügend Abstinenz zu wahren und rechtzeitig konfrontieren zu können. Eben dieses Verhalten scheint zugleich auch eine besondere mütterliche Fähigkeit zu sein. Ein Beziehungsangebot dieser Art ermöglicht eine therapeutische Grundlage, die in erster Linie durch Empathie, Verständnis und mütterliche Annahme im Sosein getragen ist.

Entwicklung ist im Leben wie in der Therapie andererseits nur über Bewegung möglich. Die mütterlich - haltgebende Beziehung allein reicht also nicht aus, sondern es ist auch individueller Raum zum Erleben von eigenen Gefühlen und Erfahrungen erforderlich. Das angstmachende Moment in eben dieser Bewegung von der Mutter weg spielt in der Therapie eine große Rolle. Was in der kindlichen Entwicklung der Vater übernimmt, indem er in der Loslösungsphase als Identifikationsobjekt zur Verfügung steht und dadurch Ablösungsängste reduziert, stellt in der Methode der psychodynamischen Einzeltherapie der Fokus dar. Er schafft Überblick über die Psychodynamik, reduziert damit Angst und Unsicherheit und bietet Struktur. Er ist also das väterlich - wachsame Auge.

Er stellt zugleich das verbindende Element zwischen Patient und Therapeut dar, so wie der Vater zwischen Mutter und Kind. In dieser Phase der kindlichen wie auch der therapeutischen Entwicklung kommt es durch das Versagen uneingeschränkter Mütterlichkeit zu Ablehnungsgefühlen und zu Widerstand gegen eine Auseinandersetzung mit diesen Gefühlen.

Die Beziehung und die Übertragung ermöglichen es, in der Therapie mit dem Wiederstand zu arbeiten. Dadurch ist Wiederannäherung möglich und über diese die Entwicklung einer eigenen Identität.

Resümee

Wir befinden uns im Moment auf dem Weg, mit unseren eigenen, auch geschlechtsspezifischen Erfahrungen umzugehen. Im Verlauf des letzten Jahres haben für uns viel innere und äußere Auseinandersetzungen stattgefunden. Dabei näherten wir uns, sicher gestützt durch erfahrene mütterliche Zuwendung, immer mehr auch den Grenzen dieser Mütterlichkeit, die uns von Männern angeboten wurde. Das sehen wir wiederum als Chance, nach eigenen, fraulichen Möglichkeiten im Umgang mit Mütterlichkeit zu suchen. In Vorbereitung auf diesen Beitrag fiel uns auf, daß die Verführung sehr groß ist, unter männlichen Leistungsdruck zu geraten und eindeutige Antworten zu finden.
Also wollen wir an dieser Stelle einige Fragen entwickeln, die unserer weiblichen Intuition entspringen.
Was kann der weibliche Beitrag für diese Methode sein?
Welchen Platz haben wir Therapeutinnen in dieser Methode?
Wie können wir Männer und Frauen uns darin gegenseitig bereichern?
Wie können wir eine Zerstörung der hier entstandenen Gemeinschaft verhindern?
Wie ist es möglich, ein neues, partnerschaftlicheres Miteinander zu gestalten?

Dabei ist uns aufgefallen, daß es in diesen Fragen scheinbar um die Erhaltung, Ausgestaltung und Nährung unserer familiären Beziehungsstruktur und der Methode der psychodynamischen Einzeltherapie geht. Und ohne Frauen ist das nicht mehr möglich!
Selbst Freud hat 1931 zugeben müssen: „Alles auf dem Gebiet dieser ersten Mutterbindung erschien mir so schwer analytisch zu erfassen, so altersgrau, schattenhaft, kaum wiederbelebbar, als ob es einer besonderen unerbittlichen Verdrängung erlegen wäre. Vielleicht kam dieser Eindruck aber davon, daß die Frauen in der Analyse bei mir an der nämlichen Vaterbindung festhalten konnten, zu der sie sich aus der in Rede stehenden Vorzeit geflüchtet hatten. Es scheint wirklich, daß weibliche Analytiker.... diese Tatbestände leichter und deutlicher wahrnehmen konnten, weil ihnen bei ihren Gewährspersonen die Übertragung auf einen geeigneten Mutterersatz zu Hilfe kam."

Ein Bild sagt mehr als 1000 Worte
- Zur Arbeit mit Bildgestaltungen in der psychodynamischen Einzeltherapie -

H.-J. Keck

Dieser Beitrag entstand aus 2 Vorträgen zu den Choriner Tagen 1995 und 1996.
Ich möchte ihn Herrn Dr. Tögel widmen, bei dem ich vor nunmehr 10 Jahren die ersten Kurse in psychodynamischer Exploration und Therapie absolvierte.
In diesem Beitrag geht es um Fragen zur Integration von Bildgestaltungen in die psychodynamische Einzeltherapie, einer psychoanalytischen Fokaltherapie mit Offenheit für multimodale Zugänge.
Dabei wird im folgenden auf theoretische Bezüge, sodann auf praktische Anwendungen und Probleme eingegangen und schließlich anhand zweier Fallbeispiele das Integrationsanliegen demonstriert.

Theoretische Bezugspunkte

Das manifeste Bildprodukt ist bildlich gesprochen das Schloß für eine Schatzkammer oder vielleicht sogar für ein Verließ der Erinnerungen und Worte.
In dieser bildhaften Betrachtung über Bildgestaltungen wird sofort die Variabilität im Umgang mit diesem Schloß klar, es bedarf sowohl des Schutzes als auch der Öffnung. In der Lyrik habe ich für beide Positionen je ein treffendes Beispiel gefunden.
Bei Rilke finden wir eher den Schutz oder die Abwehr von verbalen Deutungen.

„Ich fürchte mich so vor der Menschen Wort.
Sie sprechen alles so deutlich aus:
Und dieses heißt Hund und jenes heißt Haus,
und hier ist Beginn und das Ende ist dort.

Ich will immer warnen und wehren: Bleibt fern.
Die Dinge singen hör ich so gern.
Ihr rührt sie an: sie sind starr und stumm.
Ihr bringt mir alle die Dinge um.

Bei von Eichendorff finden wir dagegen eher die Öffnungsfähigkeit, wenn auch in zauberhafter Form.

„Schläft ein Lied in allen Dingen
die da träumen fort und fort
und die Welt hebt an zu singen,
triffst Du nur das Zauberwort".

In einer dynamischen, fokal zentrierten Therapie mit bewußtseinsförderndem Akzent wird es uns mehr auf die öffnende Position ankommen müssen.
In Bildgestaltungen sind in einzigartiger Weise schützende und öffnende Elemente enthalten. Bildgestaltungen sind zwar leicht zu identifizierende Geschwister anderer unterbewußter Manifestationen wie Träume, Imaginationen, körpersprachlicher Ausdrucksformen, Fehlleistungen und Beschwerden, sie unterliegen genau wie jene den Prozessen der Verdichtung, Verschiebung, Modellierung und Zensierung, sie zeichnen sich aber durch Nähe zum Vorbewußtsein und fokussierte Produktivität aus. Sie erscheinen mir am nächsten mit dem freien oder thematisch eingegrenzten Spiel verwandt zu sein; am besten sind sie vielleicht mit dem Begriff der Performance beschrieben.
Bildgestaltungen erlauben eine weitgehende Variabilität an Öffnung und schützender Abwehr, also an gerade erträglicher Öffnung, welche aber über das Ausmaß sprachlicher Mitteilung hinausgeht.
Beim Gestalten wird eine Vorstellung, eine Idee oder Phantasie stark aktiviert und wiederbelebt und in eine Art vorbewußte Zeichengebung versetzt (vielleicht mit materialisierter Performance zu beschreiben). Unter Zuhilfenahme der psychoanalytischen Begriffe von Primär- und Sekundärprozeß soll die Bedeutung dieses Prozesses hervorgehoben werden. Die primärprozeßhafte Organisation ist für die Regulation, Aufrechterhaltung und Entwicklung

des Selbsterlebens zuständig. Sie ist dabei archaisch, primitiv und unstrukturiert (Mertens 1992).
Der Sekundärvorgang repräsentiert dagegen das logisch-diskursive Denken. Menschliches Verhalten mit kognitiven und emotionalen Funktionen sollte idealerweise beide Modi in ausbalancierter Weise nutzen können.
Bei schizoiden, zwanghaften und psychosomatischen Patienten besteht nun ein besonderes Ungleichgewicht zu ungunsten des Primärprozesses. Das Bildgestalten, insbesondere das freie Gestalten, hat deshalb gerade bei diesen Patientengruppen Harmonisierungsfunktion. In der Definition von Gestaltungstherapie von Biniek (1992) wird recht deutlich formuliert, worauf es bei der Anwendung dieser Therapieform ankommt:
„Gestaltungstherapie ist der der freien Phantasie überlassene Versuch einer menschlichen Selbstdarstellung im musischen Bereich, der weder nützlich noch ästhetisch oder künstlerisch wertvoll, sondern einzig und allein echt und wahrhaftig sein muß".
Es war C.G. Jung, der den nachhaltigsten Anstoß zur Anwendung gestalterischer Mittel gab. Er nannte es „aktive Imagination" und er sah darin ein ausgezeichnetes Mittel, den dialektischen Prozeß zwischen dem Ich und dem Unterbewußtsein zu befördern (1958).
Im Gestalten bricht das Selbst hervor, es wird die Erfahrung von Vermögen und Schöpfen gemacht, welche von Gefühlen der Kraft, Freude und Befreiung begleitet wird. Es findet gewissermaßen eine therapieförderliche „Regression im Dienste des Ich's" statt (Schmeer 1992).
Zusammenfassend sollen die Potentiale und Möglichkeiten in der Verwendung von Bildgestaltungen dargestellt sein:
- Gestaltungen aktivieren unterbewußtes Material und befördern es auf vorbewußte Stufen
- Gestaltungen ermöglichen dem Patienten dabei große Variabilität in persönlicher Öffnung und schützender Abwehr
- Gestalten befördert die Regression im Dienste des Ich's
- Gestaltenlassen befördert den Primärprozeß
- Das Gestaltungsprodukt liefert ausgezeichnetes Material zur weiteren fokal zentrierten Widerstands- und Inhaltsbearbeitung.

Praktische Anwendung und Probleme

Besonders der letzte Punkt ist bei der Integration von Bildgestaltungen in die psychodynamische Einzeltherapie von großem Interesse.

Ein wesentlicher Vorteil von Gestaltungsübungen ist deren dokumentähnliche Manifestation. Im Gegensatz zur Flüchtigkeit anderer nonverbaler Modalitäten wie Träume, Intonation, Artikulation, szenische Momente und Körpersprache, ist die Bildgestaltung, ähnlich einer fotografischen Momentaufnahme, festgelegt und dauerhaft. In ihr ist das aktuelle Befinden des Pat. über seinem biografisch bedingten neurotischen Trauma mit dem entsprechenden Konflikt in konzentrierter und fokussierter Form zu finden.

Das Produkt des Gestaltungsprozesses enthält eine ganzheitliche Mitteilung, was ihm eine herausragende Bedeutung verleiht. Die geschaffene Gestalt sagt mehr über den Patienten aus, als dieser von sich weiß oder von sich je wissen konnte. Die Gestaltung öffnet Räume für das nicht Sagbare, Unsägliche und Unwägliche.

Mit diesem Produkt läßt sich nun in der Bildanalyse weiterarbeiten.

In der gemeinsamen Analysearbeit von Patient und Therapeut am Gestaltungsprodukt kann nun der Prozeß der Bedeutungsklärung erfolgen - und dies sowohl in Form von Widerstands- und Inhaltsanalyse.

Das aktivierte vorbewußte Material kann nun bei tragender Patient-Therapeut- Arbeitsbeziehung und entsprechender Kunstfertigkeit in das Bewußtsein gehoben werden, also in sprachlich und emotional faßbare Erinnerungen, Zusammenhänge und Bedeutungen.

An dieser Stelle soll auf 2 Probleme in der Bildanalysearbeit hingewiesen werden. Die Bildanalyse ist nur ein Teil des therapeutischen Prozesses und muß wiederum selbst vor dessen Hintergrund, eben der therapeutischen Verlaufsgestalt, gesehen werden. Sie soll darin einen angemessenen Platz haben, d.h., sie darf darin nicht untergehen - aber auch nicht deren Rahmen sprengen.

Die Bildanalyse, also die Durcharbeitung des Gestaltungsproduktes, muß in das Therapiekonzept und in den Therapieprozeß integriert sein. Sie kann ansonsten entweder in Banalität abgleiten oder die Therapiegestalt überwuchern und zur L'art pour l'art, zur abgehobenen Pseudotherapie mißraten. Diese Risiken bzw. Befürchtungen sind vermutlich Gründe dafür, weshalb der Einsatz von Gestaltungsübungen wenig verbreitet ist.

In der Bildanalysearbeit haben der Patient wie auch der Therapeut ihre Freiräume. Je nach Fall und Therapieprozeß kann ich als Therapeut z.B.:
– das Bild vom Patienten kommentieren lassen
– patientbezogene Kommentare abgeben
– gemeinsame Kommentare über das Produkt, über den Schöpfer, also den Maler als imaginierte Person abgeben oder die gemeinsame Diskussion über das Produkt oder „den Maler" führen

- auf der jeweils günstigsten Zeit- und Situationsebene arbeiten - oder zwischen ihnen wechseln (früher und draußen, draußen und aktuell, hier und jetzt)

Das Gestaltenlassen und die Gestaltungsbearbeitung hat, bei kunstgerechter Handhabung, selbst wiederum förderlichen Einfluß auf die gesamte Therapiegestaltung. Diesen Einfluß kann ich mir auch patientbezogen nutzbar machen, ich kann mir damit einen zusätzlichen Spielraum schaffen.
Bei Kinder- und Jugendtherapien kann dieser Spielraum mit regressionsbeschränkendem und ich-schützendem Akzent oft der einzige Therapieraum sein.
Bei sehr ängstlichen, mißtrauischen, zwanghaften, depressiven oder psychosomatischen Patienten ist dieser zusätzliche Spielraum oft der Vorraum oder Proberaum, über den erst der eigentliche Arbeitsraum erreicht werden kann.
Und schließlich eröffnet das Gestaltenlassen, und in besonderem Maße die Gestaltungsbearbeitung, in einer konfliktzentrierten und fokusorientierten psychoanalytischen Therapie den Spielraum zwischen Symbol- und Beziehungsbearbeitung.
In den nachfolgenden Fallbeispielen soll der Wert von Gestaltungsübungen für die psychodynamische Exploration und Therapie verdeutlicht werden.

Fallbeispiel 1

Der Patient, Herr S. (Name geändert), ist ein 33-jähriger Diplom-Theologe, hat ein Forschungsstudium zum Pietismus abgebrochen, seit 5 Jahren verheiratet, 1 Kind.
Herr P. stellt sich wegen schwerer Probleme und Störungen in der Familie, Partnerschaft und im Arbeitsleben vor. Infolge immer stärker gewordener Gehemmtheit und Zwanghaftigkeit kam es zu unerträglichen Störungen in der Kommunikation, Sexualität und Arbeit. Zuvorige seelsorgerische Gespräche und Paarberatung vermochten keine Abhilfe zu schaffen.
Der Patient wuchs in einer von der Großmutter und den von ihr orthodox praktizierten pietistischen Prinzipien dominierten Großfamilie auf. Individualität, Aggression und Sexualität wurden unterdrückt, tabuisiert und bekämpft. Er durfte sich nicht einmal gegen die Angriffe anderer Kinder wehren, versagte im Sport, und Sexualität interessiere ihn bis heute nicht.
Im Kontakt mit ihm sind seine motorische, sprachliche und emotionale Gehemmtheit und Kontrolle schwer auffällig, Diagnose: Zwangssyndrom bei

schwerer neurotischer Fehlentwicklung mit herausragend anankastischer Struktur.
Die Symptomatik wächst umso mehr, als erwachsene Anforderungen und Möglichkeiten mit infantilen Fixierungen kollidieren.
Im Bild 1 zum Thema Selbstbildnis sehen wir den Pat. als lachenden „Schneck", wobei vor mangelndem Hindergrund der zur Schnecke gemachte Mensch, aber überraschenderweise auch eine lockere Strichführung und ein kontrastierendes Lachen zu sehen sind. In der Bildanalysearbeit ergeben sich Einblick und Verständnis in seine biografische Verurteilung und Anpassung, aber auch in das abgewehrte Leiden und in die aggressive Note, welche im Lachen, also einmal, das Zur-Schnecke-Gemachtsein, auch noch nett finden zu müssen, sowie in der Verweigerung, „ihr könnt mich alle mal", zu finden ist. Über diese Arbeit werden emotionaler Kontakt, biografische Bezugsherstellung und die Psychogenese befördert.
Im Bild 2 kann der Pat. seinen aktuellen Zustand schon realistischer (leidvoller) in Gestalt des zugebundenen Sackes ausdrücken. Zugleich kann hierüber die Erarbeitung des zentralen Fokus erleichtert und plastisch wahrnehmbarer gemacht werden. (Aus Anpassung an den großmütterlichen Auftrag und vor allem aus Angst vor motorisch-aggressiver Kraft und Expansion bin ich zugebunden worden bzw. muß ich mich selbst zubinden oder weiterhin zubinden lassen).

Bild 1

Bild 2

Im Bild 3 sehen wir in einem Entwurf zum Thema „Wie ich einmal sein möchte" schon eine menschliche Gestalt, wenn auch noch in soldatischer Haltung. Anhand des Ist-Soll-Vergleiches lassen sich die Differenz bzw. der therapeutische Aufwand, der Korrekturbedarf und die Therapiezielbestimmung erarbeiten.
Die Bilder 4 und 5 stammen aus der bisherigen Therapie. In Bild 4, mit dem Titel „Wer da kommt zur falschen Zeit", identifizierte sich der Pat. mit dem Wurm, welchem droht, von dem Huhn gefressen zu werden. (In einer anderen Gestaltungsübung zum Thema „Die Herkunftsfamilie in Tieren" hatte er die Großmutter als riesiges Huhn dargestellt). In der gemeinsamen Analysearbeit erkennt der Pat., wie er seine Umwelt erlebt und auf sie fehlprojiziert. Er erkennt weiter, wie er auch in intrapsychischer Weise die Großmutter introjiziert hat und von ihr beherrscht wird.
Im Bild 5 zum Thema Patient-Therapeut-Beziehung wird die Projektionstendenz konkret sichtbar und damit gut behandelbar. Man sieht auch, wie aus dem Wurm inzwischen ein kleiner Mensch geworden ist, der sich auch wagt, seinen Therapeuten zu karikieren. Zugleich läßt sich darin weiteres psychodynamisches Material finden.

Bild 3

Bild 4

Bild 5

Fallbeispiel 2

Die Patientin, Frl. A: (Name geändert), ist eine 18-jährige Gymnasialschülerin, welche sich wegen schwerer Kontaktstörungen und phobischer Symptomatik vorstellt.

Die akuten Beschwerden brachen nach dem Auszug der Zwillingsschwester aus und führten zur inzwischen vorübergegangenen Unterbrechung des Schulbesuches, insbesondere des Sportunterrichtes.

Diagnose: Phobisch krisenhafte Reaktion bei Frühstörung und neurotischer Fehlentwicklung mit schizoid-depressiver Struktur.

In Bild 1 zum Thema Selbstbildnis zeigt die Patn. deutlich die symbiotische Klammerung und Verwachsung mit der Zwillingsschwester.

Die tief verunsicherte, mißtrauische und gehemmte Jugendliche kann über das Vehikel der Gestaltungsübung sehr anschaulich ihre Problematik ausdrücken. Über die Analyse des Bildes gelingt zugleich die Kontaktherstellung mit Schutz durch das Medium. Uns gelingt die Verstehbarkeit der Symptomatik (denn als halber Mensch kann man nicht arbeiten oder gar Sport treiben). Anhand der Bildanalyse wird weiteres biografisches Material wie Geburt im M VII, Brutkastenaufzucht und sehr große emotionale Distanzen zu

Bild 1

den Eltern, gefördert. Die Fokussierung wird somit auf den Konflikt zwischen riesigem Nähebedarf und Unfähigkeit bzw. Vermeidung aus Angst möglich. Von der Patn. kann daraufhin die Psychogenese ihrer phobischen Reaktion auf den Verlust ihrer „anderen Hälfte" vor dem Hintergrund der biografisch älteren und psychisch tieferen Problematik verstanden und akzeptiert werden.
In der Therapievereinbarung geht es dann zunächst um die Stützung der verbliebenen „Hälfte" und sodann um die Trauerarbeit über den Verlust sowie die nunmehr Ich-syntone Ausfüllung.
In Bild 2 legt die Patn. das in Grau gehaltene Thema „Sternensucher" vor. Es zeigt ganz oben einen kaum wahrnehmbaren dünnen und einsamen Menschen zu nächtlicher Stunde. In der gemeinsamen Bildanalyse eröffnen sich :
a) Der Fortschritt gegenüber dem ersten Bild, worin schon die aktuelle Realität und Not der Malerin ersichtlich wird.
b) Ein ganz subtiles Dialogangebot, und zwar einmal in der Mitteilung, daß sie sich auf die Suche begeben hat, und zum anderen darin, daß ich als der Betrachter des Bildes aus der Höhenperspektive heraus, eben dieser Stern sein soll.

Bei aller Problematik des Objektes Stern, kann genau darüber ihr Dilemma deutlich werden.

Kurzkommentar

In beiden Fallbeispielen wurde gezeigt, wie der Einsatz von Gestaltungsübungen für die Realisierung der Elemente psychodynamischer Exploration und Therapie, in fruchtbarer Weise möglich ist. Mit ihrer Hilfe gelang es, ein plastisches Verständnis über den Zusammenhang zwischen jeweiliger Symptomatik, persönlichem Konfliktfeld und biografischem Hintergrund herzustellen.
Dieses war wiederum förderlich für die emotionale Kontaktvertiefung, die Psychogeneseakzeptanz, die Fokus- und Therapiezielbestimmung.
Im ersten Fallbeispiel konnte mit Hilfe der Gestaltungsübungen, also mit Originalen des Pat. ein Verständnis erreicht werden, welches schon ein recht konfrontatives und erkenntnisreiches Arbeiten zuließ. Außerdem hatte der Pat. hierbei Spielraum für primärprozeßhafte Entfaltung.
Im zweiten Fallbeispiel boten die Gestaltungsübungen zunächst den vielleicht einzig effektiven Zugang zu der mißtrauisch-gehemmten Patn. Sie

Bild 2

profitierte besonders von der schützenden und Ich-stützenden Funktion sowie vom notwendigen Spielraum angesichts ihrer Kontaktstörung.

Schlußbemerkung

Es sollte gezeigt werden, daß mit Hilfe von Gestaltungsübungen die Merkmale der psychodynamischen Exploration und Therapie, nämlich Kontaktherstellung, Psychogeneseverständnis, Fokusfestlegung, Widerstands- und Inhaltsbearbeitung unbewußten Konfliktmaterials in sehr förderlicher Weise erfüllt werden. In meiner Arbeit mit dieser Therapieform sind Gestaltungsübungen inzwischen ein selbstverständlicher Bestandteil geworden, sie sind bei kunstgerechter Integration ein wunderbarer Modus.

Literatur

1. *Bienik, E.-M.: Psychotherapie mit gestalterischen Mitteln. Wiss. Buchgesellschaft Darmstadt, 1992*
2. *Jung, C. G.: Ziele der Psychotherapie. Gesammelte Werke XVI, Zürich, 1958*
3. *Mertens, W.: Kompendium psychoanalytischer Grundbegriffe. Quintessenz München, 1992*
4. *Schmeer, G.: Das Ich im Bild, ein psychodynamischer Ansatz in der Kunsttherapie. Pfeiffer, München, 1992*
5. *Rilke, R. M.: Jahrmarkt, in Gedichte. Reclam, Leipzig, 1975*

Die Bilder auf den Seiten 110-113 wurden von den Patienten in Farbe gezeichnet.

Psychodynamische Einzeltherapie als analytische Fokaltherapie im Bereich der psychosomatischen Rehabilitation

F.-A. Horzetzky - Berlin

1. Darstellung der Ausgangssituation und Problemstellung

Der weitaus größte Teil der stationären Psychotherapiebetten in Deutschland befindet sich im Bereich der psychosomatischen Rehabilitation (Schepank, Tress, 1988). Dies ist aus verschiedenen Gründen ebenso problematisch, wie es eine Herausforderung darstellt (Schetter, Tress 1988 und Bernhard 1988). Aus eigener Erfahrung werde ich in diesem Beitrag über die Arbeit in einer psychosomatischen Rehabilitationsklinik[1] berichten und über die Möglichkeiten der Anwendung der Psychodynamischen Einzeltherapie als analytischer Fokaltherapie im stationären Rahmen.
Die stationäre Psychotherapie unterscheidet sich in wesentlichen Merkmalen von ambulanter Behandlung. Die Patienten verlassen ihr pathogenes Umgebungsmilieu und kommen in einen geschützten Raum, der seine eigenen, vor allem therapeutischen Regeln hat. Dieser Raum bietet mehr Halt und Gelegenheit für die Initiierung regressiver psychischer Prozesse, als dies in der ambulanten Therapie der Fall ist. Außerdem erfolgt die Behandlung durch mehrere Personen. Das Team und die Patientengruppe bieten ein mehrdimensionales und komplizierteres Beziehungsgeflecht an, als die ambulante Dyade. Die stationäre Psychotherapie ist an einen institutionellen Rahmen gebunden. Da sind zum einen die Klinikstruktur, zum anderen die Kostenträger, die neben dieser Funktion auch als Einweisende und, Rechenschaft fordernd, als Kontrollinstanz auftreten. Sie stellen quasi einen 'entpersonifizier-

---

[1] Brandenburgklinik Bernau-Wandlitz (Chefarzt der psychosom. Abt. Dr.Dr. J. Münch)

ten 'Übervater' dar. Nicht zuletzt ist ein Zeitrahmen gegeben, der im Rehabereich enger gefaßt ist (in der Regel 6 bis 8 Wochen), als sonst in der stationären Psychotherapie üblich.
Die Problematik dieser Behandlungen ist kontrovers diskutiert worden. So schrieb Hau bereits 1968 (S. 117) "... so muß oder soll psychotherapeutisch behandelt werden, ohne daß Patienten eine entsprechende Einsichts- und Behandlungsbereitschaft zeigen, ohne entsprechenden Leidensdruck aufzuweisen oder auf einer medikamentösen ...Hilfe bestehen.... Eine 'analytische Situation' kann zunächst nicht zustande kommen". Bernhard (1988, S. 75) fragt zwanzig Jahre später: "Aus der Diskrepanz zwischen therapeutischem Auftrag der Klinik und ungünstigen Prognosekriterien der Patienten stellt sich die Frage: Ist das Heilverfahren mit diesen unmotivierten Patienten ein analytischer Widerspruch, oder ist das Heilverfahren eine soziale Realität und damit eine Herausforderung an die Modifizierbarkeit, an die Praktizierbarkeit und den aktuellen Realitätsbezug der klassischen Psychoanalyse?".
Die Psychodynamische Einzeltherapie stellt als analytische Fokaltherapie so eine modifizierte Form der klassischen Psychoanalyse dar. Mit ihr, wie ich sie in der DDR bei Maaz und Kulawik (s. Kulawik 1992, Jäkel 1993) gelernt habe, war ich auf kurzzeittherapeutisches Arbeiten orientiert und habe damit in der stationären Arbeit gute Erfahrungen gemacht. Die Psychodynamische Einzelpsychotherapie ist ein tiefenpsychologisches Verfahren, in dem in flexibler Weise fokaltherapeutisch gearbeitet wird, wobei der zentrale Beziehungskonflikt des Patienten, wie er sich in der therapeutischen Situation widerspiegelt, in den Mittelpunkt der Behandlung gerückt wird. Sie läßt sich nach ihrer flexiblen Handhabung einordnen zwischen klar eingegrenzter fokaler Kurzpsychotherapie und offenerer tiefenpsychologischer Behandlung. Im Konzept der Psychodynamischen Einzeltherapie liegt die Betonung mehr auf der Flexibilität des Therapeuten und der Methode, auf Motivation und Angebot des Patienten zu reagieren, was gerade unter den Bedingungen des stationären Settings wichtig ist. In ihr wird, wie Maaz im Lehrgangsmaterial zum Grundkurs der Psychodynamischen Einzeltherapie sagt, auf die zentrale, krankheitsbezogene Konfliktkonstellation fokussiert. Dabei wird in einer Therapievereinbarung mit dem Patienten von einer psychodynamischen Minimalhypothese ausgegangen, die in Form des 'Themas' mit ihm besprochen wird.
Mir sind bei Kollegen im klinischen Bereich oftmals, hinsichtlich der einengend-direktiven Wirkungen fokaltherapeutischer Technik, kritische Argumente begegnet. Meines Erachtens überwiegen jedoch ihre Vorteile deutlich. Für mich war erstaunlich, daß die Diskussion weniger von der Abwägung sachli-

cher Vor- und Nachteile oder praktisch-klinischer Erfordernisse bestimmt war, als von dem, was man im grundsätzlicheren Sinne therapeutische Haltung nennen kann. Dies bedeutete, entweder dahin zu tendieren, eine analytisch-zurückhaltendere Haltung zu bewahren und die analytisch-therapeutische Zweierbeziehung auch im stationären Rahmen exklusiv zu behandeln, oder dorthin, eine aktivere, damit vielleicht auch direktivere therapeutische Haltung einzunehmen und die Bereitschaft, die dyadische Beziehung weitgehend zum Team hin zu öffnen. Auf der einen Seite standen die 'Klassiker'. Ihnen ging es darum, eine offene, gewährende Haltung dem Patienten gegenüber zu bewahren. Der Therapeut solle *nicht aktiv* nach einem Fokus suchen, seine gleichschwebende Aufmerksamkeit bewahren und dem Patienten den therapeutischen Raum eröffnen. Sie gingen davon aus, daß die Patienten im alltäglichen Leben schon genug 'gegängelt' würden und 'vorgesetzt' bekämen und in der Mehrzahl nicht Gelegenheit gehabt hätten zu lernen, mit ihrer Innenwelt selbstreflektierend umzugehen. Nur so hätte der Patient die Möglichkeit, eine neue Erfahrung zu machen, die darin bestehen solle, sich in einer differenzierteren Selbstwahrnehmung als selbstbestimmtes Wesen mit seiner Ambivalenz annehmen zu lernen. So solle der Patient zu eigenverantwortlichem Verhalten in der aktuellen Lebenssituation finden. Beim fokaltherapeutischen Vorgehen würde der Therapeut zu sehr die Führung übernehmen, was neurotische Erwartungen der Patienten bestätigen könnte. In irgendeiner Weise direktive Eingriffe des Therapeuten seien hinderlich. Der Therapeut käme in die zweifelhafte Lage, über den Patienten zu bestimmen und scheinbar besser zu wissen, was für ihn gut und dran sei.

Auf der anderen Seite standen die 'Pragmatiker'. Ihnen ging es darum, der Realität in Form der zeitlichen Begrenzung und der damit notwendigen Beschränkung, Rechnung zu tragen. Bei der Kürze der zur Verfügung stehenden Zeit könne kein so offenes Vorgehen angewendet werden. Es sei den Anforderungen der Lebenssituation dieser Patienten und in der psychosomatischen Klinik angemessener, strukturierter vorzugehen. Die Patienten könnten in der begrenzten Zeit das offene Angebot und seine freien Möglichkeiten nicht nutzen oder gar ins Selbstkonzept integrieren, da es sich um längerfristige, bis ins Strukturelle der Persönlichkeit reichende Veränderungsprozesse handele. Sie würden sich demgegenüber eher ohnmächtig und unfähig empfinden, sie zu nutzen, was den Widerstand verstärken könnte. Für dessen Durcharbeitung reiche die Zeit jedoch nicht aus. Andere, weniger schwer gestörte Patienten würden den gebotenen Freiraum zwar als positiv erfahren, nach der Entlassung aber stark enttäuscht sein, ohne daß die Patienten schon gelernt hätten, nun selbst entsprechend für sich sorgen zu können. Diese

Erfahrungen würden nur kurz greifen. Mit dem Patienten solle eine Therapievereinbarung besprochen werden. Er solle am Beginn der Therapie möglichst weit mit seinen erwachsenen (sozial kompetenten, aktiven) Anteilen einbezogen werden und so Verantwortung für den Behandlungsprozeß übernehmen. Therapeut und Patient sollten sich am Beginn der Therapie über das angestrebte Ziel verständigen. Schließlich war ein Argument, daß für das aus mehreren therapeutisch tätigen Personen bestehende Team ein gemeinsamer Fokus eine notwendige Orientierung für alle Teammitglieder böte. Die Psychodynamische Einzelpsychotherapie ist ein Verfahren, das der pragmatischen Haltung nähersteht. Das beginnt beim "Ringen um die Psychogenese" (Maaz in den Lehrgangsmaterialien zur Psychodynamischen Einzelpsychotherapie) und setzt sich fort beim Herstellen der Therapievereinbarung. Beides zielt darauf ab, den Patienten in seinen progressiven Anteilen zu aktivieren, eine positive Übertragung aktiv zu ermöglichen und ihn so am Beginn der Behandlung, durch ein aktives Beziehungsangebot des Therapeuten, zur Mitarbeit anzuregen. Die Psychodynamische Einzeltherapie zeichnet sich aus durch die Flexibilität des Therapeuten, zwischen aktiverem, vorausschauendem, eingrenzendem und damit abkürzendem Verhalten und abwartenderem, eher nachgehendem, alle Richtungen offen lassendem und damit verlängerndem Verhalten zu wechseln.

Beide Haltungen haben ihre Berechtigung. Es ist möglich, fokaltherapeutisch zu arbeiten, ohne auf die analytischen Grundhaltungen der Offenheit, der gleichschwebenden Aufmerksamkeit und Zurückhaltung, bei Führung durch den Patienten zu verzichten. Lachauer (1992) spricht hier, den Fokalkonflikt betreffend, bildhaft von einer Landkarte, die wir im Hinterkopf haben. Dabei ist klar, daß wir mit einer großen Anzahl von Theorien arbeiten, die wir in Form des hypothetischen Fokus in eine konkrete verbale Formulierung für einen bestimmten Patienten bringen. Mit einem konkreten Fokus verbinden sich in der Regel mehrere alternative psychodynamische Überlegungen. Erkenntnis und Verständnis sind im engeren Sinne nur durch Wiedererkennen möglich. Und es ist klar, daß wir theoriegeleitete Hypothesen in Form z.B. eines Fokalsatzes, letztlich nur über die Wahrnehmung unserer und des Patienten Emotionalität in den Stunden rekonstruieren und verifizieren können (dazu gehören v.a. Übertragung u. Gegenübertragung). Unsere Diskussion berührte damals das grundlegende Thema von Sinn und Möglichkeit der Kurztherapie, von sinnvoller fokaler Konzentration und Begrenzung versus direktiver Einengung. Sie bewegte sich im Spannungsbogen von Psychotherapie als medizinische Krankenbehandlung versus Psychotherapie als ganz einmaliger Prozeß der Selbsterfahrung. In jedem Falle setzt der Rahmen des Heilverfahrens Grenzen, innerhalb derer wir uns einrichten müssen. Hier bietet die Psychodynamische Einzeltherapie als analytische Fokaltherapie eine praktikable Behandlungsvariante mit verschiedenen Vorteilen (s. unten). Zunächst sollen die Ausgangssituation in einer psychosomatischen Rehabilitationsklinik und die aus meiner Sicht bestehenden Grundprobleme beschrieben werden. Dabei möchte ich auf folgende Punkte eingehen: Die Patienten, die Therapeuten, der therapeutische Rahmen.

Zu den Patienten

Die Patienten kommen zu den Heilverfahren häufig ohne ein eigenes psychotherapeutisches Anliegen. Sie haben oft die Vorstellung, eine Kur anzutreten, und verleugnen damit den eigentlichen Anlaß. Es handelt sich häufig um strukturell Ich-gestörte Patienten. Viele sind in der Verbalisierungsfähigkeit ihres affektiven Erlebens sehr eingeschränkt. Vielfach sind die Patienten mit ihren chronifizierten Krankheitsverläufen auf eine somatische Verursachung fixiert und es liegen neben der psychischen Symptomatik körperliche Beschwerden vor, die so im Vordergrund stehen können, daß internistische oder orthopädisch-physiotherapeutische Behandlung erforderlich wird. In diesem Zusammenhang finden sich ausgeprägte passive Erwartungshaltungen. Der sekundäre Krankheitsgewinn spielt eine große Rolle. Sie haben oft eine lange Odyssee von erfolglosen, größtenteils somatisch orientierten Behandlungsversuchen hinter sich und haben eine umfangreiche Erfahrung von Ausgeliefertsein und Ohnmachterleben. Dies löst bei ihnen starke narzißtische Kränkung und Wut aus, die zum Großteil abgewehrt sind und sich in wiederholter passiver Opfer- und Ohnmachtshaltung zeigen bzw. sich in aggressiv forderndem Verhalten und primitiven Gerechtigkeits- und Wiedergutmachungsvorstellungen äußern. In dieser Situation erweist sich die Verordnung eines psychosomatischen Heilverfahrens als sehr problematisch und kann diese Haltungen noch verstärken. Die Patienten sind von dem Sinn und möglichen Erfolg des neuerlichen Behandlungsversuchs nicht überzeugt oder stehen ihm ablehnend gegenüber. Häufig sind das sozialmedizinische Anliegen der Rentenkasse, daß der Patient seine Leistungsfähigkeit wiedererlangt, und das Anliegen des Patienten nach Berentung nicht im Rahmen einer psychotherapeutischen Behandlung vereinbar. Die Rentenkassen verlangen von jedem Patienten eine sozialmedizinische Beurteilung der Leistungsfähigkeit. Die Patienten wissen das und es löst die verschiedensten, die psychotherapeutische Arbeit störenden Phantasien aus. Wie W.-P. Riedel (1991) zeigte, haben eingeschränkte Ich-Autonomie und subjektives Ohnmachterleben nicht nur einen höheren Grad an Pathologie zur Folge, als auch eine gößere Schwierigkeit, sich in die Therapie einzulassen.

Die Therapeuten

Die Arbeit in einer psychosomatischen Rehaklinik erfordert aus mehreren Gründen besondere Erfahrung. Zum ersten, weil meines Erachtens jede Kurzzeitpsychotherapie mehr Erfahrung braucht als ihr langzeittherapeutischer Ursprung, bzw. Erfahrung in dieser zur Voraussetzung hätte. Der Großteil der dort geleisteten Psychotherapie wird von Berufseinsteigern durchgeführt, die in der Regel bis dahin über wenig oder keine psychotherapeutische Erfahrung verfügen. Günstigstenfalls haben sie als Voraussetzung eine Selbsterfahrung durchgeführt und befinden sich in Ausbildung an einem der analytischen Ausbildungsinstitute. Rehakliniken sind also eine der wesentlichsten Ausbildungsorte. Meines Erachtens ist Kurzzeittherapie nicht etwa leichter, weil sie kürzer ist, weil sich die Übertragung nicht so entfalten kann, weil die regressiven Prozesse nicht so tief und damit keiner tiefgründigen Bearbeitung zugänglich sind. Alle diese Prozesse, die wir auch von der Langzeittherapie her kennen, treten verdeckt, verzerrt, komprimierter oder nur anklingend und ausgedünnt auch in der Kurzzeittherapie auf. Es gibt in der Arbeit kaum ein Nacheinander, vielmehr eine Gleichzeitigkeit dieser Phänomene. Verschiedene Übertragungsebenen überlagern sich ebenso wie die Gegenübertragungsebenen. Pohlen (1981) sah die Schwierigkeit der Kurztherapie vor allem darin, daß sie eine viel umfassendere Reflexionsarbeit verlangt. Ausreichender Freiraum ist jedoch unter den Bedingungen der klinischen Psychotherapie oft nicht vorhanden.

Zum zweiten, weil wegen des oft komplizierten Umganges mit den strukturell Ich-gestörten Patienten. Das betrifft insbesondere die Fähigkeit, sich in ein therapeutisches Team einzubringen, da das Team bei diesen Patienten in der Klinik erst die therapeutisch wirksame Arbeit leisten kann (s. unten).

Zum dritten, da die Therapeuten entsprechend des therapeutischen Konzepts in dreifacher Funktion tätig werden müssen: (1) in administrativer, (1a) als Vertreter der Klinik, (1b) als Vertreter des Kostenträgers, (2) in psychotherapeutischer und (3) die ärztlichen Psychotherapeuten auch noch in somatisch-ärztlicher Funktion[2]. Diese Rollenüberschneidungen sind für den Therapeuten, der sie reflektieren muß, schwieriger als für den Patienten. Der Thera-

---

[2] Häufiger wird in Kliniken die Rolle des Psychotherapeuten und des Stationsarztes getrennt.

peut soll sowohl die Interessen seines Arbeitgebers und der Rentenkasse vertreten, als auch Anwalt des Patienten sein. Der Therapeut muß immer wieder die Integration der drei Rollen, der ärztliche Psychotherapeut im besonderen von traditioneller medizinischer Haltung und psychotherapeutischer Haltung leisten und den häufigen Wechsel zwischen den Rollen praktizieren. Eine Rollenkonfusion in schwierigen therapeutischen Situationen ist unvermeidlich und kann nur durch genaue Differenzierung der Gegenübertragungsgefühle verstanden werden.

Zum vierten, da die Rehakliniken wegen ihrer kurzen Behandlungsdauer einen für psychotherapeutische Verhältnisse hohen Patientendurchlauf haben. Die Therapeuten müssen sich in kurzem Wechsel auf neue Patienten, neue Lebensgeschichten einlassen. Die Behandlungen müssen in der Regel beendet werden, ehe ein ausreichendes verstehendes Durcharbeiten (für beide Seiten) möglich war, und neue werden begonnen, oft ehe der letzte Abschied verarbeitet ist. Dies stellt eine hohe emotionale Belastung dar und bringt andererseits, wie Pohlen (1981, S. 97) es nennt, "die promiskuitiven Bedürfnisse der Therapeuten ins Spiel".

Auf Grund dieser Anforderungen an die Therapeuten im Bereich der stationären Psychotherapie, hatte Hau (1968, S. 118) konträr zur heutigen Situation, die radikale Forderung aufgestellt: "Stationäre Psychotherapie *setzt* also das Rüstzeug der Psychoanalyse *voraus,* ...und stellt...besondere Anforderungen an die psychoanalytische Technik, die erst beherrscht werden sollte, ehe sie für die besonderen Zwecke und Ziele der stationären Psychotherapie abgewandelt werden kann" (Hvhg vom Autor). Ohne hier eine Antwort geben zu wollen, stellt sich die Frage: Wie kam es von dem Standpunkt, den Hau vertrat, zur Realität, die wir heute im Rehabereich vorfinden? Ich habe die schwierige Ausgangssituation für die Therapeuten so ausführlich beschrieben, weil sie meines Erachtens mehrere Argumente für den Einsatz analytischer Fokaltherapie liefert, mit dem meines Erachtens die widersprüchliche Situation zwischen den hohen Anforderungen an die Therapeuten und dem Fakt, daß diese unerfahren sind und sich in einer Ausbildungssituation befinden, gemildert werden kann (s. unten).

Ich möchte noch einen wichtigen Punkt ansprechen, der hier nur kurz Erwähnung finden kann. Die Therapeuten sind hohen Arbeitsanforderungen, einerseits durch die Klinikleitung, andererseits durch die schwierigen Patienten ausgesetzt, was sie sehr in ihrer Fähigkeit zur Selbstwertregulation fordert. Aus diesem Grunde und wegen der ebenfalls labilisierenden Lehranalysen, schreibt Bernhard (1988, S. 76), brauchen sie "- ähnlich wie die Patienten - die Sicherheit und das Getragensein eines 'mütterlichen' Klinikraumes". Wie

123

wir erfahren mußten, gibt es viele Möglichkeiten von narzißtischen Kränkungen und Insuffizienzgefühlen, was wiederum zu komplexen Konflikten mit der Klinikleitung führen kann. Hier sei auf die Wichtigkeit externer Supervision verwiesen.

Der therapeutische Rahmen

Der Rahmen und die psychotherapeutische Arbeit sind durch die Auflagen der Rentenkassen wesentlich nach pragmatischen Gesichtspunkten ausgerichtet. Zugrunde gelegt ist dem stationären Behandlungskonzept ein integratives Organisationsmodell. Die aus dem bipolaren Modell stammende Unterteilung in Realitätsraum und Therapieraum ist dahingehend verändert, daß innerhalb des Klinikraumes von zwei therapeutischen Räumen gesprochen wird (s. zu der gesamten Problematik Janssen 1987). Dem integrativen Organisationsmodell entsprechend haben alle Personen der Behandlergruppe einschließlich der Schwestern therapeutische Aufgaben. Der Patient kann sie alle in die unbewußten Reinszenierungen seiner Beziehungsgestaltung mit einbeziehen. Der erste, ursprüngliche therapeutische Raum ist der analytische, zu dem alle Formen der analytisch orientierten Psychotherapie gehören, der zweite ist der nichtanalytische Raum, zu dem alle übrigen Behandlungsformen gehören einschließlich der Stationsgruppen, Visiten und der Kontakte mit den Schwestern. Im integrativen Modell wird der gesamte Klinikraum als Feld der Reinszenierung der innerseelischen Dynamik des Patienten betrachtet. Im nichtanalytischen Raum entwickelt das interaktionelle Gruppengeschehen die wesentliche therapeutische Wirksamkeit. Die Patienten sind im Umgang mit dem Personal und untereinander mit ihren jeweiligen Störungen konfrontiert. Dies ist der Raum für die Reinszenierung ihrer gestörten Beziehungsgestaltung. Gelegentlich entfaltet die Psychopathologie der Patienten eine destruktive Dynamik, die den therapeutischen Rahmen zu sprengen droht. Wichtig sind in diesem Zusammenhang möglichst täglich durchzuführende Stationsgruppen, um über eine ausreichende Realitätskonfrontation, die in entscheidendem Maße von den Patienten getragen wird, ein ausuferndes Reinszenieren der psychischen Störungen zu verhindern. Dies hat den Vorteil, daß die Patienten hier aktiv in ihren zwischenmenschlich und sozial kompetenten Fähigkeiten gefordert sind und diese entwickeln können. Sie erfahren sich so nicht nur als psychisch Kranke, die zu Außenseitern der Gesellschaft zu werden drohen.

2. Funktion und Nutzen des Fokalkonfliktes bei analytischer Fokaltherapie in der Klinik

Wie ein Fokalkonflikt aufgebaut, erarbeitet und in der Psychodynamischen Einzeltherapie gehandhabt wird, ist in einem Beitrag dieses Buches ausführlich dargestellt. Es sollen hier speziell die Möglichkeiten dargestellt werden, wie sie als Fokaltherapie im Bereich der stationären Kurzzeittherapie angewendet werden kann. Meine Erfahrungen beziehen sich auf ein Konzept, in dem hauptsächlich in einem einzeltherapeutischen Setting gearbeitet wird[3]. Ich habe die schwierige Ausgangssituation in der psychosomatischen Rehaklinik so ausführlich beschrieben, weil sie mehrere Argumente für den Einsatz analytischer Fokaltherapie liefert. Ich möchte nun auf die verschiedenen Funktionen der fokaltherapeutischen Technik in der stationären Kurzpsychotherapie eingehen.

Fokaltherapeutisches Arbeiten zum Abstecken und sinnvollen Begrenzen der Therapieziele

Die Patienten sind erstmal darauf eingestellt abzuwarten und regressiv die Verantwortung abzugeben. "Was wird nun hier mit mir gemacht?" Zu schnell zu viele therapeutische Angebote können diese Haltung bestätigen. Die abwartende Haltung des Patienten kollidiert mit der des Therapeuten, wenn er sinngemäß fragt, "was möchten Sie hier und jetzt (?)". Es muß in einer ersten Therapiephase, im Rahmen der Exploration, mit ihm geklärt werden, was er sich wünscht und was er erreichen möchte. Dann kann geklärt werden, was während der Behandlung möglich ist und beiden sinnvoll erscheint. So wie wir den Patienten fragen, was er von einer Psychotherapie erwartet, so muß sich der Therapeut überlegen, was er dem Patienten anbieten kann. Dazu muß er sich zunächst seine therapeutische Haltung im gegebenen Rahmen klar machen. Was will ich als Therapeut erreichen, wie sehen meine Ansprüche aus? Bin ich mir darüber im klaren, daß hier bestenfalls etwas beginnt, was ich mit dem Patienten nicht zu Ende führen kann? Inwieweit kann ich als Therapeut damit auskommen, daß der Patient nur die wenigen, kleinen Schritte macht, die ihm in der kurzen Zeit eben möglich sind? Wenn

---

[3] Die Einzeltherapie wird in der Regel mit einer Frequenz von 2x 30 Minuten, in einzelnen Fällen 3x30 oder 2x 45 Minuten durchgeführt. Dies sind durchschnittlich 12-16 Therapiesitzungen während des Heilverfahrens.

ich mir diese Fragen nicht immer wieder stelle, besteht die Gefahr, wie König und Sachsse (1981) schreiben, daß es zu einer Kollusion in der Verleugnung zwischen Patient und Therapeut kommt und beide sich vormachen, unbegrenzte Zeit zur Verfügung zu haben. Dies würde am Ende größere, nicht mehr aufarbeitbare Enttäuschungsreaktionen auslösen. Dadurch würde das bereits Erreichte in Frage gestellt. Die Therapieziele sollten unter diesen Bedingungen realistisch begrenzt werden. Bei der Therapieplanung sollte der Patient so weit wie möglich einbezogen werden. König und Sachsse (1981) weisen darauf hin, daß das Gefühl zeitlicher Unbegrenztheit eher passivierend wirkt und den Patienten hindert, eine aktive Einstellung zur Therapie zu finden.

Das Ziel der "Rehabilitationspsychotherapie", wie sie Bernhard (1988, S.80) nennt, besteht oft wesentlich im Ich-dyston-Werden des bisherigen neurotischen Verhaltens der Patienten, um Motivation und Problembewußtsein zu aktivieren. Es geht darum, "daß sie hier einen ersten Zugang zu ihrer konflikthaften Innenwelt finden können" (Becker, Lüdcke 1978, S. 2). Dabei verstehen sie die "stationäre Therapie als notwendige Initialphase einer dann erst möglichen ambulanten Therapie". Man muß sich aber bei den Patienten einer Rehaklinik darüber im klaren sein, daß nur wenige nach dem Heilverfahren tatsächlich eine ambulante Therapie aufnehmen. Deshalb ist es sinnvoll, im Rahmen des Heilverfahrens mit dem Patienten ein der begrenzten Zeit angemessenes Therapieziel zu erarbeiten, um mit ihm einen möglichst abgerundeten Abschluß zu finden. Lachauer (1986) weist auf die Gefahr hin, daß die Patienten nur antherapiert und dann ihrem Schicksal überlassen werden. Hilpert (1983, S. 33) hat gefordert: "Für die Behandlung eines Patienten in der Klinik soll erstens von vornherein ein begrenzter individueller Fokus festgelegt werden, ...und ein Therapieziel formuliert, an dem es bis zur Entlassung festzuhalten gilt".

Durch die fokaltherapeutische Technik kann der therapeutische Prozeß partiell gesteuert und vor allem den Erfordernissen entsprechend zeitlich eingegrenzt werden. Die zugelassenen Verlängerungen von 6 auf 8 Wochen bieten keine ausreichende Flexibilität, um sich an eine zeitliche Begrenzung durch die Auflösung eines psychodynamischen Fokalkonfliktes zu halten und diese damit sinnvoll an den Therapieprozeß des Patienten anzupassen. Die Dauer, die so ein Prozeß benötigt, bleibt kaum vorhersagbar. Die festgelegten zeitlichen Grenzen beeinflussen die Psychodynamik in jedem Falle in individueller Weise. Die Chance, einen begrenzten therapeutischen Prozeß zu einem vorläufigen Abschluß zu bringen, ist gegenüber nicht fokaltherapeutischen Techniken jedoch erhöht.

Die Abhängigkeit der Fokusformulierung vom "Standort" des Patienten

Die Patienten bieten eine Fülle von Symptomatik und unbewußtem Konfliktmaterial an. Ermann (1982, S 179) bemerkt dazu auch kritisch, daß "die Aussichten solcher kurz- und mittelfristigen Behandlungen für schwer gestörte neurotisch strukturierte Patienten äußerst begrenzt (sind): Patienten mit chronifizierten Störungen, erheblichem sekundärem Krankheitsgewinn und narzißtischen und familienneurotischen Verarbeitungen ihrer Erkrankung. Hier erweist sich die langdauernde Schwächung des Ich *infolge* der Neurose als schwerwiegendes Hindernis für konfliktzentrierte Behandlungen." Jedoch ist manchmal auch dann etwas zu erreichen, wenn man den Patienten 'da abholt, wo er gerade steht'. Das heißt, es geht zuerst um die Auflockerung der Oberfläche und darum, die jeweils vom Patienten bewußt oder unbewewußt in den Vordergrund gestellte Problematik (Symptomatik) im Fokus aufzugreifen. Dieser erste Teil der Fokusformulierung (erste Zentrierung nach Lachauer 1986, 1992) wird mit dem Patienten besprochen und kann nur mit seiner Zustimmung gewählt werden. Hier werden seine gesunden Anteile angesprochen und er zur Zusammenarbeit mit dem Therapeuten aktiviert. Hier geht es um das Ringen um die Psychogenese, das Herstellen eines Arbeitsbündnisses und einer Therapievereinbarung. Der zweite Teil der Fokusformulierung stellt eine hypothetische Aussage über den unbewußten Hintergrund, die unbewußte Dynamik des Patienten dar (zweite Zentrierung nach Lachauer). Diesen Teil ebenfalls am Beginn mit dem Patienten besprechen zu wollen, würde ihn überfordern. Er kann aber gelegentlich im Sinne einer Probedeutung angesprochen werden, um an seiner Reaktion zu sehen, wie er mit solchem Material umgeht. Die eigentliche Erarbeitung des Fokalkonfliktes sollte gemeinsam im Team erfolgen.

Aus bereits genannten Gründen ist die Herstellung eines Arbeitsbündnisses bei den schwer gestörten Patienten im Rehabereich in dieser Weise oft nicht möglich. Die Verführung, das oft deutlich sichtbare zentrale Konfliktthema ins Zentrum der Behandlung zu rücken, ist groß. Jedoch ist ein Arbeitsversuch daran zum Scheitern verurteilt, solange die vorhandenen Widerstandsphänomene unbearbeitet sind. Sie müssen in diesem Falle bei der Behandlung in den Vordergrund gerückt werden. Dies nimmt unter Umständen die gesamte zur Verfügung stehende Behandlungszeit ein, führt aber, wenn wir den Patienten damit erreichen, zu einer Auflockerung und Einstellungsänderung insgesamt, wovon dann auch das zentrale Problem betroffen ist. Die Fokuserarbeitung ist eine ideale Methode, die Therapie ganz auf den nächsten notwendigen Schritt, den der Patient aus individuellen Gründen nicht gehen kann oder will, zu konzentrieren. In dieser Weise ist mit der fokaltherapeutischen Technik eine genaue 'Zuschneiderung' des Therapieplanes und -zieles auf die Gegebenheiten des Patienten möglich. Lachauer (1986, S. 202) schreibt: "Das Hauptproblem in diesem Sinne, das im ersten Zentrierungsschritt erarbeitet wird, kann also wegführen von der primären Symptomatik hin zum aktuellen Hauptproblem in der therapeutischen Situation. Dieses Hauptproblem von seiner unbewußten Dynamik her zu erklären und schrittweise mit dem Patienten zu erarbeiten, ist dann vorrangiges Ziel." Es ergeben sich bei dem Patienten quasi mehrere Foci, die entsprechend ihrer Aktualität in Bezug auf den Beginn und das Fortschreiten des Therapieprozesses durchzuarbeiten sind. Speziell das in den Heilverfahren so häufige Problem der fehlenden Motivation kann und muß zum Thema gemacht und im Fokalkonflikt formuliert werden. Gerade in letzterem Falle ist die oft damit in Verbindung stehende sozialmedizinische Fragestellung (Rentenproblematik) in die Fokusformulierung einzubeziehen und dann in der Regel überhaupt erst handhabbar. Dazu zwei typische Beispiele für Fokalkonflikte. Als erstes Beispiel einen Patienten mit mangelnder Motivation, der die Psychogenese seiner Erkrankung ablehnte:

- Der 40-jährige Patient litt seit 5 Jahren an einer kardiophoben Angstsymptomatik, deren Psychogenese er nicht akzeptieren mochte. Da er mehrere Jahre mit erfolgloser somatischer Behandlung zugebracht hatte, hatte er sich auf das psychosomatische Heilverfahren eingelassen, "um nichts unversucht zu lassen", ohne von dessen Sinn überzeugt zu sein, so daß er nochmals nach somatischer Diagnostik verlangte und sich deutlich von den 'psychisch kranken' Mitpatienten auf der Station abgrenzte. Jedoch konnte er sich in der ersten Zentrierung auf die Formulierung "ich mag, darf die seelische Verursachung meiner Herzbeschwerden und der Ängste nicht akzeptieren,..." einlassen. Er hatte viele Jahre auf die Ausreise aus der DDR in die BRD gewartet und hatte sie immer wieder selbst verschoben. Er war ein sehr selbstbewußter, aktiver Mann, der viel leistete, streng gegen sich selbst war und sich immer im Widerstand gegen den DDR-Staat sah. Er hatte sein Leben auf die Ausreise eingestellt mit der Hoffnung, daß erst dann sein richtiges Leben beginnen würde. Dann kam die Wiedervereinigung und als ihm scheinbar alles offen stand, entwickelte er die Angstsymptomatik und verhinderte die immer phantasierte Entfaltung. Nach der Exploration konnten wir im Team den Fokalkonflikt vervollständigen: "..., weil es mich schwer enttäuschen und kränken würde zu erkennen, daß ich nicht nur ein harter Kämpfertyp bin, der sich die jetzt bietenden Chancen nutzt, sondern daß es auch eine weiche und ängstliche Seite in mir gibt, die ich bisher nicht sehen brauchte und wollte". Der Patient war in seinem Selbstbild, in seiner Identität schwer verunsichert. Der Wegfall der einengenden, aber auch haltenden Strukturen, die plötzliche Freiheit war für ihn ein Schock, der seine Psychodynamik mobilisierte und massive Versagens- und frühe Existenzängste auslöste. Die tiefere Psychodynamik unter Einbeziehung der infantilen Situation ist mit diesem Fokus nur sehr indirekt angesprochen. Dies ist auch nicht sein Ziel. Wichtig war, einen Fokus zu finden, um das aktuelle Hauptproblem der Therapie, nämlich seine Ablehnung der Psychogenese, zu verstehen und in die Therapie zu bekommen. Dieser Fokus machte auch für 6 Wochen Sinn und bot dem Patienten eine Entwicklungschance. Schon an seiner Reaktion auf die Probedeutung wurde deutlich, daß wir den Patienten mit diesem Fokus erreichten. Der Patient kam so in Bewegung, daß eine Verlängerung um zwei auf 8 Wochen sinnvoll wurde.

Als zweites ein Fall, bei dem ein Rentenwunsch vorlag und es gelang, die sozialmedizinische Problematik mit in die Fokusformulierung einzubeziehen:
- Ein 50-jähriger Mann klagte über Ängste und anfallsartige, kollaptische Schwächezustände mit Schwindel und Hyperventilation. Es bestand die Frage der Wiederherstellung der Arbeitsfähigkeit oder nach Berentung. Bei dem bindungsgestörten, ängstlichen, im Selbstgefühl unsicheren Mann bestand ein großer Sicherheitsbedarf. Erstmals im Leben hatte er sich auf größere Veränderungen eingelassen und entgegen seiner Gewohnheit in einer Weise festgelegt, die ihm scheinbar keinen Ausstieg mehr aus dem getroffenen Lebensarrangement offenließ. Im Rahmen einer neuen Partnerschaft hatte er den Wohnort gewechselt und ein Haus erworben. Erstmals hatte er sich in solche Abhängigkeiten begeben, was zu großer Verunsicherung führte. Seine Versuche, eine Arbeit zu finden, hatte er aufgegeben, da sie an seinen Ängsten gescheitert waren. Sein Wunsch war nun, berentet zu werden, zur Ruhe zu kommen und später zuzuarbeiten. Der Fokus lautete: "Ich kann, darf meine Ängste nicht verlieren und benötige die Absicherung durch die Rente, weil ich schon mehr Veränderung und Verunsicherung auf mich genommen habe, als ich ertragen konnte, und nun befürchte, noch den letzten Halt zu verlieren." Mit diesem Fokus konnten wir den Patienten verstehen und konnten mit ihm über seine abgewehrten Verunsicherungen und Ängste sprechen. Er nahm erstmals in verständnisvoller Weise sein großes Sicherheitsbedürfnis wahr, wie sehr er sich da überfordert hatte. Er konnte über seine Verlustängste gegenüber seiner Partnerin sprechen und sein Gefühl, er müsse die Belastung, das ganze Risiko allein tragen, obwohl er glaube, daß seine Kräfte schon gar nicht mehr ausreichten. Hier war der Patient

affektiv sehr beteiligt. Auch bei ihm konnten wir das Heilverfahren zwei Wochen verlängern und ihn letztlich stabilisiert und arbeitsfähig entlassen. Natürlich gibt es Patienten, die sich solchem Zugange entziehen, bei ihm jedoch war es möglich, die sozialmedizinische Fragestellung so in den Fokus zu nehmen, daß er sich verstanden fühlte. Der Fokus bleibt ganz am aktuellen Hauptproblem, die tiefere Psychodynamik auf biographischem Hintergrund wurde in der Therapie nicht oder nur sehr indirekt berührt. Aber gerade so war in dem begrenzten Rahmen ein fruchtbarer therapeutischer Prozeß möglich.

Zwei Nebenfoci der Begrenzung und des Abschieds

Der vorgegebene Rahmen in der Rehaklinik kann die Einstellung hervorrufen, hier auch wieder nicht genug zu bekommen und neben oraler Gier eine ablehnende Trotzhaltung auslösen. Der Therapeut muß also, unabhängig von der sonstigen Störung und Struktur des Patienten in jedem Falle die orale Konfliktdynamik (oder in deren Abwehr bzw. als Reaktion, die anale Konfliktdynamik) mit in Rechnung stellen und als einen *Nebenfokus* mit berücksichtigen. Damit im Zusammenhang steht ein zweiter Nebenfokus, der von Beginn an mit im Blickfeld des Therapeuten sein muß: Der bald bevorstehende Trennungsprozeß. Beide Bereiche sind ja, gerade bei den in den Rehakliniken die Mehrzahl der Patienten betreffenden präödipalen Störungen, besonders betroffen. Die sich darum reihenden Beziehungsvorstellungen und Affekte sind oft genug auch der eigentliche Inhalt der Therapie. Es geht also neben dem aktuell und lebensgeschichtlich begründeten Thema immer auch um die umfassenden Themen der Begrenzung und der Trennung. Für den Therapeuten ist es wichtig zu beachten, daß diese Einschränkungen beim Patienten nicht soviel unreflektierte Kränkung und Enttäuschung auslösen, daß sie zum Scheitern des gesamten Therapieprozesses führen.

Die Funktion des Fokus bei strukturell Ich-gestörten Patienten

Was in der Dyade an verschiedenen Übertragungsaspekten dem Therapeuten gegenüber nacheinander oder abwechselnd in den Vordergrund tritt und dann in der Beziehung zu ihm wiedererlebt werden kann, wird im mehrpersonalen stationären Beziehungsgeflecht auf verschiedene Personen gleichzeitig und nebeneinander reaktiviert und übertragen. Dies ist noch gut verstehbar, solange es sich, wie bei den klassischen und narzißtischen Neurosen, um die Übertragung 'ganzer' Objektbeziehungen handelt und damit die affektive Ambivalenz in der Beziehung zu einer Person deutlich wird. Es wird um so schwieriger und ist unter Umständen lange nicht durchschaubar, wenn es bei früher gestörten Patienten, bei denen gespaltene Objekt- und Selbst-Repräsentanzen vorliegen, in typischer Weise zu gespaltenen Übertragungen kommt. Dann wird zum Beispiel der positive Objektbeziehungsanteil auf die eine und der negative auf eine andere Person übertragen. Es geht bei strukturell Ich-gestörten Patienten nicht um die Erfassung von Konfliktpathologie, sondern darum, daß basale Ich-Funktionen nur mangelhaft entwickelt sind und es dadurch zu vielfältigen Beziehungsschwierigkeiten kommt. Bei ihnen ist es richtiger, nur von einem Fokus in der Behandlung als von einem Fokalkonflikt zu sprechen. Sie erleben die neue Situation auf der Station, herausgenommen aus ihrem gewohnten, pathogenen, aber stützenden Alltagsmilieu und einbezogen in eine anregende, affektgeladene und daher ängstigende Gruppendynamik, schnell als überlastend. Sie können die widersprüchlichen Kontaktangebote und die für sie nicht durchschaubaren Beziehungsstrukturen nicht überblicken und können sich und andere nicht mehr als ganzheitliche Personen wahrnehmen und gegeneinander abgrenzen. Die Geschlossenheit der Selbst- und Objektbilder geht verloren und es kommt zu schizoiden Beziehungsformen mit funktions- und affektbezogener, statt personenbezogener Beziehungswahrnehmung (Ermann, 1982).

Angesichts der durch das mobilisierende Milieu ausgelösten regressiven Prozesse mit zumindest anfänglich zunehmender Ich-Desintegration (Ermann, 1982, Trimborn, 1983), erscheint die Behandlung dieser Patienten im Rehabereich mit den sehr kurzen und wenig flexiblen Behandlungszeiten schwierig und ist in manchen Fällen auch kontraindiziert. Es ist hier nicht der Platz, die vielfachen Schwierigkeiten der stationären Psychotherapie dieser Patienten, "die erstaunlicherweise oft ausschließlich aus der schweren Störung der Patienten kommend betrachtet werden", wie Trimborn (1983, S. 205) kritisch feststellt, zu beschreiben, was an anderer Stelle ausführlich getan wurde (Fürstenau, 1977, Arfsten, Hoffmann 1978, Ermann, 1979, 81, 82, 88, Trimborn, 1983). Ich möchte an dieser Stelle jedoch ein Beispiel zur Behandlung dieser Ich-strukturell gestörten Patienten geben, da sie häufig im Rehabereich eingewiesen werden und die fokaltherapeutische Technik auch hier hilfreich ist. Der Fokus beschränkt sich in der Regel darauf, daß mangelhafte Ich-Funktionen (Integration von Spaltungsphänomenen, Selbst-Objekt-Differenzierung, Affektdifferenzierung, Angstbewältigung u.a.) durch die Therapeuten in Ich-stützender Weise zeitweilig ausgeübt werden. Streeck (1991) beschreibt einen Fall, in dem als Fokus der Therapie direkt die nicht

ausreichend stabil getrennten Grenzen zwischen dem Selbst und den inneren Objekten gewählt wurde, ohne, daß er eine spezifischere Formulierung angab. Wir hatten wiederholt Patienten, bei denen wir in ähnlicher Weise diesen Fokus zugrunde legten, den wir mit ihnen gut als Problem der Nähe-Distanz-Regulation besprechen konnten. Dazu ein Beispiel:
- Es handelte sich um eine 25-jährige Patientin mit einer Borderlinestörung, mit schwerer Depression, mit starken destruktiven Phantasien, vor allem ihrem Sohn und dem Ehemann gegenüber, die zum Teil den Charakter von Zwangsgedanken und Zwangsimpulsen annahmen. In verschiedenen Situationen schwankte sie hin und her zwischen ganz engem Beziehungserleben, in dem sie sich nur ausgeliefert, ohnmächtig, manipuliert fühlte, was in ihr starke aggressiv-destruktive Affekte mit schweren Schuldgefühlen auslöste, und dem Erleben, ganz einsam und verlassen zu sein, mit depressivem Affekt. In beiden Situationen kam sie sich passiv und hilflos vor und konnte bei sich keine aktiven Gestaltungsmöglichkeiten wahrnehmen. Sie versuchte, mit diesen sie ängstigenden Situationen fertig zu werden, in dem sie unbewußt ihre Umwelt manipulierte. Typischer Weise neigen frühgestörte Patienten dazu, ihre regressiv reaktivierten negativen Mutterbeziehungen am Rahmen und am Setting auszutragen. Sie trat sehr fordernd auf und verlangte wiederholt nach neuen psychotherapeutischen Angeboten und physiotherapeutischen Behandlungen. Während sie die Therapien, an denen sie teilnahm, entwertete, idealisierte sie ihren Einzeltherapeuten. Als er grenzsetzend weiteren Forderungen der Patientin nicht nachgab, reagierte sie gekränkt mit massiver Wut und Entwertung. Sie beschwerte sich über ihn, wünschte einen Therapeutenwechsel und drohte, das Heilverfahren abzubrechen. Für diese Patientin konnten wir den folgenden, sehr hilfreichen Fokus finden, den wir im Verlaufe der Therapie auch mit ihr besprechen konnten: "Ich muß immer wieder andere Menschen manipulieren, weil ich sonst befürchte, ihnen ganz ausgeliefert zu sein und von ihnen manipuliert zu werden (so, wie ich von meiner Mutter manipuliert wurde) und so mich selbst ganz (in ihnen, in der Mutter) zu verlieren". Sie konnte dann beginnen anzunehmen, daß sie ein Mensch ist, der sich schnell ausgeliefert fühlt und daß das keine Katastrophe ist (zuvor hatte sie sich deswegen immer starke Vorwürfe gemacht). Die durch die großen Ansprüche ausgelösten Schuldgefühle schlugen dann in ein Gefühl, dem anderen ausgeliefert zu sein, um, was wiederum aggressive Gefühle zur Folge hatte. Es ließ sich dann die positive Variante ableiten, daß sie es auch in der Hand hat, (manipuliert) auf Beziehungen gestaltend Einfluß zu nehmen, wenn sie sich ausgeliefert oder verlassen fühlt. Aufgabe der Therapie, d.h. des gan-

zen Teams war es, ihr bei einer realistischeren Wahrnehmung ihres Verhaltens und ihrer Empfindungen zu helfen. Mit diesem Fokus ließ sich in einer 10-wöchigen Behandlung ein begrenzter Fortschritt erzielen.

Der Patient, das Team und die Funktion des Fokus

Ein konflikthaftes *Thema* mit dem Patienten herauszuarbeiten und zu besprechen, ist der eine Teil. Der andere ist es, im Team gemeinsam den hinter dem Thema stehenden Fokal*konflikt* herauszuarbeiten und ihn so zu formulieren, daß er übereinstimmend von allen Teammitgliedern akzeptiert werden kann. Das vielfältige therapeutische Angebot fördert bei den Patienten umfangreiches konflikthaftes Material zutage. Die verschiedenen Übertragungsangebote der Teammitglieder reaktivieren bei ihnen verschiedenen Aspekte unterschiedlicher Beziehungserfahrungen hauptsächlich primärer Bezugspersonen. Dem Personal gegenüber werden in der Regel vor allem regressive Beziehungsmuster reaktiviert. Der zu lösende Widerspruch liegt bei den vielfältigen Übertragungen einerseits, die eine Langzeittherapie rechtfertigen würden, und der Notwendigkeit der sinnvollen Begrenzung und Orientierung. Es geschieht sonst, daß beim Patienten zu viel Konfliktmaterial aktiviert wird, sich unter Umständen die Symptomatik verstärkt, jedoch die Zeit für ein verstehendes und integrierendes Durcharbeiten der Reinszenierung nicht ausreicht. Gegenüber einem unüberschaubaren komplizierten Geflecht von Übertragungs- und Gegenübertragungsphänomenen können im Team Ohnmachtsgefühle und damit verbundene narzißtische Kränkungen entstehen.
Ermann u. a. (1981) geben drei Funktionen an, die das Behandlerteam gemeinsam übernehmen muß. Bei den drei Funktionen stellt die Arbeit mit dem Fokalkonzept einen Orientierung gebenden Rahmen dar. Dieser ist vor allem deshalb notwendig, da die geltenden therapeutischen Konzepte ursprünglich für stationäre Langzeittherapie mit Behandlungszeiten von einem halben Jahr und länger entwickelt worden waren (Ermann 1979, Ermann u.a. 1981, Schepank, Tress 1988). Die Frage nach der Umsetzbarkeit dieser Konzepte im Rahmen der psychosomatischen Heilverfahren ist sicher einer der wesentlichen Kritikpunkte an diesen. Im folgenden werden die drei Funktionen mit ihrem Bezug zur Fokaltechnik erläutert:

1. Der Schutz des analytischen Prozesses vor Überflutung mit unstrukturiertem Konfliktmaterial: Unabhängig von der Dauer des Aufenthaltes verläuft die Aktivierung von psychischem Material in den ersten Wochen der Behandlung sehr stark. Ermann (1979, S. 337) hält es daher für wichtig, daß "nicht mehr an Konflikthaftigkeit therapeutisch aufgespürt und angesprochen wird, als unter Berücksichtigung der Tragfähigkeit des Patienten und Wahrung der fachlichen Kompetenz des therapeutischen Partners ...auch ausgetragen und zu einem vorläufigen Abschluß gebracht werden kann". Dabei ist Orientierung an einem Fokus wichtig, um unfruchtbaren, nicht steuerbaren regressiven Prozessen in der Behandlung vorzubeugen. Wie zuerst Malan (1963) zeigte, stellt die Übertragungsdeutung den wesentlichen Wirkfaktor auch bei der Kurztherapie dar. Wenn man sich den Fokalkonflikt nicht klar macht, sind auf ihn und die mit ihm assoziierten Übertragungen abzielende Deutungen nicht möglich. Es besteht die Gefahr, dann sozusagen 'wahllos' die Übertragungen zu deuten, die sich anbieten. Man verbreitert so aber die Basis der Therapie, eröffnet neue Assoziations- und Konflikträume, das heißt verläßt den Rahmen der Kurzzeittherapie. Diese Übertragungen verlaufen oft konflikthaft, vor allem wenn es sich um negative Übertragungen handelt. Es muß dann auch überlegt werden, was von dem aus der stationären Interaktion stammenden Material durch den Therapeuten in die Therapie genommen werden muß, falls es der Patient nicht von sich aus anspricht. Wenn über den Fokalkonflikt keine Klarheit besteht, fehlt dem Therapeuten dafür die notwendige Orientierung. Mit ihm ist es dem Therapeuten eher möglich, die Integration der stationären Gruppendynamik in die Einzeltherapie methodisch und für den Prozeß des Patienten sinnvoll zu leisten.

2. *Die Abstimmung der therapeutischen Interventionen in den unterschiedlichen Behandlungsangeboten:* In der Klinik bekommen die Patienten unterschiedliche psychotherapeutische Angebote. Daß durch alle Teammitglieder bei Patienten Konflikte und Übertragungen mobilisiert werden, wurde bereits festgestellt. Das gehört zur Methode und beruht auf der Voraussetzung, daß in den Teamsitzungen die Abstimmung der einzelnen therapeutischen Aktivitäten hinsichtlich ihrer Zielrichtung und Reichweite (Ich-stützende und konfliktdeutende Interventionen, zeitweise Übernahme von Ich-Funktionen u.a.) durch die Therapeuten erfolgt. Jedoch ist dies kompliziert und kann nach meiner Erfahrung oft nicht in ausreichendem Maße geleistet werden. Die Gefahr, daß ein nicht nur den Patienten verwirrendes Nebeneinander der verschiedenen Techniken, Übertragungen und Gegenübertragungen entsteht, ist groß. Dann geraten Therapeuten mit unterschiedlichen Techniken und therapeutischen Ansätzen und Vorstellungen über Patienten 'aneinander'. Solche Auseinandersetzungen sind notwendig und fruchtbar für das gegenseitige Verständnis. Einerseits soll jeder seine Auffassungen und Vorstellungen darstellen und in das Team einbringen können, andererseits ist es

notwendig, daß im Rahmen der Behandlung diese verschiedenen Vorstellungen soweit aufeinander abgestimmt werden, daß gewährleistet ist, "daß in den verschiedenen therapeutischen Interaktionsfeldern auch gleichsinnige und nicht womöglich gegenläufige Behandlungsziele angestrebt werden" (Streeck 1991, S. 5). Gegenübertragungsphänomene müssen von teaminternen Konflikten getrennt werden (mehr dazu s. unten). Die Teammitglieder können den Patienten zunächst auch als auslösendes Medium nutzen, müssen aber von ihm wegkommen, da die Differenzen am einzelnen Patienten nicht zu lösen sind. Meinungsverschiedenheiten und Beziehungsprobleme müssen im Team geklärt werden. Wie Ermann und Streeck sahen auch Arfsten und Hoffmann (1978, S. 244) als Voraussetzung dafür, daß ein Team auch schweres Agieren von Patienten integrieren kann, "das Fehlen von Spannungen unter den Mitarbeitern und ein einheitliches Konzept im Umgang mit einem bestimmten Patienten, das von allen *gemeinsam erarbeitet wird*" (Hvbg. vom Autor), an.

3. *Die gemeinsam zu gestaltende konkrete therapeutische Begegnung mit dem Patienten:* Für den regredierten, oft integrationsschwachen Patienten ist es laut Ermann u. a. (1981, S. 77) entwicklungsfördernd, "eine einheitliche Interventionsstrategie auf sich wirken zu lassen, die um so eher möglich ist, je mehr die Teilfunktionen der einzelnen Mitglieder des Behandlerteams aufeinander abgestimmt ... sind". Dies wird verständlich, wenn man sich klar macht, daß es dafür wesentlich ist, wie das Team mit dem Agieren der Patienten umgehen will. Wir verstehen Agieren ja nicht nur als Widerstandsphänomen oder als mangelnde Impulskontrolle im Sinne der Ich-Schwäche, sondern auch als Anzeichen für das Auftauchen von unbewußtem Material und als Form der Reinszenierung (Janssen, 1981). Janssen meint, daß im stationären Rahmen trotz längerer Behandlungszeiten eine volle Rekonstruktion der infantilen Szene nur selten gelingt, und stellt fest: "Der Hypothesencharakter rekonstruierender Deutungen als Erklärung für unverbundene seelische Zustände nimmt also in der stationären Therapie gegenüber der unmittelbaren Erfahrung an der Haltung der Therapeutengruppe und der Einsicht in aktuelles Verhalten ab" (Janssen, 1981, S. 62). Das gilt meines Erachtens für die psychosomatischen Heilverfahren um so mehr.
Die in den Teamsitzungen zu leistende notwendige Integrationsarbeit ist kompliziert und schwierig, mit Ich-strukturell gestörten Patienten im besonderen und nicht selten sowohl für den Einzelnen als auch das ganze Team geradezu belastend. Sie setzt viel berufliche Erfahrung ebenso wie Selbsterfahrung voraus. Und sie verlangt viel Reflexionsarbeit und wiederholte klärende

Auseinandersetzung, um einen kollegial- freundschaftlichen Umgang miteinander zu erreichen, der von vertrauensvoller Offenheit und Intimität geprägt ist. Dies zu erreichen, setzt eine über längere Zeit bestehende Konstanz der Behandlerteams voraus. Arfsten und Hoffmann (1978) betonten die Notwendigkeit der zeitlichen Kontinuität in der Zusammensetzung eines Teams, das in dieser Weise integrativ arbeiten will, und forderten aus diesem Grunde eine Arbeitsdauer auf einer Station von mindestens drei bis vier Jahren. Meine Erfahrung ist, daß integratives Arbeiten im Team keine Selbstverständlichkeit ist und die tatsächliche Schwierigkeit solcher Arbeit meist nicht genügend klar gesehen wird. Die Zeit der Teambesprechungen wird oft allein von den Problempatienten und vom Bemühen um das Verständnis der gerade vorhandenen Gruppensituation ausgefüllt. Angepaßte, dabei oft nicht viel weniger gestörte Patienten kommen nur routinemäßig zur Sprache. Die Zeit ist kurz und es kommt viel Psychodynamik in Bewegung, die auch verstanden und therapeutisch umgesetzt werden 'soll', damit bei der Therapie auch etwas 'herauskommt'. Dies kann zu Verwirrung und Überforderungsgefühlen im Team führen und in der Folge zur Vereinzelung der Therapeuten. Nur ist in der stationären Psychotherapie der Patient über das ausschließliche Erleben im dyadischen Setting nicht ausreichend zu verstehen (Ermann 1978, 1988).

Die Potenzen der Fokalkonferenz und einer am Fokus orientierten Arbeit im Team

Alle drei Funktionen des Behandlerteams sind zuerst im Rahmen einer wöchentlichen Fokalkonferenz wahrzunehmen, an der alle Therapeuten des Teams und ein leitender Therapeut teilnehmen sollten. Die Fokalkonferenz, ursprünglich von Balint (Balint, 1972) eingeführt, entspricht einer Supervisionsgruppe, in der die Einzeltherapeuten die Patienten vorstellen und gemeinsam mit den anderen Therapeuten des Teams, die wiederum ihre Erfahrungen im Umgang mit dem Patienten einbringen, den Fokalkonflikt herausarbeiten und damit die vorläufige Richtung der Therapie festlegen. Das wesentliche dabei ist, daß alle ihre Phantasien zum Patienten einbringen und der Fokus *gemeinsam* ausgearbeitet wird, so daß er von allen Therapeuten akzeptiert und damit in der therapeutischen Arbeit dem Patienten gegenüber vertreten werden kann. In dieser Weise können Abstimmung und gleichsinniges Auftreten im Rahmen der therapeutischen Arbeit dem Patienten gegenüber gewährleistet werden. Klüwer (1971, S. 942) hatte im Zusammen-

hang mit ambulanter Fokaltherapie bereits gesagt: "Die Konferenz stellt für uns einen wichtigen Bestandteil der Behandlung von Fokalfällen dar.... In ihr geschieht mehr, als daß über den Fall 'gesprochen' wird. Besser wäre, von 'Arbeit am Fall' zu sprechen."
In der stationären Langzeittherapie stellt sich die Psychodynamik allmählich dar und es ist Zeit genug, dies im Team durchzusprechen. Parallel zum Entwicklungsprozeß des Patienten kommt es zur Klärung und zunehmender Abstimmung im Team. Darauf kann man sich in der Kurzzeittherapie so nicht verlassen. Es ist notwendig, etwa nach zwei Wochen (s. auch Lachauer 1986) zu einer gemeinsamen Behandlungsstrategie zu finden. Das heißt, man muß sich hier sozusagen aktiv und vorausgreifend ein Verständnis vom jeweiligen Fall erarbeiten. Dies geht in der Teamgruppe wesentlich besser und hat verschiedene Vorteile. So ist die Gefahr, falsche Hypothesen aufzustellen, in der Fokalkonferenz eher gering (Klüwer 1971, Balint 1972 und Lachauer 1992). Aber natürlich sind Korrekturen möglich, die den Fokalkonflikt präzisieren, sobald sich in den weiteren Teamsitzungen neue Gesichtspunkte ergeben. Die Fokalkonferenz hat nicht nur wichtige Orientierung und notwendigen Halt gebende Funktion, sondern sie hat für die Berufseinsteiger außerdem eine praxisnahe Ausbildungsfunktion.
Zum anderen hilft der Wunsch, in der Fokalkonferenz ein gemeinsames Behandlungskonzept zu erarbeiten, bei der Entwicklung und Strukturierung des Teams. Ein möglicher Ausgangspunkt von differierenden Behandlungsintentionen und damit von Teamkonflikten ist die nicht ausreichende Integration verschiedener technischer Behandlungsansätze und von Berufsgruppen mit unterschiedlichem Selbstverständnis. Janssen (1981, S. 51) weist darauf hin, daß "zur Darstellung beruflicher Identität für jede Berufsgruppe ein eigenständiges Angebot von therapeutischen Beziehungen gegenüber dem Patienten wichtig ist." Es ist schwierig, tatsächlich integrativ zu arbeiten, wenn nicht z. B. mittels der fokalen Technik vorher im Behandlerteam eine Abstimmung über die Behandlungsstrategie an Hand eines Fokus erfolgt ist. Es ist dann auch kaum überprüfbar. Absprachen im Team, Austausch über einen Patienten, ohne sich *gemeinsam festzulegen*, bleiben mißverständlich und letzlich der beliebigen Auslegung überlassen. Schwelende Teamkonflikte um die Themen von Konkurrenz und Kompetenz können auf dieser Ebene agiert werden und die notwendige Klärung, für die sicher auch externe Supervision notwendig ist, wird hinausgezögert. Die Festlegung auf einen Fokus und die Behandlungsstrategie "zwingen" die Teammitglieder zur eigenen Klarheit, um einen gemeinsam vertretbaren Nenner zur Behandlungsstrategie zu finden. Nur auf diesem Wege ist zu gewährleisten, daß es nicht bei einer Fokaltherapie nur des Einzeltherapeuten bleibt, sondern daß der Fokus auch von den

anderen Therapeuten des Teams in ihre Therapien getragen wird, d.h., daß es eine Fokaltherapie des ganzen Teams wird. Nach meiner Erfahrung kann dies durch das integrative Modell allein nicht geleistet werden. Die Fokalkonferenz ist der Ausgangspunkt, von dem aus dieser Prozeß ermöglicht wird. Die Arbeit am Fokus kann damit zum Reibungsspunkt der Teamentwicklung werden und es können sich Teamkonflikte und Meinungsverschiedenheiten herauskristallisieren. Es geht dabei unter anderem darum, teameigene Dynamik von patienteninduzierter Teamgruppendynamik (bei letzterer handelt es sich um Gegenübertragungsphänomene) zu differenzieren. Die patienteninduzierte Dynamik hat es an sich, bevorzugt an teameigenen Konflikten anzugreifen und deren Dynamik zu verstärken. Wenn es Probleme in der Behandlung eines Patienten und entsprechende Auseinandersetzungen mit Abweichungen vom vereinbarten Fokus gibt, kann das unterschiedliche Bedeutung haben. Es kann sich ein bisher nicht wahrgenommener Aspekt beim Patienten ergeben haben, dann kann der Fokalkonflikt entsprechend modifiziert werden. Gelingt die erneute Abstimmung nicht, so kann dies ein Hinweis auf einen bisher nicht angesprochenen Teamkonflikt sein. An dieser Stelle gilt die TZI-Regel: 'Störungen haben Vorrang'. Die Fokalarbeit im Team schafft neben der nötigen Reflexionsarbeit vor allem Intimität, Verbundenheit und Transparenz.

Anliegen dieser Arbeit war es die Anwendung der Psychodynamischen Einzeltherapie als eine Methode der analytischen Fokaltherapie im stationären Rahmen darzustellen. Es sollte dabei gezeigt werden, daß das Fokalkonzept aus mehreren Gründen im stationären Rahmen eine wesentlich breitere Wirkung entfaltet als in der ambulanten Psychotherapie. Damit im Zusammenhang ging es außerdem darum, auf den problematischen Bereich der Psychotherapie in der psychosomatischen Rehabilitation aufmerksam zu machen. Der Widerspruch zwischen den hohen Anforderungen an Erfahrung in der analytisch orientierten Kurzpsychotherapie und dem Fakt, daß sich die dort arbeitenden Kollegen zum größten Teil noch im Ausbildungsstatus befinden, läßt sich sicher nicht auflösen, aber mildern. Zunächst ist hier sicher verstärkt Supervision erforderlich. Jedoch war es ein weiteres Anliegen der Arbeit zu zeigen, wie das Konzept der Fokaltherapie zur Abschwächung dieses Widerspruchs beitragen kann. Der Fokus begrenzt den therapeutischen Prozeß, er gibt eine Orientierung und ermöglicht eine bessere Strukturierung der Behandlung. Mit seiner Herausarbeitung kann eine Ausbildungsfunktion wahrgenommen werden. Das Fokalkonzept läßt sich speziell für die Zusammenarbeit im Team nutzbar machen und durch die Arbeit mit dem Fokus wird die Teamintegration unterstützt.

Literatur

1. Arfsten, A.-J., Hoffmann, S.O.: Stationäre psychoanalytische Psychotherapie als eigenständige Behandlungsform. Prax. Psychother. 23, 1978, 233-245
2. Becker, H., Lüdeke, H.: Erfahrungen mit der stationären Anwendung psychoanalytischer Therapie. Psyche 32, 1978, 1-20
3. Balint, M., Ornstein, P. H., Balint, E.: Fokaltherapie, Frankfurt a.M. (Suhrkamp, 1973), 1972
4. Bernhard, P.: Stationäre Psychotherapie als Heilverfahren - Psychoanalyse und Rehabilitation. In: Schepank, H., Tress, W. (Hg.) Die stationäre Psychotherapie und ihr Rahmen. Springer: Berlin-Hdbg-NY, S. 71-83, 1988
5. Ermann, M.: Gemeinsame Funktionen therapeutischer Beziehungen bei stationärer Anwendung der Psychoanalyse. Zschr. psychosom. Med. 25, 1979, 333-341
6. Ermann, M.: Regression in der stat.-analytischen Psychotherapie. Zschr. psychosom. Med. 28, 1982, 176-188
7. Ermann, M., Gitzsch, U., Schepank, H.: Erfahrungen mit einem mehrstufigen stationären Psychotherapiekonzept. In: Heigl, F., Neun, H. (Hg.) Psychotherapie im Krankenhaus. Gött.-Zürich, Vandenhoeck & Ruprecht, S. 75-81, 1981
8. Ermann, M.: Die stationäre Langzeitpsychotherapie als psychoanalytischer Prozeß. In: Schepank, H., Tress, W. (Hg.) Die stat. Psychotherapie und ihr Rahmen. Springer: Berlin-Heidelberg-New York, S. 51-60, 1988
9. Fürstenau, P.: Die beiden Dimensionen des psychischen Umgangs mit strukturell ich-gestörten Patienten. Psyche 31, 1977, 197-207
10. Hau, T. F.: Stationäre Psychotherapie: Ihre Indikationen und ihre Anforderungen an die psychoanalytische Technik. Zschr. psychosom Med. 14, 1968, 116-120
11. Hilpert, H.: Über den Beitrag der therapeutischen Gemeinschaft zur stationären Psychotherapie. Zschr. psychosom. Med. 29, 1983, 28-36
12. Jäkel, F.: Verwandt und verschwägert: Intendierte Dynamische Gruppenpsychotherapie und Psychodynamische Einzelpsychotherapie. Psychologische Beiträge 35 (4), 1993, 372
13. Janssen, P. L.: Zur Vermittlung von Erfahrung und Einsicht in der stationären psychoanalytischen Therapie. In: Heigl, F., Neun, H. (Hg.): Psychotherapie im Krankenhaus. Gött.-Zürich, Vandenhoeck & Ruprecht, S. 48-62, 1981
14. Janssen, P. L.: Psychoanalytische Therapie in der Klinik. Stuttgart, Klett-Cotta, 1987
15. Klüwer, R.: Erfahrungen mit der psychoanal. Fokaltherapie, Psyche 25, 1971, 932-947

16. König, K., Sachsse, U.: Die zeitliche Limitierung in der klinischen Psychotherapie. In: Heigl, F., Neun, H. (Hg.): Psychotherapie im Krankenhaus. Gött.-Zürich, Vandenhoeck & Ruprecht, S. 168-172, 1981
17. Kulawik, H.: Psychodynamische Kurztherapie. In: Beiträge zur klinischen Neurologie und Psychiatrie Bd. 52, 2. Auflage 1990, VEB Georg Thieme Leipzig, 1990
18. Lachauer, R.: Entstehung und Funktion des Fokus in der stationären Psychotherapie. Prax. Psychother. Psychosom. 31, 1986, 197-207
19. Lachauer, R.: Der Fokus in der Psychotherapie. München, Verlag J. Pfeiffer, 1992
20. Maaz, H.-J.: Unveröffentlichtes Lehrgangsmaterial zur Psychodynamischen Einzelpsychotherapie
21. Malan, D. H.: Psychoanalytische Kurztherapie. Stuttgart, Ernst Klett Verlag, 1962
22. Meyer, R.: Der psychosomatisch Kranke in der analytischen Kurzpsychotherapie. Psyche 32, 1978, 881-928
23. Pohlen, M.: Über das Verhältnis von Therapiezielen und Konzeptualisierungen therapeutischer Prozesse. In: Heigl, F., Neun, H. (Hg.) Psychotherapie im Krankenhaus. Göttingen-Zürich, Vandenhoeck & Ruprecht, S. 90-110, 1981
24. Riedel, W.-P.: Einige Patientenmerkmale als Determinanten des Therapieerfolgs in der stationären Psychotherapie. Zschr. psychosom. Med. 37, 1991, 14-29
25. Schepank, H., Tress, W. (Hg.): Die stationäre Psychotherapie und ihr Rahmen. Springer: Berlin- Heidelberg- New York, 1988
26. Schetter, B., Tress, W.: Rehabilitation, Heilverfahren und Psychoanalyse. In: Schepank, H., Tress, W. (Hg.) Die stat. Psychotherapie und ihr Rahmen. Springer: Berlin-Heidelberg-New York, S. 142-146, 1988
27. Streeck, U.: Klinische Psychotherapie als Fokalbehandlung. Zschr. psychosom. Med. 37, 1991, 3-13
28. Trimborn, W.: Die Zerstörung des therapeutischen Raumes. Das Dilemma stationärer Psychotherapie bei Borderline-Patienten. Psyche 37, 1983, 205-236

Der Fokus als innerpsychischer Konflikt - strukturgebendes Mittel und motivationaler Aspekt in der Therapie von Suchtkranken

J. Hahn

Der Ausgang meiner Ausführungen ist die Erinnerung an meine erste Begegnung mit der Psychodynamischen Einzeltherapie 1988. Ich arbeitete zu dieser Zeit in einer Suchtberatungsstelle. Prof. Kulawik warnte mich damals, daß die Therapie mit Suchtkranken fast aussichtslos sei. Ich als Anfängerin, noch voller Optimismus und auch in der persönlichen Not, täglich mit Suchtkranken zu tun zu haben, machte mich allen Warnungen zum Trotz auf, mich mit den zugrundeliegenden psychischen Störungen dieses Klientels zu beschäftigen. Dabei traf ich auf viele Therapeuten, die eine aufdeckende Psychotherapie bei Suchterkrankungen für möglich und notwendig hielten, um eine Besserung dieser schwerwiegenden Persönlichkeitsstörung zu erreichen. Sie haben dabei aber sehr wohl die besonderen Schwierigkeiten dieses Klientels im Auge. Ich denke dabei vor allem an Otto F. Kernberg, Jörg Petry und Günther Ammon.

Aus meiner eigenen Arbeit erweist sich im nachhinein der Fokus als besonders nützliches Hilfsmittel, um bei Abhängigkeitskranken einen tieferen Zugang zu dem Einzelnen zu erreichen.

1. Die psychischen Besonderheiten der Ich-Abwehr bei Suchtkranken

Worin bestehen nun die psychischen Besonderheiten der Abwehrmechanismen von Suchtkranken? Ein hervorstechender Abwehrmechanismus von Suchtkranken ist, trotz Leidensdruck, eine enorme Bereitschaft zur Bagatellisierung ihrer Beschwerden bis hin zu deren Verleugnung. Vor allem Spaltungsprozesse sind deutlich spürbar. Durch dieses Widerstandsphänomen wird es dem Suchtkranken möglich, trotz bereits eingetretener negativer Konsequenzen des Suchtmittelmißbrauchs (wie Arbeitsplatzverlust, Partnerkonflikte, körperliche Beschwerden), eine gewisse psychische Stabilität noch lange Zeit aufrechtzuerhalten.

Auffällig ist weiterhin die Bereitschaft zur Projektion: es werden nur die Eigenschaften bei anderen Personen oder Situationen wahrgenommen, die man sehen möchte. Die unerwünschten Eigenschaften werden ausgeblendet. Der Alkoholiker z.B. wirkt im nüchternen Zustand meist überangepaßt, sehr um strukturelle Sicherheit bemüht. Dabei vermeidet er scheinbar jede Form von Konflikten. Die Aufmerksamkeitsausrichtung ist selektiv. Die Denkweise ist auffallend nichtanalytisch. Der Suchtkranke bevorzugt passive Problemlösungsstrategien und wirkt oft wie besessen von seinen Wunschvorstellungen. Einerseits versucht er, sein süchtiges Verhalten zu rechtfertigen, andererseits glorifiziert er seine zwangsweise Abstinenz. Beides ist für seine Umwelt schwer zu ertragen und es ist noch schwieriger, einen Ansatz für eine in die Tiefe gehende Therapie zu finden, die aus dem persönlichen Dilemma der Betroffenen herausführen könnte.

Hinter diesen Abwehrmechanismen, wissen wir heute, steckt eine schwer gestörte Persönlichkeit oft im Sinne einer Borderlinestörung. Ich will versuchen, kurz die Kennzeichen dieser Art von Störungen zusammenzufassen. Im wesentlichen beziehe ich mich dabei auf die Untersuchungen von Kernberg und Ammon.

Kernberg (1993) nennt als hervorstechende Merkmale bei Borderlineerkrankungen das Fehlen bzw. die mangelhafte Integration des Selbstkonzeptes und ein chronisches Erleben innerer Leere als Ergebnis einer pathologischen Ich- Entwicklung. Die Differenzierung zwischen Ich und Nicht- Ich blieb mangelhaft. Libidinöse und aggressive Impulse können deshalb nicht adäquat integriert werden. Vor allem die emotionale Realitätsanpassung ist bei Borderlinepatienten gestört. Durch die Pathologie der frühen internalisierten

Objekte ist das Ich der Betreffenden so gestört, daß Neutralisierung und Sublimierung als höhere Abwehrmechanismen kaum entwickelt sind.
Nach Ammon (1979) ist die Ursache der Borderlinestörung ein Identitätsdefizit - ein Loch im Ich. Ammon spricht von einem „Symbiosekomplex", der bestehen geblieben ist. Er meint damit, daß die frühe Mutter- Kind- Beziehung durch große verschlingende Nähe der Mutter gekennzeichnet war. Sie konnte nicht die Bedürfnisse des Kindes als eines eigenständigen Menschens wahrnehmen und liebevoll spiegeln. Eine Abgrenzung seitens der Mutter wurde nicht zugelassen. Andererseits kommt es ihrerseits immer wieder zu abrupten Kontaktabbrüchen. Beim Kind lösen diese Verlassenheitssituationen enormen Schmerz aus. Das so gekränkte Kind kann auf dieser Basis kein stabiles inneres Bild von der Mutter entwickeln, das auch über Trennungen hinweg erhalten bleibt. Der Wunsch nach absoluter Nähe bleibt immanent. Es kann sich kein stabiles Selbst entwickeln, das sich auch geliebt weiß, wenn es eigene Wünsche äußert, und damit auch das Alleinsein im späteren Leben riskieren kann.
Die Störung zeigt sich dann später vor allem in Form von:
1. defizitärem Narzißmus,
2. mangelhafter oder defizitärer Angst,
3. gestörter Aggression als nach innen oder außen gerichtete Aggression,
4. defizitärer Frustrationsregulation,
5. defizitärer Ich-Abgrenzung nach innen und außen,
6. defizitärer Ich-Integration,
8. Defiziten der Affektivität, des Denkens und der Sexualität.

Wie kann man aber nun trotzdem eine therapeutische Beziehung herstellen, die sich tragend für eine Aufarbeitung der Problematik erweist?
Sowohl Kernberg und Ammon als Vertreter, die sich sehr intensiv der Erforschung der Borderlinestörung gewidmet haben, als auch Petry (1993) und andere auf dem Gebiet der Alkohol- und Drogenabhängigkeit erfahrene Therapeuten verweisen auf die Notwendigkeit einer langfristig aufdeckenden Psychotherapie, die die Ursachen der Symptomatik mit dem Klienten erarbeitet und gleichzeitig den enormen Widerstand dieser Klienten gegenüber einem solchen Vorgehen berücksichtigt.
Ammon hält ein Arbeiten allein mit Widerstand und Übertragung bei Borderlinepatienten sogar für gefährlich. Psychotische Zustände können ausgelöst werden oder der Patient wird in den Suizid getrieben, wenn er auf einmal mit dem ganzen Ausmaß seiner inneren Leere und frühen Verlassenheit konfrontiert wird.

Aus meiner Erfahrung ist es so, daß der Alkoholiker den Kontakt abbricht, wenn die Konfrontration zu stark wird. Er zieht sich mit seinem Suchtmittel zurück, was ihm dann vorerst eine psychische Entlastung bringt. Bestenfalls projiziert er seine negativen Empfindungen auf den Therapeuten, entzieht sich aber einer weiteren Auseinandersetzung mit der Problematik. Sein Motto ist: Wenn ich den Therapeuten meide, wird es mir besser gehen. Bei einer Verstärkung der Symptomatik wird diese zweite Variante dann oft Auslöser für einen erneuten Therapieversuch und auch mit einer größeren Motivation verbunden sein.

Die Suchterkrankungen sind aus psychoanalytischer Sicht eindeutig den schweren Ich- Störungen zuzuordnen. Die im Leben des Patienten sehr früh entstandene Störung bedarf in der Therapie besonderer Beachtung. Die sensible Balance zwischen Nähe und Distanz muß im Vordergrund stehen. Dazu ist es notwendig, eine klar durchschaubare Struktur in der Therapie herzustellen.

2. Die Funktionen des Fokus oder der inneren Hypothese in der Therapie

2.1. Die strukturgebende Eigenschaft des Fokus

Eines der wichtigsten Merkmale der Psychodynamischen Einzeltherapie ist neben einer von Empathie geprägten Atmosphäre die gründliche Erarbeitung eines Fokus, der den weiteren Verlauf der Therapie bestimmt, um den sich alle Gedanken und Gefühle anordnen, der hinterfragt wird, wenn die Therapie ins Stocken gerät. „Der Fokus wird dabei aus zwei wesentlich gegeneinander laufenden Bedürfnissen des Patienten gebildet." (Kulawik 1988)
Der Fokus in der Psychodynamischen Einzeltherapie beinhaltet den zentralen inneren Konflikt, der in der aktuellen Klient - TherapeutIn - Beziehung spürbar wird. Die im Unbewußten abgespeicherten Verhaltensmuster entsprechen dabei nicht mehr den gegenwärtigen Bedingungen und realen Möglichkeiten des Klienten. Dies wird dann zum Auslöser eines spürbaren Konflikts.
Der Vorteil eines Fokus in der Therapie liegt eindeutig in der Möglichkeit der Schaffung einer inneren Struktur, wie sie für die Therapie von schwer Ichgestörten Patienten notwendig ist, um ausreichend Schutz und Ich-Stützung zu geben. Darin sind sich Ammon, Kernberg und Lachauer einig und diesem Grundgedanken fühlt sich auch die Psychodynamische Einzeltherapie verpflichtet.

Kernberg empfiehlt bei Borderlinepatienten im ersten Gespräch die Hypothese für einen Fokus aufzustellen, der die weitere Aufmerksamkeit in der Therapie lenken wird. Der Fokus wird bei ihm aus den Erzählungen des Patienten im Zusammenhang mit seinen Affekten gebildet. Der weitere Verlauf der Therapiesitzung wird unter diesem Gesichtspunkt beobachtet. Konfrontationen und Deutungen werden vom Fokus abhängig gemacht bzw. entsprechend entworfen. Kernberg hebt auch die Möglichkeit der Gewichtung von Problemen des Patienten in der Therapiesitzung mittels eines Fokus hervor. Kernberg läßt sich in seiner Arbeit durch den Fokus leiten. Mit dessen Hilfe arbeitet er sich langsam, sozusagen scheibchenweise vom Bewußten zum Unbewußten voran. Die Bearbeitung setzt an dem mehr Bewußten des Patienten an, ohne das der Therapeut das Grundproblem an sich aus dem Auge verliert oder gar mitagiert.

Auch Lachauer (1992) hebt in seinen Arbeiten hervor, daß das Arbeiten mit dem Patienten im Kontext der im Fokus beschriebenen Problematik ein therapeutisch wirksames Mittel für die Bearbeitung von Abhängigkeitsproblemen sein kann.

Ein wesentlicher Unterschied zwischen dem Fokus, wie ihn die Psychodynamische Einzeltherapie definiert, und dem fokusorientierten Arbeiten bei Kernberg und Lachauer, besteht in der Psychodynamischen Einzeltherapie in der gemeinsamen Vereinbarung über den zentralen Konflikt zwischen Klient und TherapeutIn. Er bleibt also nicht als innere Hypothese ungenannt vom Therapeuten, sondern ist dem Klienten bekannt und von ihm akzeptiert.

2.2. Motivationaler Aspekt des Fokus

Neben der strukturgebenden Eigenschaft des Fokus in der Psychotherapie weist insbesondere Lachauer auf den motivationalen Aspekt eines von Therapeut und Patient erarbeiteten Fokus hin.

Lachauer beschreibt, daß gemäß der alten Abwehrstruktur der Patient erst einmal bemüht ist, Harmonie herzustellen, und er nicht die schmerzlichen Seiten seines Lebens aktualisieren möchte. Der Widerstand, sich in eine aufdeckende psychotherapeutische Auseinandersetzung mit sich selbst einzulassen, ist um so größer, je tiefer die persönliche Kränkung ist, die sich hinter der Symptomatik verbirgt.

Sowohl Petry als auch Lachauer warnen davor, diesen Widerstand mit zu starker Konfrontation zu durchbrechen. Petry (1992) weist auf die Gefahr hin, bei Alkoholkranken mit direktiven Formen der Konfrontation den Widerstand der Patienten zu durchbrechen. Er warnt davor, von der Hypothese auszugehen, daß Alkoholiker ohnehin nicht motiviert sind für eine Therapie, sondern immer nur den Weg des geringsten Widerstandes suchen und also am Anfang der Therapie erst einmal in eine ausweglose Situation gebracht werden müssen, um eine Behandlungsbereitschaft herzustellen. Dies blendet die reale Situation aus, in der der Betroffene tatsächlich eine tiefe Verlassenheit erlebt hat und die dementsprechend große Skepsis gegenüber der Umwelt entwickelte. Der Patient wird sich nicht verstanden fühlen und einen ihm bekannten Druck spüren, dem er sich unterordnen wird, ohne dabei eine neue Erfahrung für sich zu gewinnen. Viel erfolgreicher ist eine adäquate konfrontative Strategie, die darauf abzielt, Abwehrtendenzen nicht zu verstärken, sondern im Sinne des Fokussierens die Diskrepanz zwischen dem derzeitigen realen Verhalten des Patienten und seinen längerfristigen persönlichen Zielen zu erarbeiten.

Hierzu ein Beispiel: Herr K., 36 Jahre, verheiratet und Vater zweier Kinder aus früheren Beziehungen, hatte exzessiv über mehrere Wochen getrunken und hatte einen Suizidversuch unter Alkohol begangen. Beim ersten Gespräch berichtete er, seit einem halben Jahr verheiratet zu sein und sich mit der Hochzeitsfeier und anschließenden Reise total finanziell übernommen zu haben. Er habe jetzt 4000,- DM Schulden, die er nicht begleichen könne. Herr K. berichtete aber gleichzeitig, daß er eine gut bezahlte Arbeit habe.

Die existentiellen Ängste, die der Klient ganz offensichtlich erlebte, schienen nicht im Verhältnis zu dem aktuell benannten Problem zu stehen. Nebenbei erwähnte er, Angst zu haben, seine Frau könnte ihn verlassen.

Das Insuffizienzgefühl war so groß gewesen, daß er sich selbst weder eine Abgrenzung gegenüber den Wünschen seiner Ehefrau, noch eine Lösung für die daraus entstandene Situation zugetraut hatte.

Der Patient wurde mit seiner Angst angenommen und gleichzeitig auf deren Verhältnismäßigkeit zu dem zu lösenden Problem hin angesprochen. Dabei konnte er selbst die Angemessenheit seiner Ängste zur realen Situation überprüfen. Die angstreduzierenden Abwehrmechanismen (wie Spaltung und Projektion) wurden aus jetziger Sicht nicht unnötig aktiviert und er konnte sich im nächsten Schritt darauf einlassen, seine Lebensgeschichte auf die Ursachen seiner Ängste hin zu betrachten.

Als Fokus - zentraler Konflikt - für die weiteren Gespräche wurde erarbeitet: „Ich habe Angst zu versagen und gleichzeigt verhalte ich mich so (Anhäufung von Schulden, Saufen), daß ich die besten Chancen habe, tatsächlich zu versagen."

Es wurde ein Therapieumfang von 25 Stunden vereinbart.

Die gemeinsame Erarbeitung der Motivation in diesem Sinne ist ein äußerst wichtiger Schritt der Therapie.

Lachauer weist im Zusammenhang mit der Erarbeitung einer Behandlungsmotivation auf den Vorteil des Fokus hin, der dem Therapeuten beispielsweise erlaubt, die Angst zu erkennen, die Zurückhaltung des Patienten zu deuten und ihn damit zu konfrontieren, andererseits aber wird seine Entscheidung respektiert, sich vorerst nicht weiter in die therapeutische Beziehung einzulassen. Der Widerstand kann in diesem Fall auch ein Weg des Patienten sein, das Vertrauen des Therapeuten zu testen, ob er z.B. bedingungsloses Unterwerfen voraussetzt oder auch ein Abgrenzen zuläßt. Mittels einer inneren Hypothese, hebt Lachauer hervor, fällt diese Entscheidung leichter, d.h. eine Gewichtung der momentanen Probleme wird möglich. Das Achten der Autonomie des Patienten und das gleichzeitige Ringen um das Verstehen der Psychodynamik des Patienten, welches auch die Zurückhaltung des Patienten in der therapeutischen Beziehung akzeptiert, stellt die Basis einer guten Arbeitsbeziehung dar. Nicht zu unterschätzen ist die Gefahr, daß Therapeut und Patient unterschiedliche Therapieziele entwerfen und der Mißerfolg damit schon programmiert wird. Wenn dagegen im ersten Schritt der Therapie die Ursachen der fehlenden Motivation gemeinsam erarbeitet werden, kann das die Möglichkeit eröffnen, sich auf eine tiefere Beziehung einzulassen, zur Erweiterung des ersten Fokus führen bzw. auch neue Fokalbereiche eröffnen. Dieser Umgang mit dem Fokus - seine dynamische Entwicklung zu berücksichtigen - und damit auch ein dynamisches, prozeßbezogenes Verständnis für die Therapievereinbarung offen zu halten, ist ein besonderes Charakteristikum der Psychodynamischen Einzeltherapie.

3. Persönliche Beobachtungen in einer ambulanten Suchtberatungsstelle

Aus eigener Erfahrung kann ich bestätigen, daß der Abhängigkeitskranke vor nichts mehr Angst hat, als neue Abhängigkeiten einzugehen. Andererseits hat er aber eine tiefe SehnSUCHT nach allumfassendem Umsorgtwerden, in der er sich ganz auf die Führung durch die Mutter, den Partner, die Familie, den Therapeuten ... verlassen kann.
Für den bereits vorgestellten Herrn K. war es wichtig, genau zu wissen, worauf er sich einläßt, in welchem Stundenumfang, so daß er sich im Notfall auf die Behandlungsvereinbarung berufen kann, um die Abhängigkeit von der Therapeutin lösen zu können. Eine andere Art der Beziehung traute er sich zu Therapiebeginn noch nicht zu. Andererseits spürte er, daß er sein Problem allein nicht in Griff bekommen würde. Die weiteren Gespräche mit Herrn K.

zeigten recht deutlich, warum er sich so verhielt, wo die Ursachen seiner großen Angst lagen. Er war bereits in früheren Beziehungen mehrmals tief enttäuscht worden. Entscheidend war aber die besondere Bindung bzw. sein Ausgeliefertsein gegenüber der Mutter in der frühen Kindheit. Ab seinem 7. Lebensjahr hatte der Klient allein mit ihr gelebt. Der Vater hatte nach der Scheidung jeglichen Kontakt zu ihm abgebrochen. Bis zur Trennung hatte er bereits außerhalb des gemeinsamen Wohnortes der Familie gearbeitet und kam nur besuchsweise nach Hause. Wenn der Vater nach Hause kam, erinnerte sich Herr K., kam es regelmäßig zu heftigen Auseinandersetzungen zwischen den Eltern, was ihm Angst machte. Er fühlte sich hilflos den Streitereien ausgeliefert. Der Klient hatte versucht, sich mit der Mutter zu solidarisieren und war zuerst erleichtert, als der Vater ausgezogen war. Danach begann die Mutter aber, Medikamente und Alkohol in Überdosen zu nehmen und ängstigte ihn damit als Kind noch mehr. Außerdem kam es zu wiederholten Suizidversuchen seitens der Mutter. Er fühlte sich verpflichtet, sich um sie zu kümmern, gleichzeitig war er damit völlig überfordert. Als der Klient mit 18 Jahren seine erste intensivere Beziehung zu einer Frau aufnahm, beging die Mutter Suizid. Für den Klienten ist der Suizid der Mutter unfaßbar. Er fühlte sich schuldig. Der Klient wurde durch die Therapie unterstützt, seine eigentliche Problematik zu erkennen und aktuelle Bewältigungspotentiale zu entdecken.

Ein weiteres für mich sehr auffälliges Phänomen in der Begegnung mit Suchtpatienten ist das ausgeprägte Bemühen um Anpassung.

Es entspricht aber den obigen Ausführungen, daß der Abhängige zuerst hofft, daß ihn jemand aus der Misere herausführen wird, seine Wünsche erfüllen wird, wenn er nur genau das tut, was der andere verlangt, genau wie das frühe Beziehungsobjekt es ihm ursprünglich vermittelt, aber doch nie erfüllt hat. Da ihm eine Abgrenzung seinerseits vereitelt wurde bzw. mit negativen Erfahrungen mit dem frühen Objekt Mutter verknüpft ist, bleibt er ständig auf der Suche nach dem idealen Objekt. Der Suchtkranke hat keine gute Erfahrung damit machen können, Abhängigkeiten partiell einzugehen und sie auch wieder ruhigen Gewissens auflösen oder reduzieren zu können, wenn sie überholt oder für die eigene Identität, für eigene Bedürfnisse einschränkend werden. Die Identität konnte sich nur fragmentiert entwickeln. Der exzessive Konsum von Alkohol und Drogen ist aus meiner Sicht ein Versuch, doch noch die allumfassende Erfüllung aller Sehnsüchte nach Liebe und Angenommensein zu erfahren.

Neuere Beobachtungen in der Säuglingsforschung stützen diese Hypothese. Sie gehen davon aus, daß der Säugling von Beginn seines Lebens an ein eigenständiges Wesen ist, das noch sehr viel Nähe, Spiegelung und Unter-

stützung durch ein liebevoll ihm zugewandtes Objekt braucht und gleichzeitig ein Recht auf eigene Bedürfnisse und Empfindungen hat, die es anzuerkennen und zu respektieren gilt. (Lichtenberg 1990) Mit dem Gefühl, der Nichtakzeptanz eigener Bedürfnisse durch die erste und engste Bezugsperson, muß der Abhängigkeitskranke in Kontakt kommen. Nur dann hat er eine wirkliche Chance, sein süchtiges Verhalten zu überwinden.
Der Fokus, wie ihn die Psychodynamische Einzeltherapie definiert, scheint dafür ein ausgezeichnetes Mittel zu sein. Der Pat. kann selbst bestimmen, wie weit er sich einlassen möchte, ohne daß dabei der aktuelle Widerstand unreflektiert bleibt. Der Fokus kann dieses innere Dilemma des Pat. erfassen und wird damit zum zentralen Punkt der Therapie. Durch den Fokus wird ein klarer Blick auf das Wesentliche möglich. Für den Abhängigkeitskranken wird die Situation überschaubar, seine Angst reduziert sich. Auf dieser Basis gelingt es ihm möglicherweise, eine neue Beziehungserfahrung zu machen. Vielleicht gewinnt er den Mut, sich weiter an sein Unbewußtes heranzutasten, an seine liegengebliebenen Sehnsüchte nach Nähe und seine Ängste vor Nähe. Auf alle Fälle hat der Patient aber bereits durch diesen 1. Schritt eine Identitätsstabilisierung erfahren. Er kann darauf aufbauend neue Wagnisse in seinem Leben ohne Suchtmittel, mit partiellen Abhängigkeiten eingehen. Insofern kann die Psychodynamische Einzeltherapie auch als Einstieg in eine längerfristige Analyse dienen, die dem Patienten die Angst nimmt, völlig in seinen Insuffizienzgefühlen verlorenzugehen.
Die Psychodynamische Einzeltherapie, mit ihrer Spezifität des Fokussierens, ist für mich ein wichtiges Mittel geworden, um eine aufdeckende Therapie bei Suchterkrankungen wagen und erfolgreich durchführen zu können.

Literatur

1. Ammon, G.: *Handbuch der Dynamischen Psychiatrie.* Bd. 1 und 2 Ernst Reinhardt Verlag München, 1979 und 1982
2. Kernberg, O. F.: *Psychodynamische Therapie bei Borderline- Patienten.* Verlag Hans Huber Bern, 1993
3. König, W.: *Grundlagen der Psychodynamischen Einzeltherapie.* Vortrag in Nienhagen, 1992
4. Kulawik, H.: *Der Fokus in der Psychodynamischen Einzeltherapie.* Seminar Psychodynamische Einzeltherapie, 1988
5. Lachauer, R.: *Der Fokus in der Psychotherapie.* Verlag J. Pfeiffer München, 1992

6. Lichtenberg, J.: *Einige Parallelen zwischen den Ergebnissen der Säuglingsbeobachtung und klinischen Beobachtungen an Erwachsenen insbesondere bei Borderlinepatienten und narzißtischen Persönlichkeiten.* Psyche 44, 1990, 871-901
7. Petry, J.: *Alkoholismustherapie.* Beltz Verlag Weinheim, 1993

Psychodynamische Einzeltherapie mit Suchtkranken - ausgewählte Aspekte und Erfahrungen

F. Stechbarth

Die folgenden Statements sind geschöpft aus meiner 10jährigen Erfahrung in der Begegnung mit süchtigen Patienten.
Einleitend scheint mir wichtig, mein Selbstverständnis als Psychotherapeut, welches tiefenpsychologisch/analytisch orientiert ausgerichtet ist, sich dabei einer multimodalen Praxis, d. h. einer regelhaften Integration von verhaltenstherapeutischen, psychodramatischen, körperorientierten und anderen Techniken/Instrumente in dem therapeutischen Prozeß bedient, zu benennen. Eingerahmt ist meine Perspektive durch die Situation als psychotherapeutischer Alleinversorger einer öffentlichen Einrichtung (Beratungsstelle) einer ländlich strukturierten Versorgungsregion.
Der Begegnung mit süchtig gestörten Patienten habe ich vor dem Hintergrund in den Jahren gewachsener Schwierigkeiten, ausgelöst durch Gefühle von Unbehagen und therapeutische Mißerfolge und einer immer bewußter werdenden persönlichen - sprich störungsbedingten, sowie objektiven, d. h. ausbildungsbedingten Überforderung, entscheidende Impulse für meine berufliche Entwicklung und Identität als Psychotherapeut zu verdanken.
Diese Arbeit ermöglichte mir letztendlich Kontakt zu meiner eigenen mehr oder minder bewußten Süchtigkeit, als Ausdruck abgewehrter unbewußter Ängste, Verwundbarkeiten und Einsamkeitsgefühle, welche ich als drohenden Hintergrund jeglicher Sucht begreife.
Die Bevorzugung des "Sucht"-Begriffs steht aus meiner Sicht für eine bio-psycho-soziale Perspektive eines äußerst komplexen Phänomens und geht von einer dem Menschen innewohnenden süchtigen Disposition per se aus. Dies impliziert die Annahme einer multifaktoriellen Verursachung von süchtigem Verhalten, d. h. erst das Zusammenwirken mehrerer Faktoren ermög-

licht ein Umschlagen von "normaler Süchtigkeit" zur "krankhaften Sucht", wie HEIGL/HEIGL-EVERS (1993) dazu vermerken. Süchtig reagieren hieße dann: " ... eine psychische Abhängigkeit von oder ein Verlangen nach einer Droge oder einer Tätigkeit mit einer gewissen Unabdingbarkeit zu erleben, die einen Zustand des Unbehagens oder Mißempfindens infolge einer immer im unbewußten wurzelnden Enttäuschung oder Kränkung nach dem 'Stellvertreterprinzip' beheben soll".

Natürlich werden im folgenden psychogenetische Annahmen, d. h. Sucht als Ausdruck einer individuellen Pathologie zu begreifen, in den Vordergrund gerückt und damit die wechselwirkenden Einflüsse somatischer Prozesse und soziokultureller Bedingungen vernachlässigt, was nicht heißt, daß selbige irrelevant wären. Unter diagnostisch-psychotherapeutischem Blickwinkel rückt somit die Persönlichkeits- und Charakterstruktur sowie die Dynamik süchtiger Entwicklungen ins Zentrum der Betrachtung.

Natürlich provoziert das Thema analytisch orientierter Psychotherapie mit Suchtpatienten, die Beschäftigung mit dem widersprüchlichen Verhältnis von Psychoanalyse und Sucht unter historischem und gegenwartspraktischem Blickwinkel. Daß das selbige zu tun, den Rahmen sprengen würde, liegt auf der Hand.

Deshalb nur so viel: Betrachtet man allein die Veröffentlichungen deutscher Autoren der letzten Jahre, so scheint an der weit verbreiteten Abstinenz psychoanalytischer Theorie und Praxis bezüglich der Suchtproblematik - nimmt man den Bereich süchtiger Eßstörungen und Vertreter der Göttinger Schule um F. HEIGL, A. HEIGL-EVERS oder Psychoanalytiker wie W.D. ROST (1990) einmal aus - es kaum Bewegung zu geben. Daß das kein Zufall ist, liegt auf der Hand und darf (muß) natürlich in psychoanalytischer Tradition deutend interpretiert werden (vgl. dazu P. PARIN 1978 und P. PASSETT 1981).

In der ehemaligen DDR war bekanntlich - bis in die Anfänge der 80er Jahre - der Begriff *Sucht* insbesondere im öffentlichen, der der *Psychoanalyse* vor allem auch im wissenschaftlichen Diskurs abhanden gekommen bzw. weitgehend tabuisiert. Erst mit der Gründung einer AG "Suchtkrankheiten" in der Gesellschaft für Neurologie und Psychiatrie (1984) bahnte sich eine Lockerung dieses Verleugnungsprozesses, angesichts der Erstürmung von "Spitzenplätzen" im Alkohol-pro-Kopf-Verbrauch im Weltmaßstab, an. Vor allem stationär tätige Psychiater und Psychologen der Bezirksfachkrankenhäuser waren zunächst an pragmatisch ausgerichteten Fragen der Etablierung eines eigenständigen, vorrangig stationär ausgerichteten Hilfesystems, als an konzeptionellen Diagnostik-, Indikations- und Behandlungsfragen interessiert. Aus heutiger Sicht natürlich verständlich, handelte es sich bei der ausgesprochenen Problematik um ein Politikum an sich und forderte die ängstlich-argwöhnische Beobachtung von Partei- und Staatsführung geradezu heraus. In meiner Erinnerung spielten daher in dieser Zeit am ehesten diagnostisch orientierte Klassifikations- und Typologiesierungsforschung noch eine Rolle - "psychodynamische", als tiefenpsychologisch/analytisch orientiert gemeinte Konzepte fehlten anfangs gänzlich. Ich selbst hatte erst um 1987 herum erstmalig von Versuchen und Erfahrungen "Intendiert dynamischer Gruppentherapie bei Alkoholabhängigen" von RIBBSCHLAEGER (1987) in Berlin und v. KEYSERLINGK (1987) in Schwerin Kenntnis genommen. Erst viel später wurde mir bewußt, daß der in der DDR-Szene vielbeachtete J. ROTH (1987) im Rahmen seiner Arbeiten zur "Diagnostik und Klassifikation des Trinkverhaltens Alkoholabhängiger" sich auf neuere, insbesondere ich- und objektpsychologische Modellansätze bezogen haben mußte, auch wenn deren Quellen explizit nicht benannt waren.

Als Absolvent eines medizinisch-klinisch orientierten Psychologiestudiums stand ich in den ersten Berufsjahren, im Vergleich zu heute (im übrigen nicht schlechter "ausgerüstet"), wie die Mehrheit der sich versuchenden "Suchttherapeuten", einer wohl mehr unbewußten und nicht gewußten Herausforderung gegenüber. War es die Einsteigereuphorie und/oder gesunder Menschenverstand, sich ausdrückend in einer "instinktiven" Grundhaltung von Wohlwollen, Verständnis, dem Bemühen hilfreich zu sein, Zuverlässigkeit, etc., die das Fehlen einer in sich geschlossenen Psychotherapieausbildung und den Mangel an suchtspezifischer Theorie zunächst unbemerkt ließ? Aus heutiger Sicht war mein erfahrungs- und intuitionsgeleiteter Weg zu einer Behandlungskonzeption, die der Pragmatik geschuldet und sich eines gewissen Eklektizismus bediente, nicht der schlechteste und erfolgloseste. Und dennoch stieß ich natürlich relativ schnell an meine Selbst- und andere Erkenntnisgrenzen. Ich suchte zunehmend nach *Struktur* im Chaos so mancher Beziehungsarbeit - fand den Kontakt zur Psychodynamischen Einzeltherapie und hatte 1990 ein glückliches Geschick der zufälligen Begegnung mit dem bereits erwähnten, von mir geschätzten W.D. ROST - Ereignisse, die mich fortan prägen sollten.

Die Suche nach einer umfassenden, differenzierteren Struktur von Behandlung widerspiegelte vielleicht, wie bereits einführend erwähnt, auch einen "Selbstheilungsversuch" der eigenen frühen, narzißtischen Verwundung. So gebe ich mir das Stichwort für eine Überleitung zu einer kurzen, aktuellen Positionsbestimmung tiefenpsychologisch/analytischer Modellvorstellungen. Auf die das Suchtverständnis erweiternden Beiträge ich- und selbstpsychologischer Modelle (KRYSTAL und RASKIN und WURMSER seien hier stellvertretend genannt) sowie der objektpsychologischen Konzeptualisierungen

(GLOVER, KERNBERG, HEIGL/HEIGL-EVERS) und der Erfordernis, selbige integrativ einem klassischen Trieb-Konfliktmodell gegenüber zu stellen, hatte ich schon kurz hingewiesen.
Meine praktischen Erfahrungen, so behaupte ich, bestätigen eine Ansicht (vgl. dazu W.D. ROST), daß kein psychogenetisches Modell allein die Komplexität dieser Störung erfassen kann.
Eine Bevorzugung widerspräche wohl auch einem psychoanalytischen Persönlichkeitsmodell, welches immer ein dynamisches ist und sich nicht auf vereinfachende Typologisierungen reduzieren läßt.
Die Versuche einer integrativen psychoanalytischen Theorie und eines daraus abgeleiteten zentralen Behandlungskonzeptes stehen (immer) noch in den Anfängen.
Einigkeit herrschte nach meiner Ansicht darin, Sucht als eine - im Regelfall - präödipale (Früh)-Störung aufzufassen. In einer wissentlichen Vereinfachung dargestellt, würde eine Störung an einer bestimmten Stelle einer Entwicklungs-Zeitachse ("Fixierungspunkt") zu Beeinträchtigungen der Objektbeziehungen (unzureichende Selbst- und Objekt-Repräsentanz-Differenzierung), der Ich-Selbst-Entwicklung (defizitäre Struktur, allgemeinde Ich-Schwäche) und daraus resultierenden spezifischen Abwehrorganisationen (Verleugnung, Externalisierung, Spaltung, projektive Identifikation, primitive Idealisierung und Entwertung) führen. Suchterkrankungen korrespondieren demzufolge mehr mit einer Entwicklungspathologie als mit einer vordergründigen Konfliktpathologie.
In einer solchen Perspektive wäre eine Aufteilung der Störung in frühe Frühstörungen (Borderline-Störungen) und spätere Frühstörungen (Narzißtische Störungen) möglich, wobei nach meiner Einschätzung letztere Gruppe - mit einer mehr oder minder ausgeprägten narzißtischen (Selbst)-Problematik - den weit überwiegenden Anteil ausmachen.
Soweit also zu den mehr theoriedurchtränkten Aspekten, hier zu meinen praktischen Erfahrungen.
Grundsätzlich begreife ich die Begegnung mit süchtigen Patienten als einen äußerst diskontinuierlichen, zirkulären Prozeß, mit einer auch in der anfänglichen Beratungs- und Motivationsphase sich über Jahre(!) hinziehenden Beziehungskonstellation und einer folgenden, kontinuierlicheren Etappe psychotherapeutischer Behandlung, unterschiedlicher Intensität, welche wiederum in der Regel 1 - 2 Jahre (reiner Behandlungsdauer) in Anspruch nimmt.
Meine Erfahrungen beziehen sich primär auf alkoholsüchtige Patienten, wobei der Trend zum polytoxikomanen bzw. multimorbiden (sprich psychosomatisch erkrankten) Patienten evident ist.

Dabei gilt, je größer das Ausmaß der körperlichen Folgen (interne, neurologisch/psychiatrische Erkrankungen) und psychosozialen Kompromißbildungen (neurotischen Arrangements), desto geringer wird die Wahrscheinlichkeit für die Indikation eines psychotherapeutischen Angebotes.
In aller Regel ergibt sich für die eigentliche Behandlungsphase die Notwendigkeit einer Kombination stationärer Angebote (als mehrmonatige Entwöhnungsbehandlung) und ambulanter Psychotherapie sowie begleitender Selbsthilfegruppen-Aktivitäten. Dabei haben stationäre Angebote vor allem die Aufgabe, den Patienten für eine anschließende, weiterführende ambulante Psychotherapie zu motivieren bzw. vorzubereiten. In der Praxis wird die dafür notwendige Kommunikation zwischen den einzelnen Therapeuten im "Behandlungsnetz" (niedergelassener Psychotherapeut, Beratungsstelle, Klinik u. a.) nur bedingt, oftmals gar nicht geleistet. Wobei einzuschränken wäre, daß der süchtige Patient in der Motivationsphase eine beträchtliche Herausforderung für den niedergelassenen Psychotherapeuten bedeutet - heißt, daß dieser in dieser Phase in einer Beratungsstelle besser aufgehoben wäre.
Das "Konzept" der Psychodynamischen Einzeltherapie, dem ich seit 1989 verbunden bin, findet in meiner Verinnerlichung seine eigenständige Wertigkeit vor allem darin, daß es im herkömmlichen Sinne eigentlich gar kein Konzept ist, wenn dies meint, es gäbe einen festgeschriebenen, in sich geschlossenen, abzuarbeitenden "Stufenplan" eines therapeutischen Prozesses, mit gesetzlich vorgegebenem Therapeutenverhalten, Interventionstechniken, Settingbedingungen u. a.
Psychodynamische Therapie passiert meines Erachtens immer dann, wenn ausgehend von der Ist-Analyse der *Einmaligkeit* der Therapeut-Patient-Beziehung (ein einmaliger Patient mit seiner Struktur, seinen Störungen, der Bedürfnislage, seinen Wünschen und Fähigkeiten trifft auf einen einmaligen Therapeuten und dessen Struktur, Störungen usw.) und der anstehenden Klärung der Voraussetzungen/Bedingungen und Ziele der gemeinsamen Arbeit (Therapievereinbarung), die kontinuierliche *Klärung der Beziehung* (hier und jetzt) und Reflexion der *Beziehungsentwicklung,* unter ständigem Einklagen der gemeinsamen Vereinbarung, ein zentrales Anliegen bleibt.
Unter diesem Dach ist ein hoher Grad an Flexibilität und Modifizierbarkeit des therapeutischen Repertoire-Einsatzes (Förderungs-, Gestaltungs- und Verstehensinstrumente) möglich, ohne dabei die tiefenpsychologische Verankerung (Existenz unbewußter Wünsche und Konflikte, Kontinuität der Übertragungs-Gegenübertragungs-Analyse, Widerstandsanalyse vor Inhaltsanalyse) zu verlieren.

Begegnung ist natürlich auch immer *diagnostische* Tätigkeit, die als interaktioneller Prozeß zwischen Therapeut und Patient, vom Erstkontakt bis zur letzten Therapiestunde andauert. Hat Diagnostik auch immer eine den Behandlungsverlauf steuernde Funktion, muß die Erstellung einer ersten Differentialdiagnose in der Kontaktphase für mich regelhaft zur Pflichtübung werden. Dabei orientiere ich mich im wesentlichen an einem 3 - dimensionalen Modell psychischer Störungen mit

a) der Beschaffenheit der Ich- und Über-Ich-Funktionen bzw. des Selbst-Systems, insbesondere dem Ausmaß der allgemeinen Ich-Schwäche und Defizite,

b) der Art des zugrunde liegenden, primären Konfliktes (als einer Variation eines Abhängigkeit-Autonomie-Konfliktes) und

c) den im Vordergrund stehenden Abwehr- und Ersatzbefriedigungsmaßnahmen (vgl. dazu MENTZOS 1984).

So erhalte ich auch Hinweise auf die vermutlich vordergründige Funktion des Suchtmittels: Dient es mehr der Affektregulierung oder mehr der Objektbeziehungsgestaltung oder mehr der Selbststabilisierung?

Dies orientiert mich in der Beantwortung von Fragen der Settingwahl (Ist eine ausschließlich ambulante Planung möglich?), der Vordergründigkeit von Selbstheilungsversuch oder Selbstzerstörungstendenz (kann ich letztere auffangen, mit dem destruktiven Potential des Patienten umgehen?) und der Abstinenzproblematik (überhaupt oder wann möglich?).

Die Kontaktphase umspannt einen zeitlichen Rahmen von ca. 1 - 5 Jahren, in denen bis zu 50 Stunden zusammenkommen können, bevor die eigentliche Behandlungsphase, gekennzeichnet durch das Zustandekommen eines *Therapievertrages*, beginnt.

Die therapeutische Arbeit ist immer auf eine langfristige Zusammenarbeit orientiert, heißt 50 - 100 Stunden (mit 1 oder 2 Wochenstunden) in einer intensiven Phase und einer späteren, sehr variablen "Nachbehandlungsphase" (z. B. 1 Stunde im Monat für 1 - 2 Jahre). Dies betrachte ich angesichts der allgemeinen Schwere und Kompliziertheit der Störung noch eher als ein Mindestangebot. Eine sicherlich nicht unbeträchtliche Zahl schwerstgestörter Suchtpatienten bedürfte einer hochfrequenten Psychoanalyse über mehrere Jahre!

Die *Suchtmittelabstinenz* ist aus meiner Erfahrung keine unabdingbare Voraussetzung für eine gemeinsame Arbeit. Für viele Patienten stellt eine Droge oftmals das einzig verfügbare und stabile Beziehungsobjekt dar und dient der Überhaupt-Aufrechterhaltung des Daseins und äußeren Realitätsanpassung (so verstanden wäre die Sucht eine kreative Ich-Leistung). Hinzu kommt, daß die Therapieeinwilligung und Realisierung für den Patienten, aufgrund seiner erhöhten narzißtischen Verwundbarkeit, oftmals gleichbedeutend mit dem Versagen der Selbstbehandlungsstrategie steht und den Verlust eines letzten Restes an positivem Selbstwertgefühl bedeutet. Abstinenz ist meines Erachtens eine Etappe auf einem langen Weg, dessen Ziel beim einen früher, beim anderen später erreicht wird.

Als eine wesentliche Zielstellung der Behandlung sehe ich die Nachreifung von Ich-Funktionen, d. h. dem Patienten über eine neue, emotional korrigierte Beziehungserfahrung eine strukturelle Anreicherung seines Ich (Selbst) zu ermöglichen. Ein bedeutsames Instrument meiner Behandlung ist der *Vertrag* mit dem Patienten. Er initiiert den Beginn einer Behandlung, nachdem sich beide Parteien ausreichend klar über die Gründe und Ziele der gemeinsamen Arbeit geeinigt haben.

Er wird schriftlich fixiert und umfaßt im wesentlichen:
- die Festlegung der Stundenzahl, der Frequenz, der Stundendauer
  (25 min/50 min);
- Festschreibung der Wahrnehmungspflicht und Pünktlichkeit, Benennung akzeptierter "Entschuldigungen" und Mitteilungspflicht bei Nichterscheinen;
- Anzeigepflicht von   1. Suizidgedanken
                               2. Suchtmittelkonsum/Medikamentengebrauch
                               3. medizinischen Behandlungen
                               4. bedeutsamen Lebensentscheidungen;
- Umgang mit Dritten, Umgang mit Vertragsverletzungen und Abbruchtendenzen;
- Schweigepflicht, Gesprächsaufzeichnungsmodalitäten;
- Verpflichtungen des Therapeuten.

Der Vertrag macht die gemeinsame Verantwortung von Patient und Therapeut für die Behandlung vor dem Hintergrund von Pflichten und Rechten deutlich. Er stellt somit auch einen ersten Fokus dar, um den die gemeinsame Arbeit in den ersten Wochen und Monaten kreisen wird. Zudem ist ein Vertrag natürlich ein (äußerer) Struktur-Geben-Versuch.
Die Grundregel modifiziere ich, im Sinne einer zusätzlichen Beschreibung, meiner Art und Weise auf die Mitteilungen des Patienten zu reagieren (z. B. der Möglichkeit, gar nicht zu reagieren, und verweise auf den Unterschied zwischen einem Alltagsgespräch und dem Dialog hier). Ziel ist dabei die Angstreduzierung. Ich arbeite grundsätzlich im Sitzen. Der Therapeut sitzt dem Patienten schräg gegenüber ("über Eck", in Anlehnung an HOFFMANN

1983), so daß, schauen beide vor sich hin, die Blicke "etwas aneinander vorbeigehen". Das Gespräch hat dialogischen Charakter, längeres Schweigen, insbesondere in der Anfangsphase, vermeide ich. Erst mit dem Erreichen der Therapie-Mitte bevorzuge ich dann eine zunehmend passive Haltung. Grundsätzlich versuche ich mich als Austauschpartner anzubieten, welcher sich mehr von Transparenz im Sinne einer differenzierten Art der Informationsgabe leiten läßt, als von klassischer Distanz und Neutralität. Der Therapeut erweist sich als konstantes Objekt in der Realisierung einer durch Geduld, Zuverlässigkeit und Verständnis gekennzeichneten Grundeinstellung. Er wird quasi zur Droge, zum Ersatzobjekt, in einer kontrollierten Symbiose, widersteht - idealerweise - natürlich allen Vereinnahmungstendenzen. HEIGL-EVERS spricht von der Hilfs-Ich-Funktion des Therapeuten, welche Regression eher verhindert bzw. einschränkt. Ebenso ist das Deutungsverhalten eingeschränkt. Der Therapeut diagnostiziert also mehr Bedürfnisse, Wünsche und/oder nicht voll erlebte Affekte und geht antwortend auf sie ein. Das Prinzip "Antwort vor Deutung" ist ein Grundmerkmal der Psychoanalytisch-interaktionellen Psychotherapie nach HEIGL/HEIGL-EVERS.
Das heißt, der Therapeut antwortet authentisch im Sinne seiner Affekte, aber im Ausdruck selektiv und in Toleranz der Grenzen des Patienten ("Wenn Sie mir das so berichten, spüre ich bei mir eine Art Traurigkeit ... "). In der Regel tauchen sehr schnell Wünsche auf nach emotionaler Wertschätzung, Annahme, Interesse zu erzeugen, ernstgenommen zu werden, die der Therapeut bestätigt, ebenso narzißtische Bedürfnisse des Wohlbefindens und Sicherheit. (Ich bestätige auch kleinste Lernschritte, z. B. über urteilendes Verhalten: "Ich finde, darauf können Sie stolz sein! Ich finde es gut, daß ...") Wichtig scheint mir, insbesondere vor dem Hintergrund eigener therapeutischer Ungeduld, dem Patienten die Entwicklung von Geduld bei der Nachreifungs- und Einübungsarbeit zu ermöglichen.
Nach meiner Ansicht ist jede psychische Störung auch immer durch eine partielle Ich-Schwäche gekennzeichnet. Andererseits leiden Patienten mit frühen Störungen nicht nur unter ihrer Schwäche, sondern auch unter den für sie speziellen Konflikten. Insofern wäre eine Gegenüberstellung einer mehr antwortenden, "mütterlichen" therapeutischen Beziehung zu einer mehr deutenden, konfliktbezogenen Haltung ein Kunstfehler. Gerade bei Suchtpatienten kommen beide therapeutischen Möglichkeiten, im Sinne eines Sowohl-als-auch, in unterschiedlichen Mischungen zum Tragen. Das richtige Maß zwischen beiden zu finden, ist wohl eine therapeutische Kunst an sich und korrespondiert mit dem Grad der Erfahrung und dem Ausbildungsstand des Therapeuten.

Die Reflexion der Gegenübertragungsreaktion und Übertragungsmuster gibt uns bekanntermaßen nicht nur einen vertieften Zugang zum Patienten - seinen Wünschen, Bedürfnissen und Gefühlen, sondern auch immer wieder neue Hinweise für unser eigenes therapeutisches Vorgehen. Voraussetzung dafür ist, Übertragung und Gegenübertragung als solche erst einmal zu erkennen (!) und dann deren Ursprung zu identifizieren. Bedeutsam scheint ebenso das Erkennen von Übertragung und Nichtübertragung, also dann, wenn der Patient uns als reale Person anspricht und mit dem, was er anspricht, auch recht hat (!) (schwierig wird es dann vor allem im Bereich eigener Schwächen und Defizite). Ich trage Eulen nach Athen, wenn ich behaupte, daß dies eine Schwierigkeit per se für einen Anfänger darstellt und wohl nur über regelmäßige kollegiale Supervision beherrschbar wird.

Ein regelmäßig wiederkehrender Konflikt des (narzißtisch gestörten) Suchtpatienten ist seine Beziehungssehnsucht ("Objekthunger"), welche gleichzeitig, aufgrund der sich daraus entwickelnden Neid-, Kränkungs- und Schamgefühle, abgewehrt werden muß. (Auf die Beobachtung, daß eine Therapieindikation eine erhebliche Kränkung darstellen kann, hatte ich bereits hingewiesen!)

Die sich daraus ergebenden Schwankungen des Patienten, den Therapeuten zu idealisieren und zu entwerten, ist ein Bewältigungsversuch oft nur schwer auszuhalten (Aufspaltung der Welt in "ideal" oder "bedrohlich"), andererseits durch die erlebte Ähnlichkeit, die gleichen Schwierigkeiten zu teilen (Selbstwert, Gelassenheit, liebevolles Versöhnen von Real- und Ideal-Ich), auch immer wieder bereichernd.

Ziel und zentrales Thema der Therapie ist die Bereitstellung von Bedingungen (einer Beziehung), unter denen der Patient befähigt wird, sich selbst und andere besser wahrzunehmen und wichtig zu nehmen. Ein wichtiges Etappenziel jeder Behandlung ist zudem, den Patienten Ersatzbildungen zu intendieren, die Identifikation mit einer Selbsthilfegruppe oder einer "Arbeitssucht" zu wählen. Nicht verschwiegen werden und für den Therapeuten auch zu akzeptieren, bleibt die Tatsache, daß bestimmte Patienten eine Suchtmittelfreiheit nie erreichen werden können. Sie "brauchen" die Droge, um überhaupt weiterleben zu können. Hier muß jeder Therapeut die Begrenztheit seiner Möglichkeit erkennen und respektieren. Ein Faktum, was nach meiner Erfahrung von vielen Therapeuten verdrängt bzw. verleugnet wird.

Auf die komplexe Rückfallproblematik will ich nur insofern eingehen, daß sie in der Regel ein Auslöser für ein Ausagieren der Gegenübertragung darstellt. Die häufigsten Reaktionen sind Abbruchgedanken und versteckte Aggressionen/Entwertungen, welche in aller Regel - wie oben angedeutet - Ausdruck eigener narzißtischer Kränkung und abgewehrter Schuldgefühle sind, gezeugt aus einer überzogenen Verantwortungsübernahme für den Patienten. Ich begegne dieser Ohnmacht dann häufig kompensatorisch mit besonders aktivem Intervenieren ("Rückfalldeutungen aus aller Welt").

Eine häufig auftretende Gefahr ist die negative Gegenübertragung auf die Familie des Patienten. Angehörige werden dann meist zu "Tätern", der Patient zum Opfer deklariert. Ergebnis ist eine Koalitionsbildung, auf die der Patient auch mit Widerstand reagiert, aus Angst vor Loyalitätsverzicht.

Für die jetzt wachsende Zahl ostdeutscher tiefenpsychologisch/analytisch arbeitender Psychotherapeuten stellt die vielleicht größte Gruppe psychisch erkrankter Menschen eine Herausforderung in vielerlei Hinsicht dar. Voran wäre die Möglichkeit zu nennen, insbesondere "Alkoholiker" nicht weiterhin von qualifizierter und hochspezialisierter Psychotherapie auszuschließen, wie dies bis dato in der Alt-Bundesrepublik geschieht. Erforderlich wird dies auch durch den anhaltenden Trend der "Entpsychologisierung" der öffentlichen Beratungsstellen, vor dem Hintergrund, die Personalkosten weiterhin drücken zu müssen.

Für mich bedeutet Psychotherapie vor allem auch, Menschen zu größerer Selbstreflexion und Selbstbestimmung zu verhelfen, um sich aktiv und realitätsgerecht mit den Normen, Regeln und Werten einer bürgerlichen Konsumgesellschaft auseinanderzusetzen, anstatt bloßer sozialer Anpassung und Funktionierens. Auf das verborgene kreative Potential von Suchtpatienten können wir nicht verzichten, ihrer *Suche* und *Sehnsucht* nach selbstverwirklichtem Leben, Sinn und Identität müssen wir ein adäquates Angebot machen, um nicht auch eines Teils von uns selbst verlustig zu werden.

Psychotherapie ist sicherlich nicht die einzige Antwort auf das, was man Sucht nennt. Die Notwendigkeit, unsere kulturellen, sozialen und ökonomischen Lebensverhältnisse auf den Prüfstand zu stellen, muß in einer gesundheitspolitischen Debatte Priorität gewinnen. Die Entwicklung modifizierter Behandlungsansätze bleibt sicherlich auf der Tagesordnung. Eine psychodynamische Perspektive scheint eine angemessene Antwort zu sein.

Literatur

1. *Heigl, F., Heigl-Evers, A., Schultze-Dierbach, E.: Die Bedeutung des psychoanalytisch-interaktionellen Prinzips für die Sozialisation von Suchtkranken. In: Bilitza, K. W. (Hrsg.) Suchttherapie und Sozialtherapie. Vandenhoeck, Göttingen, 1993*
2. *Hoffmann, S. O.: Die niederfrequente psychoanalytische Langzeittherapie. Konzeption, Technik und Versuch einer Abgrenzung gegenüber dem klassi-*

schen Verfahren. In: Hoffmann, S. O. (Hrsg.) Deutung und Beziehungskritische Beiträge zur Behandlungskonzeption und Technik der Psychoanalyse. Fischer, Frankfurt a. M., 1993
3. v. Keyserlingk, H.: Intendiert-dynamische Gruppentherapie bei Abhängigen - Teil 2. In: v. Keyserlingk, H., Kielstein, V., Rogge, J. (Hrsg.) Diagnostik und Therapie Suchtkranker. Verlag Volk und Gesundheit, Berlin, 1987
4. Mentzos, S.: Neurotische Konfliktverarbeitung. Einführung in die psychoanalytische Neurosenlehre unter Berücksichtigung neuer Perspektiven. Fischer, Frankfurt a. M., 1984
5. Ribbschlaeger, M.: Intendiert-dynamische Gruppenpsychotherapie bei Abhängigen - Teil 1. In: v. Keyserlingk, H., Kielstein, V., Rogge, J. (Hrsg.) Diagnostik und Therapie Suchtkranker. Verlag Volk und Gesundheit, Berlin, 1987
6. Rost, W. D.: Psychoanalyse des Alkoholismus. Klett-Cotta, Stuttgart, 1990
7. Roth, J.: Fragebogen zur Klassifikation des Trinkverhaltens Alkoholabhängiger (FTA) - Handanweisung. Psychodiagnostisches Zentrum; Sektion Psychologie der Humboldt-Universität zu Berlin, 1987
8. Parin, P.: Warum die Psychoanalytiker so ungern zu brennenden Zeitproblemen Stellung nehmen? Psyche 32, 1978, 385-399
9. Passett, P.: Gedanken zur Narzißmuskritik. In: Psychoanalytisches Seminar Zürich: Die neuen Narzißmustheorien - zurück ins Paradies. Fischer, Frankfurt a. M., 1981

Anwendbarkeit der psychodynamischen Einzeltherapie in einer großstädtischen AIDS-Beratungsstelle

F. Beier

Als Fachärztin für Allgemeinmedizin mit psychotherapeutischer Zusatzausbildung leite ich die AIDS-Beratungsstelle des Gesundheitsamtes Dresden.

Mehr als 20 Jahre habe ich in der medizinischen Grundversorgung der Bevölkerung als Allgemeinmedizinerin in Sprechstunden und Bereitschaftsdiensten gearbeitet.

Meine Arbeitsstellen waren dabei in großstädtischen Krankenhäusern und Polikliniken, in einer dörflichen Ambulanz, in der Poliklinik einer Universität und in einer Beratungsstelle für Krebspatienten.

Schon während meiner Facharztausbildungszeit suchte ich nach Diagnostik- und Therapiemöglichkeiten, die mir ein umfassenderes Bild vom Krankheitsgeschehen der Patienten vermitteln sollten, als es mir durch das Handwerkszeug gegeben war, das ich an der Universität in meiner Studienzeit erhalten hatte. So erlernte ich die Manuelle Medizin, die Neuraltherapie und die Akupunktur.

Aber erst die Methoden der Psychotherapie verhalfen mir zu einem tieferen Verständnis von den Krankheitsbildern meiner Patienten und befähigten mich zu komplexeren Herangehensweisen, wenn ich um ärztliche Hilfe aufgesucht und gebeten wurde.

So wurde es mir möglich, nach Abklärung und Behandlung der akuten Symptomatik mit den Patienten über mögliche Zusammenhänge zwischen ihrer Lebenssituation und der Erkrankung zu reflektieren und je nach Situation diese auch zu erhellen.

Besonders in der Behandlung und Betreuung von Krebspatienten sind mir dabei die Dramatik und der hohe Preis für krankmachende psycho-soziale Komponenten erschreckend bewußt geworden.
Immer mehr verschob sich der Ansatz meines diagnostischen und therapeutischen Handelns vom Körpersymptom ausgehend auf die psycho-soziale Ebene.
Diese neuen Erfahrungen zusätzlich zu denen, die ich mir in 20 Jahren allgemeinärztlicher Tätigkeit erworben hatte, verschaffen mir ein vielschichtiges Verständnis um die menschliche Natur.
So war der folgende Schritt, der mich von der ausschließlich kurativen Medizin einer Allgemeinmedizinerin hin zu präventiven brachte, nur noch ein kleiner und folgerichtig. Ich richtete die AIDS-Beratung im Gesundheitsamt Dresden ein und begann meine neue Arbeit im spannungsreichen Feld zwischen Gesundheit und Krankheit mit der Hauptausrichtung auf Verhütung körperlicher Erkrankung - einem wichtigen Anliegen des öffentlichen Gesundheitsdienstes.
In welcher Weise ich mich durch die Beratungstätigkeit und durch die Methode der psychodynamischen Einzeltherapie angesprochen fühle und mich damit identifiziere, will ich in den folgenden Gedanken darlegen.

1. Beratungstätigkeit als weibliches Element

Beratungsstellen überziehen unser Land in für uns als Bürger der ehemaligen DDR nicht gekanntem Ausmaß.
Mehr oder weniger gut qualifizierte Berater stehen Menschen in den unterschiedlichsten Problemlagen, wie sie im alltäglichen Leben auftreten, zur Verfügung.
Die flächendeckende Etablierung von Beratungsstellen ist als Ergebnis des großen Bedürfnisses des Menschen nach Bemutterung in unserer Gesellschaft zu sehen, in der auf Grund der unzähligen Eindrücke, Angebote und des Verlustes alter Orientierungen (wie Religion oder Familienstrukturen) große Orientierungs- und Ratlosigkeit herrscht.
In einer Zeit, in der sich die Frauen zunehmend außerhalb ihres Heimes betätigen, hat sich die traditionelle Rolle der Mutterschaft grundlegend gewandelt. Mütter waren auf Grund ihrer Biologie und Intuition - über Generationen von Müttern weitergegeben - Expertinnen im Heilen psychischer und physischer Leiden, einfach alleine nur schon dadurch, daß sie da waren.

Durch die Art ihres gemeinschaftlichen Umganges miteinander, ihrer Aufmerksamkeit für das Persönliche und ihres Bedürfnisses nach gegenseitigem Vertrauen schufen die Frauen sich und damit ihrer Gemeinschaft Sicherheit und Zusammenhalt. Sie kümmerten sich um alle Familienangehörigen vom Säugling bis zu den Alten, besonders dann, wenn diese des Schutzes oder der Hilfe bedurften, gaben Raum der Not.
Dieser Raum ist verloren gegangen. Da der Mensch ihn aber zur Heilung über Reflexion, Diskussion, Erfahrung und Integration des Geschehenen lebensnotwendig braucht, wurde diese klassische Form der Bemutterung von Beratungsstellen und Psychotherapien übernommen.
Mir ist der Zusammenhang zwischen dem Verlust der bevormundenden, dirigistischen, alles vereinnahmenden Überbemutterung durch das DDR-Regime und dem Auschließen von Beratungsstellen und Psychotherapien in unserer jetzigen Konkurrenz- und Produktionskultur deutlich sichtbar geworden. Eine Gesellschaft wie unsere, die das individualistische Singledasein produziert, muß immer mehr für professionalisierte Mutterschaft sorgen.
In einer dieser Beratungsstellen als Ärztin zu arbeiten, gibt mir als Frau, Mutter und Großmutter ein Gefühl des Aufgehobenseins, da ich mich mit meiner Tätigkeit identifizieren kann.

2. Psychodynamische Einzeltherapie als männliches Element

Die AIDS-Beratunsstelle ist offen für jeden, der Rat sucht. Die Beratung ist kostenfrei und anonym. Für diese empathische weibliche Offenheit brauche ich aber dringend ein männliches strukturierendes Pendant für mich selbst, aber auch für die Ratsuchenden. Dieses habe ich in der Methode der psychodynamischen Einzeltherapie gefunden, die mir Begrenzung, Konkretisierungen, das Finden des Wesentlichen, übereinstimmende Einschätzungen und am Ende der Beratung eine Vereinbarung über das weitere Vorgehen zu finden ermöglicht, und dies stets in der persönlichen Beziehung zum Ratsuchenden.
Ich brauche diese Methode, um fremdes Anliegen zu akzeptieren, unsere Mindestinformation mitzuteilen, für den Notfall vorbereitet zu sein, Routinemäßiges zu erledigen, Erforderliches einzuleiten, mich selbst in meinen eigenen Beziehungen zu reflektieren, meine eigenen Nöte im Umgang mit den Infizierten oder Erkrankten zu bearbeiten und um tiefenpsychologisch-konfliktorientiert Psychotherapie durchzuführen.

Ich halte die aktiven männlichen Elemente in einer Beratungsarbeit für unerläßlich, weil bloße Annahme ohne strukturierende Interventionen dem Anliegen von Ratlosen nicht genügt, ja auch schaden kann.
In unserer Gesellschaft überwiegen die männlichen Aspekte im täglichen Leben mit einer Überbetonung der Durchsetzungskraft, der Zielstrebigkeit und des Strukturierens auf Kosten der weiblichen Elemente des Persönlichen. Um so mehr tut es in Beratungsstellen und Therapien not, beiden Teilen ausgewogenen Raum zu geben.

3. AIDS - Beratung

3.1. Definition von AIDS und eigene Deutungsansätze von AIDS in der Gesellschaft

AIDS (Aquired Immuno Deficiency Syndrom) ist der sichtbare Ausdruck einer gestörten Widerstandskraft des Körpers gegen uns ständig umgebende Krankheitskeime, die sich erst durch die Abwehrschwächung exzessiv krankheitswertig ausbreiten können.
Die Widerstandsfähigkeit des Körpers wird über Jahre hinweg durch das Wirken eines Virus - das HIV (humanes Immunschwächevirus) - geschwächt.
Die symptomlose Zeit der HIV-Infektion dauert etwa 8 Jahre, dann geht sie in den meisten Fällen in AIDS über. Einige wenige Menschen leben jedoch schon bis zu 20 Jahre, ohne zu erkranken. Es kann also nicht gesagt werden, wer, wann und ob Infizierte an AIDS erkranken oder nicht.
Wer jedoch erkrankt, stirbt heute noch innerhalb der nächsten Jahre. Wer infiziert ist, bleibt es lebenslang und ist damit für andere immer infektiös. Durch die modernen chemotherapeutischen Kombinationstherapien "ist aus der unheilbar tödlichen eine behandelbar tödliche Erkrankung geworden und kann eine chronische Erkrankung werden." (Etgeton, 1997).
AIDS steht wie keine andere Krankheit unserer Zeit im Blickpunkt des öffentlichen Interesses. Geht es doch um existentielle Themen der Menschen - Zeugung und Tod, Lust und Schuld, Liebe und Verrat, Verbot, Scham, Verantwortung.
Auffällig in unserer Dresdner Situation, die der in den neuen Bundesländern entspricht, ist der deutlich wachsende Beratungsbedarf bei einer doch recht kleinen Anzahl von Infektionen. Der Schluß, daß doch *diese* geringe Inzidenz *den* Aufwand für Prävention nicht rechtfertige, ist häufig zu hören, aber sehr bedenklich.

Wer in der HIV/AIDS-Arbeit tätig ist, weiß, daß die Dramatik eines jeden einzelnen Menschen mit HIV unbedingte, qualifizierte Soforthilfe erfordert. Darüber hinaus ist es jedoch durchaus möglich, die staatliche, flächendeckende Etablierung von AIDS-Beratungsstellen im öffentlichen Gesundheitsdienst als einen Ausdruck von notwendiger gesellschaftlicher Selbsthilfe zu sehen. Denn genau wie der einzelne braucht auch die menschliche Gesellschaft dringend Raum, in dem über die Mysterien des Lebens reflektiert werden kann. Es ist nicht ratsam, den Menschen sich diesen selbst geschaffenen Raum auszureden, sofern ein anderer nicht zur Verfügung steht. Insofern ist AIDS zwar medizinisch gesehen nur eine der sexuell übertragbaren Krankheiten, psychosozial gesehen jedoch sehr viel mehr.

Psychosoziale Beziehungen, Partnerschaften werden zunehmend zugunsten des individualisierten Lebens aufgegeben. Die Menschen leben aber immer isolierter. Um so größer ist die Sehnsucht nach Kontakten, die dem Zeitgeist entsprechend, schnell - gleichsam im Vorübergehen - gelebt werden.

Meist wird die Sehnsucht nach Berührungen von Erwachsenen in Form des schnellen Sexes gelebt, wobei die Sehnsucht mit dem Risiko dabei korreliert und der Verwundbarkeit entspricht.

Angstfreie Sexualität kann nur im vertrauten Raum stattfinden. Und um diesen zu schaffen, dazu bedarf es außer des Willens, des Raumes und der Zeit auch des Wissens darum, wie das geschehen soll. Wer das nicht weiß, braucht professionelle Hilfe.

Und an dieser Stelle sind Beratungsstellen und Psychotherapien gefragt.

3.2. Arbeitsinhalte einer AIDS-Beratungsstelle

Die Hauptaufgaben einer staatlichen AIDS-Beratungsstelle in Sachsen sind Prävention, die kostenlose und anonyme Durchführung des sogenannten AIDS-Testes mit ausführlichen Beratungen vor und nach dem Test, die psychosoziale Begleitung HIV-Infizierter und AIDS-Erkrankter, die Wissensvermittlung zum Infektions- und Krankheitsgeschehen für alle, die interessiert sind, vornehmlich aber für junge Menschen, und die Koordinierung der AIDS-Arbeit im kommunalen Aufgabenbereich.

Im Laufe von 4 Jahren haben wir in unserer Beratungsstelle 2000 HIV-AK-Tests durchgeführt. Davon waren 8 Ergebnisse HIV positiv, das sind 0,4 % aller Tests.

Jede Blutentnahme erfolgt nur nach einer eingehenden Beratung, welche ausschließlich das eine Ziel hat, die Ratsuchenden mit den Informationen zu

versehen, die sie brauchen, um sich für oder gegen einen Test entscheiden zu können.
In drei abgesteckten Jahren haben wir 2177 ausführliche Beratungen durchgeführt, von diesen erfolgten ca. 17% mit der Beurteilung krankheitswertiger psychischer Konflikthaftigkeit, der Bedarf an Einzelberatungen wächst ständig.
Die Anlässe zu Beratungen und Tests sind unterschiedlich, die Palette ist bunt. Hier einige Gründe, die einen Anlaß zum Test geben können: Resümee, nach Trennungen, vor neuen Beziehungen, bei Kinderwunsch, nach Pressemitteilungen zur Krankheit, nach risikovollen sexuellen Kontakten, nach Besuchen von Peepshows, nach Seitensprüngen bei bestehenden Partnerschaften bei Krankheitsanfälligkeiten, die mitunter schon zu zahlreichen Diagnostiken geführt haben, ohne daß "etwas" gefunden wurde, u.a.m. Mitunter kommen auch neue Partner - einem Verlobungsritual gleich - zum Test, um sich gegenseitig zu versichern, daß sie diese tödliche Gefahr nicht in eine neue Beziehung mitbringen, der Erleichterungskuß vor uns besiegelt diese Aussage.
Eine besondere Gruppe sind auch junge Menschen nach angstbesetzten ersten sexuellen Kontakten.
Häufig kommen auch Menschen, bei denen die Angst vor einer Infektion mit dem gehabten Risiko in keinem Verhältnis steht, akute Panikattacken oder chronische Krankheitsphobien einschließlich AIDS-Phobien sind nicht selten.
All diese Menschen kommen, um eine tödliche Gefahr auszuschließen, mehr oder weniger bewußt.

4. Anwendbarkeit der psychodynamischen Einzeltherapie

Ich wende die fünf erforderlichen Schritte der psychodynamischen Exploration (1.: Herstellung des Kontaktes zu Patienten; 2.: Exploration der psychodynamischen Zusammenhänge und Daten; 3.: Ringen um Psychogenese; 4.: Fokussieren; 5.: Therapievereinbarung) differenziert in allen Ebenen meiner Berufstätigkeit an - selbstverständlich in unterschiedlicher emotionaler Tiefe:
als Grundlage unserer Teamarbeit als Leiterin;
innerhalb eines kommunalen Arbeitskreises;
im Beratungsgespräch;
in Kurz- oder Langzeittherapien.
Ich halte sie für besonders geeignet, weil sie - einmal gelernt und verstanden - das schnelle Erfassen von vorder- und hintergründigem Anliegen der Ratsu-

chenden und damit Konsequenzen für die eigene Handlungsweise ermöglichen.

4.1. Als Leiterin zur Grundlage unserer Teamarbeit

Ich bin die Leiterin unseres Teams, in dem außer mir noch zwei jüngere Männer tätig sind. Es gibt in Sachsen derzeit keine weitere AIDS-Beratungsstelle im öffentlichen Dienst, in der Männer arbeiten, obwohl ich dieses für sehr notwendig erachte.

Wir wissen, daß unsere Arbeit so gut und klar ist, wie wir im Team miteinander gut und klar umgehen. Zur Herstellung dieser Klarheit haben wir unsere Arbeit so strukturiert, daß wir uns für unser tägliches Tun ein Regelwerk geschaffen haben, welches wir gemeinsam erstellt und vereinbart haben.

Wir haben tägliche morgendliche Dienstbesprechungen, in denen sowohl Sachabsprachen als auch Klärungsbedarf angesprochen und je nach Zeitfonds letzterer auch gleich realisiert wird. So ringen wir tatsächlich in problematischen Situationen darum, was es ist, was uns real an unserer Arbeit hindert und was es zu sagen hat. Dadurch wird es mir möglich, Sach- von den Beziehungsebenen zu trennen.

Diese intensive Klärungsarbeit hat seinen Lohn darin, daß danach die zu bewältigende Arbeit flott und öfter auch wohlgemut zu Ende geht und wir uns im Ergebnis dessen als ein sehr produktives Team sehen können.

Anlässe zu Klärungssituationen sind Regelverletzungen in der täglichen Arbeit, Beziehungsstörungen untereinander oder gegenseitige Supervision nach Beratungsgesprächen.

Wir alle haben Selbsterfahrungen im unterschiedlichen Maße hinter uns und nehmen bei Bedarf Fremdsupervision in Anspruch. Dieses halte ich für eine qualitativ gute Arbeit für selbstverständlich, den Bedingungen der psychodynamischen Einzeltherapie entsprechend.

4.2. Als Koordinatorin eines kommunalen Arbeitskreises

Als AIDS-Beauftragte der Stadt bin ich Ansprechpartnerin für die hierarchischen Strukturen im Öffentlichen Gesundheitsdienst und gleichzeitig die Koordinatorin der Arbeit all derer, die sich in der Kommune mit HIV/AIDS beschäftigen.

In einem solchen Arbeitskreis arbeiten ausgeprägte Individualisten aller Genres um eines gemeinsamen Anliegens willen. Sie kommen aus Selbsthilfevereinigungen, aus Vereinen, aus Schwulen-Organisationen, aus Krankenkassen, aus Behörden und sind teilweise durch Fördergeldzuwendungen existentiell untereinander verknüpft. Als Angestellte des öffentlichen Dienstes bin ich in einer finanziell sichereren Situation als die Vetreter aus den freien Vereinen, gleichzeitig verkörpere ich die autoritäre Behörde, die gewährt oder verweigert, bin aber auf die Zusammenarbeit mit allen angewiesen, da eine gute AIDS - Arbeit ein unbedingtes Miteinander erfordert. Es liegt auf der Hand, daß es in einer solchen Situation zwingend erforderlich ist, um Übertragungsmechanismen zu wissen, mit diesen umgehen , die Beziehungs- von der Sachebene trennen und das eigentliche Problem erfassen zu können.

Die Erfahrungen des Erfassens und Fokussierens, des Erkennens und Akzeptierens der unterschiedlichen Arbeitsansätze ermöglichen es mir, Eifersüchteleien, Kämpfe gegeneinander usw. zu deuten, zu übersetzen, gemeinsame Probleme in der Arbeit zu benennen und für unser gemeinsames Anliegen zu nutzen, jeder mit seiner einmaligen Möglichkeit. Besonders hilfreich ist mir dabei meine Praxis im Umgang mit der Gegenübertragungsanalyse und das Erfragen der psychodynamischen Zusammenhänge. Wenn ich zum Beispiel in der Zusammenarbeit mit Menschen, die mir eher sympathisch sind , heftige Gefühle der Abwehr in mir spüre und ich keinen Grund einer Aversion in mir finden kann, weiß ich, daß es über eine Ablehnung meines Gegenübers zu sprechen gilt und, seit wann das so ist. Sehr schnell sind wir somit oft am Kern der Behinderung unserer Zusammenarbeit und können diesen dann zum Thema machen. Wenn das unterschwellige Anliegen für mich, oder besser noch für alle Beteilgten, mehr oder weniger schnell geklärt ist, kann die gemeinsame Arbeit danach entspannter bewältigt werden - und immer öfter haben wir dabei auch noch viel Spaß an der Sache und miteinander.

4.3. Im Beratungsgespräch

Ich halte das Beratungsgespräch für die wichtigste präventive Einzelmaßnahme überhaupt, ob mit oder ohne Test. Wer zum Test oder zum Beratungsgespräch kommt, will Sicherheit, obwohl eine unterschiedlich große Angst vor dem Ergebnis besteht. Die Angst kann so groß sein, daß von 2000 Tests, die wir bisher durchgeführt haben, ca. 10% Ergebnisse nicht gewußt werden wollten. Schon allein diese Angst im Vorfeld bringt Menschen in eine Bereitschaft, über sich zu reflektieren und sich zu fühlen, wie es sonst oft erst nach vielen Stunden Psychotherapie möglich ist. Daher ist es recht einfach,

aber gerade deswegen auch erforderlich, daß erfahrene Berater ein Gespür für die haben, bei denen der Test der Auslöser oder das Ergebnis hilfs- oder behandlungsbedürftigen psychotherapeutischen Begehrens ist.
Phobische oder panische Reaktionen sind leicht erkennbar. Es ist ebenso wichtig, verhaltenere Angst- oder Depressionsformen zu erkennen oder anzusprechen, weil die Patienten nach erfolgter Blutentnahme noch acht Tage auf ihren Befund warten müssen, ehe er zur Einsichtnahme bei uns vorliegt.
Bei diesen vielfältigen Beratungserfordernissen haben sich die Methoden der Annahme, des Fokussierens, des Begrenzens, des vom Symptom auf psychosoziale Bedingungen Eingehens, des Fragens nach dem derzeitigen Lebensumstand, dem Hinweis auf mögliche psychotherapeutische Interventionen außer der bloßen Testdurchführung und das Registrieren und Deuten eigener Gefühle bei der Beratung selbst als wesentlich erwiesen.
Mein wichtigstes Arbeitsmittel ist mein erlernter Umgang mit Übertragung und Gegenübertragung und die Wahrnehmung meiner Gefühle.
So spreche ich stets mein Empfinden an, wenn ich eine gedrückte Stimmung spüre, die aus dem Gesagten nicht abzuleiten ist. Immer ergibt sich daraus eine Vertiefung der Beratungsgespräche. Wenn ich es aus der Situation heraus empfinde, daß eine Ängstigung nicht nur bei der Testthematik eine Rolle spielt, frage ich gezielt, ob es dem Ratsuchenden schon früher einmal so gegangen ist oder ob er ähnliche bedrohliche Ängste aus anderen Situationen kennt. Auch nicht nachvollziehbare Sorglosigkeit nach riskanten Sexualkontakten spreche ich zur gegebenen Zeit an, mitunter auch erst bei der Befundmitteilung.
Wenn mir aus den Gesprächen deutlich wird, daß diese auffälligen Verhaltensweisen in der Geschichte der Ratsuchenden schon wiederholt zu stärkeren Beeinträchtigungen des Lebensgefühls geführt oder auch eine Krankheitswertigkeit haben, weise ich auf die Möglichkeit einer Psychotherapie hin. Dieser Hinweis ist für die Klienten dadurch sofort oder später gut annehmbar, weil durch die Exploration sichtbar wird, daß solch ängstigende Situationen zeitliche und situationsbedingte Ähnlichkeiten aufweisen, die sie vorher so nicht sehen konnten.
Mir selbst hilft die Exploration der psychodynamischen Zusammenhänge dabei, mein Gefühl bei Auffälligkeiten in der Begegnung mit den Ratsuchenden mit dem Zweck der Diagnostik zu überprüfen, ob es sich tatsächlich um eine neurotische oder lediglich um eine situationsbedingte Störung handelt.
Dabei dienen zur Groborientierung so einfache Fragen wie: Wann, in welcher Situation trat die Angst auf? Als Sie ungeschützten Sex hatten, in welcher Situation waren Sie da? Als es Ihnen damals so schlecht ging, wer war

dabei, wie ging es Ihnen damals? Gibt es im Moment noch andere Sorgen, wie leben Sie sonst Ihre Sexualität?
Aus dem Erleben der Symptomatik, der Persönlichkeitsstruktur, dem Wissen um die auslösende Situation kann der dynamische Zusammenhang als Grundlage für den „positiven Neurosennachweis" erstellt werden.
Besonders schwierig ist die Situation für diejenigen, die bis zum Test noch warten müssen.
Dieses ist dann der Fall, wenn der risikovolle Kontakt noch keine 12 Wochen zurückliegt, da der Test erst nach dieser Zeit aussagefähig ist. Sie ist oft sehr beratungsintensiv und manchmal auch schon der Beginn der Therapie.
Aus einer solchen Situation hat sich die Therapie meines zweiten Fallbeispiels entwickelt.
Das Beratungsvorgehen ist bei uns ob mit oder ohne Test an die fünf Schritte der Erfordernisse der psychodynamisch orientierten Exploration angelehnt.

1. Herstellen des Kontaktes zum Patienten
Unser Selbstverständnis ist, für Ratsuchende mit dem Wissen darum zu arbeiten, daß die meisten Menschen ihre Angst, mit der sie kommen, nicht ausdrücken können, ja mitunter unangenehm ausagieren. Hierbei ist das Abgrenzenkönnen besonders wichtig, ebenso bei den Notsituationen, die im Zusammenhang mit HIV - positiven Tests entstehen. Die Niedrigschwelligkeit unserer Beratung ist durch die Anonymität und die Kostenlosigkeit gegeben, dadurch erfahren wir mitunter auch schwer Verkraftbares. Bei Schwierigkeiten mit dem Erfahrenen supervidieren wir uns gegenseitig oder nehmen Fremdsupervision wahr.

2. Exploration der psychodynamischen Zusammenhänge und Daten
Für eine Testdurchführung ist der zeitliche Abstand zwischen Risikosituation und Blutentnahme entscheidend. Schon bei der Frage nach dem Zeitpunkt des Risikokontaktes berichten die Menschen oft ihre ganze Not.

3. Ringen um Psychogenese
Gerade nach Seitensprüngen in sonst treuen Partnerschaften und bei unbewußten Infektionsübertragungen auf die Partner sind eigene Schuldzuweisungen extrem hoch. Besonders dankbar sind hier die Betroffenen für Hinweise auf Zusammenhänge zwischen psychischen und körperlichen Vorgängen in Beziehung zur Lebenssituation.

4. *Fokussieren*
In den Beratungsgesprächen muß das Anliegen der Ratsuchenden auf den Punkt gebracht werden.
Zum Beispiel: - Test ja oder nein; - wenn nicht jetzt - wann dann;
- ist weitere Beratung erforderlich;
- was braucht der Ratsuchende jetzt etc.

5. *Handlungsvereinbarung*
Wenn das Beratungsgespräch zur Testdurchführung geführt hat, wird gemeinsam das zu erwartende Ergebnis eingeschätzt. Wir teilen unsere Bedingungen zur Testdurchführung mit (acht Tage Wartezeit, ausschließlich persönliche Befundmitteilung, bei anonymen Befunden kein schriftliches Ergebnis). Wenn diese Bedingungen nicht akzeptiert werden können, wird darüber gesprochen und nach anderen Möglichkeiten der Testdurchführung gesucht. Dieses Explorationsraster ist die Grundlage meiner beraterischen und psychotherapeutischen Tätigkeit - natürlich bei den unterschiedlichsten Anliegen in verschiedener emotionaler Tiefe.

4.4. In Kurz- und Langzeittherapien

Der Übergang von reiner Beratung zu Kurztherapien ist fließend. Dadurch, daß ein Kontakt von uns mit unserer Frage nach dem Grund des Begehrs beginnt, übernimmt der Ratsuchende mit seiner Antwort die Verantwortung für diese Zeit mit uns. Das Gespräch vor dem Test, die eventuell nachfolgende Blutentnahme und die Befundmitteilung nach acht Tagen mit einer - falls erforderlich - eingehenden Beratung, in der sich öfter die in der Zeit des Wartens und Nachdenkens angestauten Gefühle schlagartig Bahn brechen, sind mitunter eine Therapieeinheit ungewöhnlichen Ausmaßes. Selbsterfahrung der BeraterInnen ist erforderlich, um diesen Gefühlen der Patienten Raum zu lassen, der Integration Platz zu geben, nicht wegzuwischen.
Ich halte dieses für eine Pflicht in Beratungsstellen, daß Patientennot mehrschichtig gesehen werden kann und kompetente Verarbeitung des Angebotenen erfolgt. Nur so kann der tatsächliche Beratungsbedarf erfaßt werden, ohne die Chance zu vergeben, auch bei momentan nicht vorhandener Einsichtsmöglichkeit des Ratsuchenden auf Auffälligkeiten und Psychotherapien hinzuweisen.
Methodisch fundierte Ausbildung zur Gesprächsführung auch für Berater, die keinen medizinischen oder psychologischen Beruf ausüben, ist nach meiner Ansicht dringend erforderlich. Immer dann, wenn das vorhandene Reportiere

nicht mehr ausreicht, eine für sich und die Ratsuchenden befriedigende Arbeit zu leisten oder in bestimmten Situationen nicht mehr weitergewußt wird, wenn sich zuviel mit einem Klienten beschäftigt wird, - ob in Mitleid oder Ablehnung -, wenn nicht mehr abgeschaltet werden kann, dann haben diese Menschen ein im Berater gelegenes Problem angerührt, das an einer anderen Stelle, z.B. in einer Supervision oder in einer eigenen Therapie bearbeitet werden muß.

Mit Hilfe einer erlernten Gesprächsführung ist es viel leichter, die entstandenen Gefühle in Eigenanteile und in die vom Ratsuchenden ausgelösten zu differenzieren, krankheitswertige Störungen zu erkennen, sie unverzüglich weiterzuleiten, um unnötige oder gar schädliche medizinische Verordnungen vermeiden zu können, oder um nicht aus Unwissenheit oder Verlegenheit einfach nur irgendwie zu reagieren, aber auch, um eigene Grenzen kennenzulernen. Ebenso wichtig ist eine Regelung, die weiterführende Psychotherapien ohne Kassenzulassung in Beratungsstellen offiziell möglich macht, weil es ein Unding ist, über Wochen (bis zum Test) Krisenintervention und therapeutische Gespräche zu führen und diese nach dem Test zu beenden.

Es lohnt sich immer, unser Empfinden dann mitzuteilen, wo es uns erforderlich scheint, auch wenn es im Moment weder verstanden noch angenommen werden kann. Wir haben es schon häufig erlebt, daß wir nach mehreren Jahren von Menschen wieder aufgesucht wurden, die um eine psychotherapeutische Behandlung oder um Weitervermittlung gebeten haben, allein auf Grund der Tatsache, daß wir damals von einer solchen gesprochen haben. Es ist erschreckend, wie sehr in der gesamten Gesellschaft das Wissen um die Zusammengehörigkeit von Körper, Seele und Verhalten mit sich und im sozialen Umfeld fehlt.

Die Menschen fühlen sich angenommen, wenn ihre Angst ernst genommen und in ein verständliches Bild gebracht wird. Wenn wir die Problematik durch gekonnte Exploration richtig erkannt und benannt haben, wird unser Wort aufgenommen und erinnert werden, wenn es gebraucht und emotional verkraftbar wird. Darauf kann vertraut werden, weil richtige Deutungen entlastend wirken. Gerade in Beratungsstellen ist es leider sehr oft üblich, Angst mit Überzeugungsarbeit, in unserer Branche auch mit Hilfe von Tests, auch mit überflüssigen, geradezu kontraindizierten Tests, ad absurdum führen zu wollen, ohne auf Hintergründe dieser Angst einzugehen, diese nicht anzunehmen, sondern zu bagatellisieren. Dieses kann durchaus letale Folgen haben für suizidgefährdete Menschen, die ihre Angst an AIDS festmachen.

Es folgen nun zwei bezeichnende Fallskizzen, bei denen sich aus den Testberatungen psychodynamische Einzeltherapien entwickelt haben.

Fallskizze 1

Ein 31-jähriger Patient kam in die Beratungsstelle und fragte gezielt nach mir. Er kam, weil er ein Gespräch, das er anläßlich eines HIV-AK-Tests vor ca. 1½ Jahren mit mir geführt, in guter Erinnerung hatte.
- Der Testanlaß damals war eine Schnittverletzung mit einem Skalpell an seiner Hand in einem Operationssaal, in dem er beruflich tätig war (in der 17. Therapiestunde stellte er den Anlaß richtig: Er hatte phobische Ängste vor einer Infektion über ein Fieberthermometer, das er anläßlich eines Krankenhausaufenthaltes benutzen mußte). Am Ende des damaligen Beratungsgespräches bei der Befundmitteilung hätte ich ihm gesagt, daß ich der Meinung sei, daß seine AIDS-Angst und seine tatsächlich geschilderte Gefährdung für mich nicht in Verhältnis zu bringen seien. Da stecke sicher mehr Angst dahinter, er könne meine Mitteilung vergessen oder sich daran erinnern, wenn Angst einmal nicht mehr kompensierbar wäre. Damals mußte er über meine Worte lächeln und wäre gegangen, konnte diese aber und mich nicht mehr vergessen und jetzt, da er in ständiger Angst vor Unheilvollem lebte, kam er zu mir, weil er wollte, daß es ihm körperlich und seelisch wieder besser gehe und er Gutes genießen können möchte.
- Seine Symptome waren: Krankschreibung wegen: „extremen" Gewichtsverlustes (in drei Monaten drei kg!), Magenkrämpfen, Durchfällen, zeitweilig lebensbedrohlicher Ängste und zwanghaftes Grübeln.

Die Geburt seines zweiten Kindes stand zur Zeit unmittelbar bevor. Eigentlich ging es ihm richtig gut, wenn nicht jedesmal dann, wenn es ihm gutgehe, extreme Ängste aufkämen, so daß er sein Gutes nicht genießen kann. Zur Zeit hatte er große Befürchtungen, ob die Geburt gut verlaufe und vor der Zeit danach. Bei seinem ersten Kind hatte er kaum eine Nacht geschlafen, weil er ständig Angst um dessen Leben hatte und auf jedes Geräusch achten mußte. Das fand er selber übertrieben, aber es ging nicht anders. Überhaupt fühlte er sich extrem gestört, wenn Unvorhergesehenes „seine Welt" erschüttere.
Beruflich war er gehandikapt durch sein starkes Absicherungsbedürfnis zum Beispiel bei Fernreisen. Er muß viel Zeit mit der Planung von Eventualitäten und Alternativen verbringen - zum Beispiel muß er vor einer Reise geplant haben, welche weiteren Verbindungsmöglichkeiten bestehen, falls er einen Anschlußzug verpaßt - das nähme mitunter gar kein Ende - dabei hat er oft panikartige Angstausbrüche.

In den folgenden Explorationsstunden entstand bei dem Patienten ein Verständnis dafür, daß seine teils panikartigen lebensbedrohlichen Angstattacken mit gegenwärtigem und vergangenem Geschehen seines Lebens in Verbindung gesehen werden können.

Unter der Diagnose : "Angstneurose mit zwanghaftem Verhalten und Panikattacken" vereinbarten wir eine psychodynamische Einzeltherapie von zunächst 20 Stunden mit der Option der Verlängerung im beiderseitigen Einverständnis nach dieser Zeit. Es folgten weitere 50 Stunden.

Lebensgeschichtlicher Hintergrund:
- überbehütende Mutter, Krankenschwester, sein Spielplatz war das Zimmer des Chefarztes (sein Traumberuf)
- zurückhaltender, konsequenzenaufweisender Vater, Krankenpfleger, starb vor drei Jahren an Darmkrebs

Seine Kindheit war „eine gute alte Zeit", die Ehe der Eltern nach außen hin harmonisch, jedoch war der Vater der „Bestimmer" und die Mutter hat alles gemacht, obwohl es „sie angestunken hat".
Gleich nach der Geburt des Patienten mußte die Mutter wegen einer infektiösen Hepatitis in ein Krankenhaus, er lebte bis zu ihrer Gesundung bei den Großmüttern. Als Säugling hatte er 2 Bruchoperationen und in der Pubertät einen geplatzten Blinddarm.
Die Therapievereinbarung beinhaltete die beiderseitige Einhaltung der vereinbarten Termine einmal wöchentlich.
Der Patient verpflichtete sich zur Mitteilung seiner während der Therapie und mir gegenüber entstehenden Gefühle, Gedanken und Träume, aller ungewöhnlichen Vorkommnisse in seiner Außenwelt, aller Erkrankungen und Arztbesuche und aller auftretenden panischen Attacken.
Ich verpflichtete mich dazu, ihm unvoreingenommen zuzuhören, mich einzufühlen, mein in der Beziehung zu ihm Erlebtes nach Ermessen wohlwollend mitzuteilen und bei Schwierigkeiten meinerseits Supervision wahrzunehmen.

Der Anfangsfocus war der Konflikt zwischen dem Wunsch, in seiner eingesponnenen Welt nicht gestört werden zu wollen und dem gleichzeitigen Bedürfnis nach angstfreier Veränderung, die beruflich (Beförderung) und familiär (Geburt des 2. Kindes) aktuell anstanden.

Weitere Foci während der Therapie beleuchteten immer wieder seinen Hauptkonflikt, angstfrei anstehende Veränderungen angehen zu können um den Preis der Aufgabe seiner realitätsfernen eigenen Phantasiewelt.
Sie lauteten: ich will losgehen, muß aber bleiben, weil ich Angst vor tödlichen Konsequenzen habe,
oder: ich gerate außer mir, wenn etwas anders läuft, als ich es mir vorgestellt habe,
oder: ich zerstöre Gutes, weil ich in diesen Situationen anfange zu fühlen
oder: wenn meine Wünsche anders sind als die Vorstellungen anderer,
 ändere ich meine Bedürfnisse, weil ich Angst vor meiner kalten Wut habe.

Die Übertragungen des Patienten auf mich wechselten im Laufe der Therapie stets stark zwischen Vertrauen und Mißtrauen, was sich im letzten Therapiedrittel deutlich verringerte. Er war zeitweise knurrig, überheblich, wollte mein Ärztinsein beanspruchen, hatte Angst vor mir und Wut auf mich, zeitweise war ich „seine einzige Rettung".

In der Gegenübertragung waren mir seine distanzierte Überheblichkeit und sein altkluges Auftreten anfangs sehr unangenehm, ich verspürte Verärgerung ob seiner Versuche, mich kumpelhaft zu vereinnahmen, und hegte bereits bei der 1. Beratung anläßlich des HIV - Antikörpertestes Zweifel an der Schilderung seiner Risikosituation. Dieser Zweifel ist das Hauptsymptom seiner Neurose, den er an seinem „Weltbild" und an seiner Realität hegt.
Ich konnte von Beginn an seine große Verzweiflung spüren, sehr berührte mich seine Aufrichtigkeit und seine ehrliche Entschlossenheit „durchsehen zu wollen".
Zum Ende der Therapie konnte er seine Verzweiflung an seinem gespaltenen Leben wahrnehmen und auch adäquat ausdrücken. Ich fühlte mich beschenkt, er hatte zum ersten Mal in seinem Leben seine Phantasiewelt zur eigenen und fremden Einsicht und zur Korrektur freigegeben.
Im Verlauf der Therapie entwickelte der Patient besonders zu Beginn häufig angstgefärbte somatische Krankheitsbilder, insbesondere dann, wenn ich aus beruflichen oder Urlaubsgründen abwesend war. Jedesmal dann wurde auch der Wunsch nach einem erneuten „AIDS-Test" Thema der Stunden - Kontraindikation bei Phobien!
Insgesamt hat sich nach der Therapie der berufliche und private Bewegungsradius des Patienten beträchtlich erweitert, zunehmend wurden Veränderungswünsche und -aktivitäten in Betracht gezogen und auch realisiert.

Im letzten Teil der bisherigen Therapie wurde auch die gehemmte Spontaneität im Sexualverhalten ein wichtiges Thema, zu dem Zugang über die AIDS-Problematik gefunden wurde.
Das AIDS-Thema hat in diesem Fall ganz eindeutig die vielen Konflikte des jungen Mannes auf den Punkt gebracht und einer Psychotherapie den Weg geebnet.
Er beendete seine Therapie mit seinem Wunschergebnis: es ging ihm körperlich und seelisch besser. Er hatte sich ein neues Weltbild erarbeitet, das auf seinen eigenen Wünschen und Wahrnehmungen basierte, in die äußeren Veränderungen wollte er nach eigenbestimmtem Tempo hineinwachsen.

Fallskizze 2

Eine attraktive, verführerische 38-jährige Frau erschien im August 93 bei einem meiner Kollegen mit dem heftigen Wunsch um die Durchführung eines „AIDS-Tests".

Der Testanlaß war ein ungeschützter sexueller Kontakt vor einigen Tagen. Sie war so hochgradig verängstigt und suizidal gefährdet, daß mein Kollege die Behandlung dieser Lebenskrise und die Begleitung bis zur Testmöglichkeit an mich abgab.
Die heftige Angst einer Infektionsgefährdung war bis auf die Tatsache, daß es sich um einen ungeschützten sexuellen Kontakt gehandelt hat, nicht nachvollziehbar, da der Sexualpartner ihr bekannt war und keiner Risikogruppe angehörte.
Trotz dieser Information war die Patientin fest davon überzeugt, infiziert zu sein, lebte mit zahlreichen psychosomatischen Erscheinungen, starken Schuldgefühlen ihren Kindern gegenüber, stets suizidgefährdet die 12 Wartewochen bis zum HIV-AK-Test. In dieser Zeit hatte die junge Frau fast täglich Kontakt mit uns, persönlich oder telefonisch.
Der Test war, wie vorher eingeschätzt, negativ, das heißt in Ordnung.

Die Krisenintervention mußten konkret stabilisierende, strukturierende Interventionen sein, um die stets drohende panische oder depressive Entgleisung zu verhindern. Dazu dienen einfache Sätze wie:
„Wo sind sie jetzt; Was machen sie nachher; Wieviel Geld/Zeit haben sie noch zu telefonieren; Rufen sie in zwei Stunden noch mal an; Kommen sie morgen um 10 noch mal her; Wo ist ihr Kind jetzt; etc.".

Darüber hinaus wurde ihr durch die vielen Gespräche ein Zusammenhang zwischen ihrem vergangenen Leben und ihren Ängsten bewußt.

Nach dem Test begann sie eine psychodynamische Einzeltherapie unter der Diagnose:

Schwere Angstneurose mit ausgeprägten depressiven und panischen Anteilen.

In dieser erschloß sich der Hintergrund der Leidensgeschichte der jungen Frau, die auf der Grundlage einer frühen Störung bereits seit ihrer Pubertät offen suizidal war, was von der gesamten Familie zwar wahrgenommen, aber belächelt wurde.

Durch die hysterisch gefärbte Symptomatik, die zwischen manischem und depressivem Verhalten schwankte, wurde sie nicht ernst genommen.

Zum Zeitpunkt des Testes war sie seit einem halben Jahr geschieden - nach 16jähriger Ehe. Ihr Ehemann war ihr erster Sexualpartner, er hatte sich eine andere Frau gesucht. Sie war zutiefst gedemütigt. Sie ist Mutter von 3 Kindern, die der Inhalt ihres Lebens sind. Sie sollten nicht so leben, wie sie es mußte. Sie verwöhnte die Kinder und war dennoch voller Schuldgefühle.

Nach einem Seitensprung, den sie in ihrer Ehe hatte, litt sie bereits einmal länger an einer „AIDS-Phobie", die ihr ihre behandelnde Frauenärztin diagnostiziert hatte.

Mit dem Sexualpartner, der zum Testbegehren Anlaß war, hatte sie sich nach all den schlimmen Scheidungszeiten etwas Gutes tun und Anerkennung holen wollen, danach trat die Krise auf.

Lebensgeschichtlicher Hintergrund:

Als ersehntes Wunschkind ihrer Eltern hatte sie deren Erwartungen völlig enttäuscht, indem sie anders war als vorgestellt, lebte somit abgelehnt bei einer zweigesichtigen Mutter, die als emanzipierte Richterin in der DDR arbeitete, im selben Moment aber durch eine Stehlsucht, die der Tochter bekannt war, als Orientierungsmöglichkeit völlig ausfiel. Der Vater war nie da und hatte wohl auch andere Frauen.

Indem sie die Familienlügen mittragen mußte, sich niemandem anvertrauen konnte, sie nicht handeln durfte, keine Ermunterung zum Losgehen erhielt, brachen bei jedem neuen Weg, den sie ging, langangestaute Zurückhaltungen auf, die besonders beim Sexualisieren in Partnerbeziehung deutlich wurden.

In der gemeinsamen *Therapievereinbarung* einigten wir uns auf 60 Therapiestunden, die anfangs zweimal und später einmal wöchentlich stattfanden.

Der größte Teil der Vereinbarung entspricht der des vorher geschilderten Patientenfalls. Eine besondere Vereinbarung war das Schreiben eines Stundenprotokolls, das zur nächsten Stunde abgegeben werden mußte (dieses gab Halt und Struktur zwischen den Stunden).

Die Foci im Verlauf der Therapie waren :
- der Konflikt zwischen dem Wunsch nach Losgehen und dem Losgehen, ohne sich Schaden zufügen zu müssen,
- zwischen dem Wunsch, als sie selbst wahrgenommen werden zu wollen, und sich nur als Sexualobjekt wiederfinden zu können,
- Konflikt beim Finden des „eigenen Maßes" : ich möchte loslassen können, ohne ständige Angst vor Überreaktionen,
- Konflikt im Wunsch nach Nähe und ihrer zerstörerischen Wut oder dem Rückzug in Depressionen.

Die Übertragungen der Patientin auf mich waren geprägt von Anklammerungsversuchen, Verliebtsein und Wut, die sie jedoch bis zum Schluß der Therapie fast ausschließlich indirekt (über Schweigen oder Lamentieren, über das Vergessen des Protokolls oder über Erkrankungen, Verkehrsunfall oder über ihre Kleidung) ausdrücken konnte.

Meine Gefühle *der Gegenübertragung* schwankten ebenso zwischen Ablehnung und Mitempfinden, oft verspürte ich Angst um ihr Leben.

Diese Gefühle waren auch die deutlichsten Symptome ihrer Störung, die lebensgefährlich zwischen Manie und Depression schwankten.

Im Laufe der Therapie blieb die Ambivalenz meiner Gefühle, wurde jedoch zum Ende zu immer schwächer. Insgesamt war ich tief berührt von dem übergroßen Ausmaß ihrer Angst vor kleinstem, von eigenen Wünschen geleitetem Handeln einerseits und ihres Selbstverletzungspotentials, wenn sie beim Losgehen einmal die Kontrolle ablegte. Jeder bewußten Aggressionsäußerung folgte ein schneller und anhaltender Rückzug in ihre Widerstände. Jeder kleine Schritt in die Bewußtheit war schwer erarbeitet und erforderte größte Behutsamkeit.

Zum Ende der Therapie ließ sie mehr echte Gefühle (auch aggressive) zu, konnte sich durch Selbstwahrnehmung begrenzen, lebte realistischer, spürte ihr Maß und lernte, dieses zu leben. Sie konnte sich besser distanzieren, ist kommunikationsfähiger mit realistischeren Erwartungen geworden - von AIDS-Phobie - war keine Rede mehr. Diese wurde ihr damit zum Ausweg aus ihrem Dilemma, ihre Probleme mit Sexualität allein lösen zu wollen.

Literatur

1. van Deurzen-Smith, E.: Die Zukunft der Psychotherapie in Europa. Vortrag beim Gründungstreffen für einen Deutschen Dachverband für Psychotherapie in Frankfurt/Main am 9.2.1996
2. Dethlefsen, Dahlke: Krankheit als Weg
3. Etgeton, St.: Stellungnahme der deutschen AIDS-Hilfe. In: Jäger, H. (Hrsg.) AIDS, Neue Perspektiven, Therapeutische Erwartungen, Die Realität. Landsberg, ecomed, 1997

Krank werden oder sich verändern? Die Behandlung einer Patientin mit einem Pruritus vulvae mittels psychodynamischer Einzeltherapie

P. R. Franke

Der Pruritus vulvae, also der quälende Juckreiz der äußeren weiblichen Geschlechtsorgane, ist ein Symptom, das durch sehr verschiedene Ursachen bedingt sein kann. Das können Allgemeinerkrankungen, wie Diabetes oder Lebererkrankungen, sein, es können chemisch-toxische Schäden, endokrine Störungen, wie z.B. der Östrogenmangel und auch allergische Reaktionen sein. Natürlich kann auch jede mit Juckreiz verbundene Hauterkrankung in diesem speziellen Areal auftreten. Schließlich kann der Pruritus aber auch Ausdruck einer psychosomatischen Störung sein. Im allgemeinen kann man sagen, daß je höher das Alter der Patientin ist - besonders jenseits der Geschlechtsreife - die Somatogenese um so wahrscheinlicher ist. Je mehr das Auftreten des Symptoms Pruritus in die Geschlechtsreife verlegt ist, desto größer ist die Möglichkeit einer psychosomatischen Störung. Diese wird um so wahrscheinlicher, je weniger äußerlich sichtbare Befunde, wie z.B. umschriebene Rötungen, Schwellungen, Leukoplakien, atrophische Bezirke oder Pyodermien vorhanden sind. Eventuell finden sich dann lediglich sekundäre Kratzeffekte bei solchen Patientinnen mit einem psychogenen Pruritus. Der Behandlungsverlauf einer solchen Patientin bei ihrem Gynäkologen ist meist langwierig, von gegenseitigen Frustrationen und Enttäuschungen geprägt und ohne Berücksichtigung psychosomatischer Gegebenheiten auch oft erfolglos. Berichtet werden soll über eine 44jährige Patientin, die von ihrer Frauenärztin in meine psychotherapeutische Sprechstunde überwiesen worden war. Vorangegangen waren über zwei Jahre mit immer wieder lindernden, aber letztendlich erfolglosen Behandlungen bei verschiedenen Gynäkologen we-

gen eines rezidivierenden Juckreizes an den äußeren Geschlechtsteilen, zeitweilig verbunden mit Ausfluß und Scheidenentzündungen.
Vor mir saß eine sehr ordentlich wirkende Frau, die recht unauffällig gekleidet war und einen eher älteren und erschöpften Eindruck auf mich machte. Die Gesichtszüge wirkten streng, sie sprach mit wohl gewählten, überlegten Worten und mit leiser Stimme, die auf mich irgendwie hoffnungslos wirkte. Von Beruf ist sie Sozialpädagogin und arbeitet als sozialpädagogische Heimleiterin eines Kinder- und Jugendheimes. Seit 16 Jahren ist sie geschieden und lebt mit ihrem 19jährigen Sohn seit 10 Jahren in einer eigenen Wohnung, die sich aber im Haus ihrer 80jährigen Eltern befindet. Als Jugendliche und im Studium habe sie in Streß- und Prüfungssituationen manchmal einen „nervösen Magen" gehabt, aber im großen und ganzen sei sie immer gesund gewesen. 1974 erfolgte eine Cholezystektomie wegen Gallensteinen, das war 3 Jahre nach ihrer Heirat und kurz vor ihrer einzigen Schwangerschaft. 1984 traten rezidivierende Blutungsstörungen auf, die nach mehrmaligen Ausschabungen 1986 zur Entfernung der Gebärmutter führten. Seit 1992 der schon erwähnte, immer häufiger auftretende quälende Juckreiz der Vulva und Scheidenentzündungen, die es zwar auch schon früher einmal gegeben hätte - aber immer nur als singuläre und eher seltene Ereignisse.
Auf meine Frage, worunter sie leide, antwortete sie: „Unter dem immer wieder auftretenden Juckreiz, den Entzündungen und dem Ausfluß. Alle Medikationen und verschiedenste Behandlungen haben nicht geholfen. Außerdem fühle ich mich auch seelisch sehr problembelastet." Auf meine Erkundigung nach der Art ihrer Probleme wird sie wortreicher: Sie lebe mit den 80 Jahre alten Eltern unter einem Dach. Zwischen ihr und den Eltern gäbe es ständige Konflikte. Immer wollten diese etwas von ihr. 1984 sei sie wegen der ständig kränkelnden Mutter - die habe Bronchiektasen - aus Berlin in ein Dorf in der Nähe einer Kreisstadt am Harz gezogen. Es sei furchtbar, hier sei sie immer das Kind, das ständig über Gehen und Kommen Rechenschaft ablegen solle, auch wenn sie zwei getrennte Wohnungen hätten. Der Konflikt sei nicht lösbar; ausziehen könne sie nicht. Eine neue Partnerschaft könne sie ja wegen der Eltern auch nicht eingehen. Wenn es nach ihr ginge, dann möchte sie eigentlich einfach abhauen und niemanden sagen wohin! Der Ortswechsel von Berlin auf das Vorharzdorf sei ihr damals sehr schwer gefallen. In Berlin hatte sie einen guten Bekanntenkreis mit gemeinsamen Hobbys gehabt. Jetzt gäbe es nur flüchtige Bekanntschaften und auch die würde sie nie bei sich zu Hause empfangen. Sie sähe ihr Leben als sinnlos. Sie sei zwar für alle anderen wichtig- nur für sich nicht. Sie könne sich nicht von den Eltern abgrenzen. Soviel sei sicher, wenn die Eltern tot wären, wäre

sie sofort weg aus dem Dorf und der Kreisstadt. Hier habe sie niemanden, mit dem sie reden könne.
Der zeitliche und dynamische Zusammenhang für die aktuelle Symptomatik bezog sich also deutlich auf ihr Zusammenleben mit den Eltern und ihre Behinderung, ausreichend abgegrenzt und autonom zu leben.
Über ihre Kindheit berichtet sie folgendes: Der Vater kam mit 35 Jahren erst 1948, ein Jahr vor ihrer Geburt, aus der Gefangenschaft und wollte mit viel Ehrgeiz eine Landwirtschaft aufbauen. Sie sei ein Einzelkind und immer in die Haus- und Hofwirtschaft mit eingespannt gewesen. Materiell wäre sie zwar verwöhnt worden, dafür habe sie aber auch schon jeden Morgen vor der Schule um 5 Uhr mit im Stall gearbeitet. Die Mutter sei körperlich und nervlich schwach gewesen und habe öfters Herzanfälle gehabt. Während der Vater mehr patriarchalisch und rechthaberisch war, sei sie für die Mutter die Gesprächspartnerin gewesen. Bei diesem eigensinnigen Vater habe die Mutter in ihr wohl mehr eine Partnerin als Tochter gesehen. An Liebe und Zuwendung habe es ihr nicht gefehlt, allerdings wurde sie immer von den meisten der anderen Kinder ferngehalten. Auch in die Ferienlager durfte sie nicht mit. „Das hast Du nicht nötig, das hast Du bei uns alles besser", waren die Argumente ihrer Eltern. Nach dem Besuch einer Kinder- und Jugendsportschule ging sie zum Studium nach Berlin, wo sie dann auch beruflich blieb. Endlich frei!
Hier wird vor allem der emotionale Mißbrauch durch die Mutter deutlich und die konkrete Behinderung für ihre Eigenständigkeit.
Während des Studiums lernte sie auch ihren späteren Mann kennen, auch einen Lehrer, den sie 1971 mit 22 heiratete. Sie arbeiteten zusammen an einer Schule. 1975 gebar sie ihren Sohn. Bald nach der Geburt des Sohnes enthüllte ihr ihr Mann, daß er eigentlich homosexuell sei und an ihr kein weiteres sexuelles Interesse habe. Ihr Vorgesetzter an der Schule war und wurde sein Partner. Deshalb wechselte sie die Arbeitsstelle. Nach der Ehe habe sie sich eingemauert. Damit ihr Sohn nicht so oft mit der homosexuellen Partnerschaft seines Vaters Kontakt habe, war ihr die Krankheit ihrer Mutter ein willkommener Anlaß zu dem Auszug aus Berlin. Mit welchen katastrophalen Folgen für sie, das wurde schon in den vorangegangenen Abschnitten beschrieben.
Partnerschaften ständen jetzt für sie außerhalb jeder Möglichkeit. Sie habe zwar seit ca. 3 Jahren eine ganz sporadische sexuelle Beziehung zu einem verheirateten Kollegen - aber diese sei ohne Zukunft und erschöpfe sich in wenigen kurzen Begegnungen im Jahr bei gemeinsamen Lehrgängen. Eigentlich fehle ihr ein Partner sehr - andererseits aber wollte sie ihrem Sohn auch nie einen Stiefvater zumuten.

Sie habe jetzt gefühlsmäßig eine Wand aufgebaut und zeige keine Gefühle mehr. Gleichzeitig merke sie aber, daß sie zunehmend aggressiv reagiere. Sie ist mit sich und der Welt unzufrieden. Als sie kürzlich einmal einen leichten Autounfall hatte, habe sie gedacht: „Warum hätte ich nicht gegen einen Baum fahren können und alles hätte ein Ende gehabt!" Das sei nicht das Leben, das sie sich einmal gewünscht habe. Das habe sie davon, daß sie nicht nach ihren Wünschen, sondern nach ihrem Realismus gelebt habe. Ihr Leben habe sie unter die Pflicht gestellt. „Aber ihr Herz trägt das nicht mit", sage ich dazu. Darauf beginnt sie zu weinen. Sie möchte hier zu sich selbst finden, das sei ihr wichtigstes Ziel - und natürlich die Beschwerden los werden.

Aus der Symptomatik, den zeitlichen und dynamischen Zusammenhängen und dem lebensgeschichtlichen Material konnten wir uns für eine therapeutische Zusammenarbeit zunächst auf folgenden Fokus einigen: Ich fühle mich verpflichtet, für meine Eltern zu sorgen, und komme dabei mit meinen eigenen Ansprüchen und Wünschen zu kurz.

Wir vereinbarten eine psychodynamische Einzeltherapie an einem festen Wochentag und zu einer gleichbleibenden Uhrzeit in erst ein-, später zweiwöchentlichem Abstand im Sitzen. Zu jeder Sitzung solle sie gerade über das sprechen, was sie im Hinblick auf den Fokalkonflikt im Moment ihres Hierseins gefühlsmäßig oder gedanklich am meisten bewege, nach Möglichkeit ohne sich darauf speziell vorbereitet zu haben. Auch über aktuelle Träume könne sie berichten. Nicht zwei Tage vorher bei mir abgesagte Sitzungen müsse sie selbst bezahlen. Obwohl sie jedesmal etwa 50 km mit dem Auto auf einer viel befahrenen Bundesstraße zu mir zu fahren hat, kommt sie immer zuverlässig und pünktlich.

Bei den nächsten Konsultationen ist sie beschwerdefrei und das blieb so bis zum 5. Gespräch. Nach dem gerade vergangenen Wochenende - sie kam immer am Montag - habe sie wieder diesen quälenden Juckreiz. Nachdem sie erst mutmaßte, ob dieser vielleicht eine Folge des Besuches eines Solbades vor 10 Tagen sein könnte, erkennt sie schon im nächsten Satz die psychosomatischen Zusammenhänge. Am vergangenen Wochenende wäre sie auf einem Lehrgang gewesen. Die meisten Kollegen seien mit den Ehepartnern erschienen - nur sie hätte allein dagesessen. Gefühle des Neides auf die Zweisamkeit der anderen, der Scham über ihre „partnerschaftliche Halbexistenz" und auch der Wut auf ihr Schicksal und auf die sie ihrer Meinung nach behindernden Eltern bewegten sie und machten ihr das Wochenende zur Qual - ganz im Gegensatz zu dem erholsamen Solbad davor.

Daraus konnte folgender Fokus erarbeitet werden: Ich schütte mich mit Verpflichtungen zu, weil ich Angst vor Beziehungen habe. Und: Durch meine

Verpflichtungen schütze ich mich vor dem Schmerz und der Wut unerfüllter Nähewünsche.

Eine Woche später kommt sie mit Oberbauchbeschwerden zu mir. „Die ganze Nacht habe ich Bauchkrämpfe gehabt und mich übergeben." Der familiäre Hintergrund: Seit 4 Tagen ist ihre Mutter wegen der Bronchiektasen im Krankenhaus und der Vater weicht der Patientin in ihrer Freizeit nicht von der Seite. „Was er jetzt machen solle? Was er morgen essen solle?" und so weiter. Es nerve sie furchtbar. Sie erkennt und benennt in diesem Gespräch ihre Unfähigkeit zur Grenzziehung zwischen sich und den Eltern und sieht die Wurzeln dafür in dem symbiotischen Zusammenhalt der Familie in ihrer Kindheit. Auf meine Interventionen hin bekräftigt sie die Unabänderlichkeit dieses Zustandes bezeichnenderweise mit Argumenten, die von der Interessenlage her eher aus dem Mund ihrer Eltern stammen könnten. Als ich sie darauf aufmerksam mache, wird sie sehr nachdenklich.

In den folgenden Gesprächen nimmt das Thema Abgrenzung von den Eltern und die zuerst zaghaften Versuche, diese zu praktizieren, immer mehr Raum ein. Sie setzt sich mit ihrem Anspruch auf größeren Freiraum mehr durch, klagt aber gleichzeitig darüber, wie schwer es ihr doch fällt, dadurch in den Augen ihrer Eltern „die Böse" zu sein. Sie spricht aber auch über ihr geringes Selbstwertgefühl. So getraue sie sich nicht allein in eine Gaststätte zu gehen, als sähe man ihr die „Alleinstehende" an, was sie als Makel empfindet. Bei Kolleginnen habe sie den Ruf, eine Männerfeindin zu sein - aber das sei doch überhaupt nicht so.

Jetzt konnte der Fokus weiter vertieft werden: Wenn ich selbständig werde, werde ich von den Eltern abgelehnt. Und: Ich habe Angst vor Eigenständigkeit, weil ich dann Liebesentzug zu befürchten habe. Mit dieser Thematik und Erkenntnis konnte die Patientin schmerzliche Betroffenheit zulassen und zeigen.

In der 9. Stunde berichtet sie darüber, daß sie mehr ihrer Wege gehe, von den Eltern sozusagen „gut getrennt" sei. Sie erlebe für sich eine positive Selbständigkeit. Auch andere würden ihr Auftreten als natürlicher und befreiender empfinden. Auch auf mich wirkt sie so. Ihr innerer „Verführer" sei gewesen, daß sie immer und um jeden Preis bei anderen beliebt sein wollte. Das habe sie immer unfreier gemacht. „Was jetzt für mich ansteht", meint sie, „wäre, daß ich irgendwann meiner Partnerlosigkeit ein Ende setzten müßte."

3 Wochen später - infolge meines Urlaubs - erfolgt das 10. Gespräch. Die Patientin ist wegen Verdachts auf ein Magengeschwür arbeitsunfähig. An allen Ecken und Enden brenne es. Sie habe sich wieder einmal restlos übernommen. Zur Zeit sei wegen einer Umstrukturierung ein unerhörter Streß

auf der Arbeit, zu Hause würden sich die Eltern laufend streiten und zu allem Überfluß baue sie mit ihrem Sohn, der in den Semesterferien da ist, an und um. Ich fühle mich förmlich dafür von ihr bestraft, daß ich Urlaub gemacht und sie im Stich gelassen habe.
Jetzt waren auch in der Übertragungs-Gegenübertragungs-Dynamik der Beziehungswunsch, seine Abwehr und Kompensation durch Anstrengungen und Leistungen und die Enttäuschungsaggression zu bearbeiten.
Das bleibt in den nächsten Sitzungen Thema. Dabei sieht sie wieder schlecht und verhärmt aus - wie zur Zeit der ersten Konsultation. Alles zu Hause nerve sie. Sie reagiere sehr spontan und überreizt. Es fände ein harter Kampf um ihre häusliche Autonomie statt. Auch auf der Arbeit habe infolge der Tätigkeitsveränderung ihre Reizschwelle abgenommen. Sie fühle sich zwar ob ihrer Leistungen auf der Arbeit bewundert, aber in den Augen des Chefs sei sie wohl eine, die seine Wünsche umsetze. Auf meine Anmerkung: „Also die gleiche Situation wie zu Hause bei den Eltern", antwortet sie: „Schlimmer. Das Gleiche sei es nicht. Zu Hause gehe sie jetzt anders mit der Situation um. Dort habe sie sich jetzt schon das Stück Autonomie, das sie brauche, erkämpft."
3 Wochen später sieht sie die Ursache für ihr Ulcus in den Problemen auf der Arbeit. Sie hat eine große Aussprache mit allen ihr unterstellten Kollegen gemacht und ohne Rücksicht auf ihr Bedürfnis, bei allen beliebt zu sein, einmal sachlich Klartext geredet. Seitdem sei frische Luft und eine kritisch-offenere Atmosphäre. Sie finde das wohltuend. Von der Vulvitis ist übrigens seit längerem keine Rede mehr. Es ist inzwischen Oktober und in zwei Wochen will sie erstmals allein in Urlaub nach Gran Canaria fahren. Immer noch habe sie die Ängste, irgendwo allein hinzugehen, und empfinde die Rolle als alleinstehende Frau noch als Makel. Gerade deshalb sei der Urlaub ihrer Meinung nach für sie so wichtig.
5 Wochen später die nächste Sitzung und ein Urlaubsbericht. Anfangs war sie sehr enttäuscht. Lauter Rentner! Aber nach einer Woche ging sie dann ihre eigenen Wege, was sie als Alleinstehende erst als schwer empfand. Es gelang ihr dann aber der Anschluß an eine gute und sympathische Gruppe.

14 Tage später erscheint sie zur nächsten Sitzung frisch frisiert und macht einen wachen und munteren Eindruck. Im Urlaub habe sie gelernt, selber die Kommunikation zu suchen und aufzunehmen. Nachdem ihre nette Gruppe abreiste, hat sie eine engere Beziehung zu einem Mann, der dort ebenfalls seinen Urlaub verbrachte. In ihrer Phantasie sei diese Beziehung viel wichtiger als die zu ihren Eltern. Sie spürt wieder Sehnsucht nach Liebe, auch nach Sexualität und nach dem Leben, das wohl auch ihr was zu bieten hätte. Nach

der Abreise hätte ihr Körper wieder mit Jucken und verstärktem Ausfluß auf die Trennung und die Ungewißheit eines Wiedersehens reagiert. Nachdem sie das für sich geklärt habe - seien die Symptome auch wieder verschwunden. Sie empfindet eine weitestgehende Autonomie von ihren Eltern. Auch beruflich könne sie sich von den Ansprüchen ihres Chefs und ihrer Untergebenen abgrenzen. Die nächste Sitzung wird auf ihren Vorschlag hin erst in 4 Wochen - nach den Weihnachtstagen und Neujahr - stattfinden. Zu dieser, der 17. Sitzung, erscheint sie völlig anders und sehr zu ihrem Vorteil gekleidet - in meiner von keiner Modekenntnis getrübten Männersprache würde ich es als lockere, schlumprige Eleganz bezeichnen. Sie fühle sich fast immer gut gelaunt und werde demnächst einen Lehrgang für Gestalttherapie besuchen, was sie bei ihrer Arbeit gut gebrauchen könne.
In ihrer Freizeit gehe sie mit zwei oder drei Kolleginnen öfter einmal aus. Sie gönne sich viel, besuche das Sonnenstudio und einen Kreativkurs und telefoniere auch mehr. Allen falle auf, daß sie anders sei. Zu Hause sei es ruhiger geworden. Eine Stunde des Tages widmet sie den Eltern, trinkt mit ihnen Kaffee und unterhält sich mit ihnen - dann gehört aber der übrige Teil des Tages ihr. Das sei eine Grenzziehung, mit der sie sehr gut leben könne. Ihre Eltern würden es wohl oder übel auch akzeptieren. Auf mich wirkt die Patientin ausgesprochen energisch, willensstark und sympathisch - die Bezeichnung Patientin will nicht mehr zu ihr passen. Sie habe es sogar verkraften können, erzählt sie, sich von ihrer Urlaubsbekanntschaft zu trennen. Es war sehr schön im Urlaub, aber sie wolle nicht eine von vielen sein. Und so sagte sie eine Einladung von ihm zu Sylvester ab.
14 Tage später, es ist die 18. Sitzung, möchte sie die Behandlung beenden, was sie in der vorhergehenden Stunde schon andeutete - vielleicht war auch das Trennungsthema vom Freund so eine symbolische Verabschiedung vom Therapeuten. Gynäkologisch - aber auch sonst - fühle sie sich völlig gesund.
Als Gewinne in der Therapie zählt sie auf:
    daß sie gelernt habe, an sich zu glauben,
    daß sie gelernt habe, an sich als Frau zu glauben,
    daß sie einen gesunden Abstand zu den Eltern gewonnen habe,
    daß sie gelernt habe zu sagen: „Das ist mein Leben",
    daß sie sich nicht immer mehr für alles verantwortlich fühle und
    daher ein vorher ständig vorhandenes Schuldgefühl von ihr abgefallen sei.

Sie hatte gelernt, eigene Ansprüche zu akzeptieren, sich besser abzugrenzen und fühlte sich damit beziehungsfähiger, was sie auch in unseren Kontakten besser leben konnte. Sie hatte den Abhängigkeits-Autonomie-Konflikt im

Zusammenhang mit ihren enttäuschten, eher verdrängten Beziehungswünschen verstehen gelernt und Zorn und schmerzliche Betroffenheit darüber wieder zulassen können. Das Symptom - Pruritus vulvae - war verschwunden und konnte von ihr als Ausdruck gewünschter Nähe, Intimität und Sexualität verstanden werden verbunden mit der Angst vor Ablehnung und den darin verborgenen Gefühlen (Wut, Schmerz und Trauer).
Wir scheiden voneinander in gegenseitigem Einverständnis. Zurück bleibt ein Therapeut, der sich über diese selbstbewußte, zufriedene und intensiv lebende Frau freut. Den aber auch die bohrende Frage bewegt: Habe er oder der Urlaub in Gran Canaria heilsam gewirkt? Aber, so tröstet er sich, ohne ihn und seine Therapie kein Urlaub in Gran Canaria.
Nach diesem subjektiven Bericht nun noch einige Interpretationen dieses Falles: Wie verlief nun der psychotherapeutische Behandlungsverlauf bei dieser Patientin? Aufgewachsen in einem sie stark einengenden, aber auch schützenden, leistungsorientierten Elternhaus, erlebte sie bei Aufnahme des Studiums in Ostberlin erstmalig eine große persönliche Freiheit mit völlig neuen, weiten geistigen und kulturellen Horizonten. Früher in der Oberschulzeit manchmal unter Leistungsstreß aufgetretene gastritische Magenbeschwerden verschwinden völlig. Sehr schnell geht sie eine Partnerschaft ein, ihre erste. Diese Ehe wird spätestens nach der Geburt des Kindes zu einer großen Enttäuschung. Schrittweise setzt ihr Rückzug aus der sie enttäuschenden großen Welt ein und endet da, wo sie hergekommen ist, im schützenden Elternhaus. Aber inzwischen ist sie eine andere. Weniger den Schutz empfindet sie jetzt wie damals als Kind, sondern nur noch die extreme Einengung durch die alten Eltern, die sich an sie klammern. Die Fluchttendenzen werden immer stärker und kollidieren mit den Ansprüchen ihrer Eltern und ihrem Pflichtgefühl. Die Krankheit, rezidivierende Blutungsstörungen, versuchen den Konflikt zu „lösen". Wer so häufig krank ist, kann doch nicht wieder allein leben. Und wer, wenn nicht die Eltern, sollte im Krankheitsfalle den damals noch nicht volljährigen Sohn hüten? Als dann die Frauenärzte der Blutung durch die Hysterektomie ein endgültiges Ende setzen, war dieses Symptom nicht mehr möglich. Bald darauf tritt das Symptom des Pruritus an die Stelle der Blutungen. Dieses Symptom deutet auf zweierlei hin. Erstens ist es ein Symptom aggressiver Impulse, die statt auf das Objekt in einer Art aggressiver Umkehr durch das Kratzen ein autoaggressiver Angriff auf die eigene Haut werden. Und da es das Hautareal der Vulva betrifft, so kann man auch annehmen, daß verdrängte und nicht ausgelebte sexuelle Impulse dabei ebenfalls eine Rolle spielen.
Im Lauf der Psychotherapie wird das Symptom als Ausdruck ihres inneren Konfliktes und ihrer nicht zugelassenen Aggressionen gegen ihre Eltern im-

mer deutlicher. Nachdem sie bereits begonnen hat, ihren Freiraum im Elternhaus zu erweitern und in einer urlaubsbedingten Behandlungspause - ist das nun ein Zufall oder nicht? - mobilisiert das Beharrungsvermögen gegen die Veränderungstendenzen der Patientin alle pathogenen Kräfte. Ausgelöst durch schulischen Leistungsstreß reagiert sie wie zu Schulzeiten mit dem Magen und bekommt ein Ulcus. Sie wird arbeitsunfähig geschrieben. Die Krankheit und die Regression sind hier im Dienst der Abwehr und der Angst. Angst und Abwehr gegen ihre Autonomie. Im Verlauf der weiteren Therapie dann ordnet sie auch ihr berufliches Leben durch klare Grenzziehungen. Von da an hat sie sich zu einschneidenden Veränderungen entschlossen und sie begibt sich gewissermaßen zum zweiten Mal aus dem Elternhaus in das Leben.

In der gynäkologischen psychosomatischen Literatur wird der psychosomatische Pruritus überwiegend sehr einseitig mit sexuellen Konflikten in Verbindung gebracht. So bei Prill, Ziolko, Kehrer und auch von Richter und Stauber in Uexküll „Psychosomatische Medizin". Übertriebene sexuelle Begierden, allgemeines eheliches Unbefriedigtsein, Abneigung gegen den Partner und Angst vor Ansteckung werden genannt. Auch der Pruritus als masturbatorisches Äquivalent oder als Ausdruck für Onanieskrupel werden dort diskutiert. Kehrer definiert den Pruritus sogar als „Zerrbild einer allgemeinen sexuellen Erregung." Alles das trifft auf unsere Patientin sehr wenig zu. Vielmehr sehe ich hier einen Konflikt zwischen ihren Lebenszielen und der Angst davor, verbunden mit einem Autonomie-Abhängigkeitskonflikt bei deutlicher aggressiver Gehemmtheit. Weniger ausgeprägt ist ein wie auch immer gearteter sexueller Konflikt - wenn auch randständig eine unbefriedigte Sexualität dabei ist. Der Dermatologe Burkhardt schreibt, „daß oft geringfügige Hauterkrankungen infolge ungelöster Lebensprobleme in das Zentrum des Interesses gerückt werden und deshalb nicht zur Abheilung gelangen, weil die Patienten damit den ihnen sonst fehlenden Rapport und den Zuspruch beim Arzte suchen oder weil sie in der Flucht in die Krankheit einen Ausweg aus dem Versagen im Lebenskampf sehen". Da scheint mir doch viel mehr zuzutreffen als die sexuelle Überbetonung. Auch Condrau bezeichnet die Anschuldigung der Onanie, z.B. bei Kehrer, „als Sündenbock". Er zitiert dagegen Kroger und Freed, die bei Prurituspatientinnen eine Häufung von Übergefälligkeit, Gewissenhaftigkeit, hohe Intelligenz und Fleiß beschrieben. Die Lebensgeschichte dieser Frauen zeigte oft eine Zurückweisung der weiblichen Rolle, eine verdrängte Feindseligkeit und den ausgesprochenen Wunsch nach Beachtung und Zuneigung. Auch diesem Profil entspricht unsere Patientin völlig. Diese Frauen können ihren feindseligen Gefühlen und ihrer Aggressivität nicht freien Lauf lassen.

Zusammenfassung

Die an Pruritus vulvae erkrankte Frau weist eine besonders gereizte, sensible und unbefriedigte Grundstimmung auf. Das kann den Bereich der Sexualität mit einbeziehen, muß es aber nicht. Der triebhaft-vitale Lebensbereich ist betroffen durch Störungen der zwischenmenschlichen Beziehungen. Diese Frauen leben in einem Widerstreit zwischen den Ansprüchen ihrer starken Vitalität und einer ebenso starken Abwehr eben dieser Ansprüche, wobei die Hemmungen von ihnen selbst ausgehen können oder ihnen von außen aufgezwungen sind.

Literatur

1. *Burckhardt, W.:* Seelische Konflikte als Ursache von Pruritus und Ekzem. Axta Derm. Vener. 32, 1952, 72-74
2. *Condrau, G.:* Psychosomatik in der Frauenheilkunde. Huber, Bern, 1965
3. *Kehrer, E.:* Über Psychosomatik in der Gynäkologie. Ärztl. Forsch. 5, 1951, 301-313
4. *Kroger, W. S., Freed, S. C.:* Psychosomatic Gynekology. Saunders, Philadelphia, 1951
5. *Prill, H.-J.:* Psychosomatische Gynäkologie. Urban und Schwarzenberg, München, 1964
6. *Richter, D., Stauber, M.:* Gynäkologie und Geburtshilfe. In: Uexküll, T.v.: Psychosomatische Medizin. 4. Aufl., Urban und Schwarzenberg, München, Wien, Baltimore, S. 941-974, 1990
7. *Ziolko, H. U.:* Zur vegetativen Dysregulation bei Neurotikern. Ärztl. Wschr. 11, 1955, 12

Psychodynamische Einzeltherapie bei einer älteren Patientin mit Somatisierungsstörung - Ein Fallbericht

C. Baumgärtner

Berichtet werden soll über eine zum Zeitpunkt des Erstkontaktes 68jährige Patientin, die von Oktober 1994 bis Juli 1995 mit einer ambulanten psychodynamischen Einzeltherapie behandelt wurde. Die Behandlung erstreckte sich über 25 Sitzungen.
Die Patientin war von Beruf Lehrerin gewesen und war nun berentet. Sie war ledig und lebte allein.
Nach dem Tod ihrer Eltern im Jahre 1986 war eine die Patientin stark belastende Trockenheit an den Schleimhäuten aufgetreten, für die bislang keine organische Ursache gefunden werden konnte.

Der **Erstkontakt** mit der Patientin fand im Oktober 1994 im Rahmen der Tätigkeit der Therapeutin in der Universitätshautklinik statt. Die Patientin war dort zum Zwecke einer umfangreichen Diagnostik stationär aufgenommen worden.
Vom äußeren Erscheinungsbild handelte es sich um eine sehr schlanke, großgewachsene, gepflegte ältere Frau von angenehmem Äußeren. Besonders auffallend waren ihre strahlend blauen Augen.
Im Erstgespräch beklagte die Patientin ein Gefühl von Trockenheit und ein Brennen im Mund und in den Augen, was seit 1986 bestanden habe. Ebenfalls seit damals verspürte die Patientin ein Gefühl der Schwäche, fühlte sich wenig belastbar und antriebsschwach, war geräuschempfindlich und litt unter rezidivierenden Kopfschmerzen. Durch ihr schlechtes Befinden sei es zu einer starken Gewichtsabnahme gekommen.

Subjektiv bestand bei der Patientin ein starker Leidensdruck. Daß die Ärzte bislang keine organischen Ursachen für ihre Beschwerden finden konnten, belastete und ärgerte die Patientin zusätzlich.
Auch der knapp zweiwöchige stationäre Aufenthalt in der Hautklinik ergab lediglich einen altersatrophischen Trockenheitszustand der Haut und ein kontaktallergisches Geschehen. Es konnte daher nur eine symptomatische Therapie, gekoppelt mit der Empfehlung, eine ambulante Psychotherapie aufzunehmen, eingeleitet werden.

Diagnostisch wurden die Befunde als Somatisierungsstörung bei depressiver Persönlichkeitsstruktur bewertet.
Nach Ablauf von 5 probatorischen Sitzungen wurde mit der Patientin eine Therapievereinbarung über 25 Sitzungen ambulanter psychodynamischer Einzeltherapie geschlossen.

Aus der **Anamnese**:
Die Patientin wurde als zweites Kind ihrer Eltern geboren. Sie hatte zwei Brüder (+5, -8), der ältere Bruder war im Krieg gefallen. Ihr Vater war von Beruf Landmaschinenbauer, ihre Mutter Hausfrau. Die Patientin berichtete über eine besonders gute Beziehung zu ihrem Großvater mütterlicherseits, der ein liebevoller Mensch gewesen sei. Als er verstarb, war dies für die Patientin ein großer Schrecken und Verlust. Sie war damals 5 Jahre alt.
Bezüglich ihrer Eltern berichtete die Patientin, daß diese immer gut zu ihr gewesen seien, jedoch warme gefühlsbetonte Zuwendung hätten vermissen lassen. Die Patientin habe ihre Wünsche danach auch erst Jahrzehnte später und nur ihrer Mutter gegenüber ausdrücken können. Ihre Mutter sei nur für sie dagewesen, wenn es ihr schlecht ging. Diese Erinnerungen der Patientin lassen sich als Hinweis auf eine frühe, unerfüllt gebliebene Bedürftigkeit nach Liebe, Wärme und emotionaler Annahme bewerten. Der Vater wird als unnahbarer Mensch geschildert.
Eingeschult wurde die Patientin bereits mit 5 Jahren. Sie sei zwar körperlich sehr groß gewesen, aber noch sehr verspielt und den Anforderungen der Schule noch nicht gewachsen. So habe sie sich sehr anstrengen müssen und sei ungern zur Schule gegangen. Aus heutiger Sicht wertet die Patientin die Entscheidung ihrer Eltern, sie vorzeitig einschulen zu lassen, sehr kritisch und als Überforderung. Bestätigung erfuhr sie dann später im Rahmen der Naziideologie, da sie blond und blauäugig war, durch Zuweisung von Funktionen in den entsprechenden Organisationen.
Im beruflichen Bereich erlernte die Patientin nach Abschluß der Schule auf Wunsch ihres Vaters einen kaufmännischen Beruf, obwohl sie selbst lieber

mit Kindern gearbeitet hätte. Nach dem Krieg lebte die Patientin in Halle und nahm eine verwalterische Tätigkeit am Institut für Körpererziehung auf. Dies sei eine fröhliche und lustige Zeit gewesen, und die Patientin unterhielt viele anregende Beziehungen im Kollegen- und Studentenkreis. Später entschloß sie sich aber doch noch, ein Lehrerstudium aufzunehmen. In dem Kollegium der Schule, wo sie dann als Lehrerin arbeitete, sei es dann schon nicht mehr so ausgelassen zugegangen, was ihr doch recht gefehlt habe.
Bezüglich des partnerschaftlichen Bereiches machte die Patientin zunächst keine Angaben, entschloß sich dann aber nach Ablauf einiger Sitzungen, über ihre Erfahrungen zu berichten. Das Thema Sexualität sei in ihrem Elternhaus tabuisiert worden. Als die Patientin im Alter von 17 Jahren erste sexuelle Erfahrungen gemacht habe, habe ihre Mutter ärgerlich reagiert. Es schloß sich dann eine mehrjährige Beziehung zu einem jungen Mann aus einem benachbarten Ort an, mit dem die Patientin auch verlobt war. Ihr Verlobter habe dann jedoch ein andere Frau bevorzugt, die sehr viel Geld gehabt habe. Er habe sich einfach von der Patientin zurückgezogen, ohne mit ihr ein klärendes Gespräch zu führen.
Als die Patientin in Halle lebte, nahm sie eine Beziehung zu einem Kollegen ihres Institutes auf. Dieser habe jedoch immer auch Beziehungen zu anderen Frauen unterhalten. Die Patientin sei dann bald schwanger geworden, ließ jedoch eine Abtreibung im dritten Monat vornehmen, da gleichzeitig auch eine andere Frau von ihrem Partner schwanger geworden sei. Sie habe auch nicht um die Beziehung zu diesem Mann gekämpft, sei aber, obwohl dieser dann bald heiratete, immer "wie mit einem Gummiband" an diesen Mann gebunden geblieben. Es habe sich vor allem um eine erotische Beziehung gehandelt. Sie habe zwar in den folgenden Jahren mehrere Bekanntschaften gemacht, habe sich aber innerlich auf keine neue Beziehung einlassen können. Als der betreffende Mann im Herbst 1994 nach längerer Krankheit verstarb, sei in der Patientin ein Gefühl der Leere aufgekommen, obwohl man sich in den letzten Jahren nur noch sehr selten gesehen habe (kurz darauf erfolgte die stationäre Aufnahme der Patientin in der Hautklinik).
Da die Patientin im Gegensatz zu ihrem jüngeren Bruder somit keine eigene Familie hatte, habe sie sich zunehmend um ihre Eltern gekümmert (zunächst regelmäßige Besuche an den Wochenenden, dann Aufnehmen der Eltern in ihrer Wohnung über das Winterhalbjahr, dann intensive mehrjährige körperliche Pflege beider Eltern bis zu deren Tod Mitte der 80iger Jahre).
Nach dem Tod der Eltern engagierte die Patientin sich stark in ihrer Gemeinde und war auch hier vor allem für andere da. Seitdem die Patientin sich aber selbst schlechter fühlte, hätten sich die Beziehungen innerhalb dieses Bekanntenkreises verschlechtert. So würden andere sie zwar immer wieder

nach ihrem Befinden fragen, ihr dann aber doch nicht zuhören und nicht verstehen, warum es ihr immer noch nicht besser gehe. Sie bekomme dann auch teilweise signalisiert, sich zusammenzureißen.
Wichtig ist der Patientin die Beziehung zur Familie ihres jüngeren Bruders. Ihre Wünsche nach Familienanschluß und warmherziger Zuwendung bleiben jedoch auch hier unerfüllt. Unterschwellig wird auch ein Ärger über Bruder und Schwägerin spürbar, die sie bei der Pflege der Eltern völlig im Stich ließen. Die Patientin, die allein in einer kleinen Wohnung in einem Neubaugebiet lebt, pflegt lockere Kontakte zu Nachbarn im Wohnhaus, fühlt sich jedoch auch hier weitgehend unverstanden.

Psychodynamisch stellten sich anhand des biographischen Materials zwei wesentliche Beziehungsmuster heraus: Auf belastende Lebenssituationen reagierte die Patientin mit körperlicher Krankheit. Ein weiteres wesentliches, sich in den Beziehungen der Patientin immer wiederholendes Muster lag in ihrer Unfähigkeit, sich anderen gegenüber durchzusetzen, sich abzugrenzen und aggressiv - konstruktiv auseinanderzusetzen. In ihrer Kindheit und auch in ihrem weiteren Leben erlebte die Patientin, daß sie für solches Verhalten z.B. von ihrer Mutter mit Schweigen und Nichtachtung bestraft wurde. Sie fürchtete daher, daß selbstsicheres Verhalten Harmonie zerstören und das Einvernehmen in einer Beziehung bzw. diese Beziehung selbst auf Dauer zerstören könne. Daher gäbe sie lieber nach, was zur Folge habe, daß andere mit ihr machen können, was sie wollen. Ärger darüber staute sich bei der Patientin dann immer wieder an.
Ein weiteres Problem bezog sich darauf, daß sie sich gern einmal wieder richtig gehen lassen würde. Sie habe bemerkt, daß sie sich weder richtig freuen, noch einmal richtig weinen könne (siehe Ausdruckscharakter des Symptoms - Trockenheit der Augen, Brennen). Es gelinge ihr nicht, sich anderen gegenüber anders als beherrscht zu geben. Obwohl sie auch gern anderen mal ihr Herz ausschütten wolle, werde sie stets als "seelischer Mülleimer" mißbraucht.
Die Patientin hatte ausgesprochene Schwierigkeiten, im Gespräch einen Zugang zu ihrem Erleben und zu ihren Gefühlen zu finden. Diese blieben häufig abgespalten und die Patientin intellektualisierte sehr stark.
Die Indikation für eine psychotherapeutische Behandlung konnte schnell gestellt werden, und die Motivation der Patientin erwies sich als hinreichend für eine ambulante Einzeltherapie über 25 Sitzungen.
Es kristallisierten sich relativ schnell die beiden folgenden psychodynamischen Foci heraus:

1. Es fällt mir schwer, mich mit anderen aggressiv - konstruktiv auseinanderzusetzen, mich abzugrenzen und durchzusetzen, weil ich erlebte, daß ich in meiner Kindheit für solches Verhalten mit Schweigen und Nichtachtung gestraft wurde und daher befürchte, Frieden und Harmonie in mir wichtigen Beziehungen oder diese Beziehungen selbst zu zerstören.
2. Ich möchte mich einmal richtig gehen lassen und habe doch Angst davor, weil ... (der psychodynamische Hintergrund dieses Fokus stellte sich erst im Therapieverlauf heraus, s.u.)

Zum **Behandlungsverlauf**:
Das Erstgespräch und 2 weitere orientierende Gespräche mit der Patientin wurden im Universitätsklinikum Kröllwitz in der Hautklinik durchgeführt. Die Patientin war zunächst sehr erfreut über die Zuwendung und im Gespräch aufgeschlossen. Sie war jedoch nicht darauf eingestellt, daß es um ein tieferes Reflektieren über ihre Lebenssituation bzw. Lebensgeschichte und die Zusammenhänge zu ihren Beschwerden gehen könnte, sondern nutzte die ihr ansonsten fehlende Möglichkeit, sich auszusprechen. Am Ende ihres 2wöchigen stationären Aufenthalts in der Hautklinik entschloß sich die Patientin dann, weitere Gespräche für sich nutzen zu wollen. Dies hing zum einen damit zusammen, daß durch den stationären Aufenthalt keine organischen Befunde erhoben werden konnten, die ihre Beschwerden ausreichend erklärten. Die Patientin war zunächst relativ stark auf die Theorie einer organischen Entstehung ihrer Beschwerden fixiert. Diese Fixierung blieb auch neben einer zunehmenden Psychogeneseeinsicht parallel lange Zeit bestehen. Zum anderen erlebte die Patientin Konflikte im Bekannten- und Verwandtenkreis, fühlte sich unverstanden und beklagte fehlende Möglichkeiten, sich ihrerseits auszusprechen. Sie berichtete auch über sie belastende Träume, die sie gern besser verstehen wollte.
Mit der Patientin wurden zunächst 5 probatorische Sitzungen vereinbart. Die Patientin erhielt den Auftrag, einen schriftlichen Lebenslauf abzufassen. Die folgenden Stunden waren, dadurch angeregt, dem Berichten biographischen Materials, z.B. aus der Kriegszeit, gewidmet. Es wurde dabei auch ein Widerstreben der Patientin deutlich, sich mit den unangenehmen Dingen der Vergangenheit zu befassen.
Gleichzeitig dienten die probatorischen Sitzungen der Erarbeitung einer Psychogeneseeinsicht bei der Patientin, deren Beschwerden ja kurz nach dem Tod ihrer Eltern im Anschluß an deren jahrelange Pflege durch die Patientin eingesetzt hatten. Es stellte sich heraus, daß sich die Patientin durch die intensive körperliche Pflege ihrer beiden Eltern stark überfordert und von ihrem Bruder im Stich gelassen fühlte. Es sei ihr jedoch nicht gelungen, ir-

gendwelche an sie gerichtete Forderungen abzuschlagen ("ein paar nette Worte, dann konnte ich es").

Die Patientin berichtete außerdem, wie ihre Mutter sie durch Nichtbeachtung und Schweigen, das z.T. wochenlang anhielt, strafen konnte, wenn die Patientin sich mit einer eigenen Meinung durchsetzen wollte. Zudem habe der Kontakt zu beiden Eltern Wärme und Herzlichkeit vermissen lassen und auch in den letzten Jahren sei stets die Patientin auf ihre Mutter zugegangen und habe sie beispielsweise umarmt, aber nie umgekehrt. Hier wurde ein frühes, unerfüllt gebliebenes Bedürfnis der Patientin nach primärer, emotionaler Annahme und Geborgenheit deutlich. Der Störung in ihren Objektbeziehungen liegt n.E. diese frühe Störung der Beziehung in den primären Bezugspersonen zugrunde.

In dieser ersten Phase der Therapie zeigte sich der **Widerstand** der Patientin z.B. durch: Auftreten körperlicher Symptome, wenn belastende Erinnerungen angesprochen wurden, Hinauszögern des Verfassens eines Lebensberichtes, Verschweigen von Angaben zum partnerschaftlichen und Intimbereich, Versäumen einer Stunde durch Krankheit, der Therapeutin die Aktivität Zuschieben.

Bezüglich der **Übertragung und Gegenübertragung** versuchte die Patientin anfangs, die Therapeutin in eine Expertenrolle zu drängen. Später zeigten sich eher kindliche Übertragungsgefühle (z.B. in der Hilflosigkeit der Patientin und in ihrem Wunsch nach echter Anteilnahme und Annahme). In der Gegenübertragung spürte die Therapeutin Anteilnahme, Interesse und Sympathie für die Patientin, aber auch Gefühle der Hilflosigkeit (beim Klagen der Patientin) und Ärger (beim Klagen und Intellektualisieren).

Die Patientin erwies sich allerdings als zur Beziehungsklärung fähig und konnte konfrontierende Interventionen der Therapeutin konstruktiv verarbeiten. Dies trug zur Entscheidung bei, mit der Patientin im Januar 1995 eine Therapievereinbarung über 25 Stunden psychodynamischer Einzeltherapie bei zunächst einem Termin wöchentlich zu beiden o.g. psychodynamischen Foci abzuschließen. Die Patientin erhielt dabei u.a. den Auftrag, besonders auf ihre Gefühle und Empfindungen zu achten und diese möglichst freimütig auszusprechen, da sich gezeigt hatte, daß die Berichte der Patientin sehr gefühlsarm und abständig gehalten waren. Auf diesen Bestandteil der Therapievereinbarung mußte im Verlauf der Therapie immer wieder hingewiesen werden, da die Patientin es häufig beim bloßen Berichten von Fakten beließ und insbesondere Schwierigkeiten hatte, Wut und Ärger wahrzunehmen und auszudrücken. Statt dessen verstärkten sich die körperlichen Beschwerden jeweils.

Auch der zweite psychodynamische Fokus wurde in den Stunden direkt bearbeitbar, indem die Patientin sich nicht gestattete, Dinge, die sie traurig machten, zu beweinen. Statt dessen versuchte sie, sich zusammenzureißen, die Zähne zusammenzubeißen und fühlte sich eingeschnürt und verkrampft. Der Patientin wurde zunehmend deutlich, wie sie im Verlauf ihrer Lebensgeschichte immer wieder erkrankte, wenn sie sich psychisch schlecht fühlte. Dies sei z.B. der Fall gewesen, wenn sie in Streitigkeiten mit den Eltern immer klein beigab, um keine Spannungen aufkommen zu lassen ("ich wollte immer alles ausgleichen um des lieben Friedens willen, das hat mir aber auch nicht gut getan"). Sie habe sich jedoch den Eltern, besonders der Mutter gegenüber, zur Dankbarkeit und zum Respekt verpflichtet gefühlt; außerdem sei es ihr wichtig gewesen, gebraucht zu werden, da sie keine eigene Familie hatte. Die Patientin stellte in diesem Zusammenhang betroffen fest, daß sie sich letztlich immer wieder einsam gefühlt habe.

Nach Ablauf einiger Sitzungen entschloß sich die Patientin dann auch, auf der Grundlage eines gewachsenen Vertrauens zur Therapeutin, über ihre Erfahrungen im partnerschaftlichen Bereich zu berichten. Die Schwangerschaftsunterbrechung als Ausdruck des Verzichts auf den eigentlich geliebten Mann und als Anpassung an Norm- und Wertvorstellung anderer, z.B. der Eltern oder Kollegen, stand hierbei im Mittelpunkt. Bei diesen brisanten Themen zeigte sich der Widerstand der Patientin, indem sie versuchte, immer wieder auf unverfänglichere Themen auszuweichen, indem sie zögerte, ihren schriftlichen Lebensbericht zu beenden und auch immer wieder eine organische Krankheitstheorie zur Sprache brachte. Der Kompromiß zwischen wachsender Psychogeneseeinsicht und dem wiederholten Zurückfallen in eine organische Krankheitstheorie wurde deutlich, indem die Patientin ca. nach Ablauf von 10 Stunden den Wunsch äußerte, eine psychosomatische Kur zu machen und auch entsprechende Schritte in Angriff nahm. Als dies durch die Referentin prinzipiell akzeptiert wurde, konnte sich die Patientin noch einmal auf eine Phase intensiveren Arbeitens einlassen. Auf ihren Wunsch wurde die Sitzungsfrequenz auf 2 Stunden pro Woche erhöht. Die Patientin brachte von sich aus Träume in die Stunden mit (Reise, auf der sich immer neue Hindernisse auftun, Versinken im kalten Wasser).

Der Patientin gelang es jetzt besser, eigene, auch ärgerliche Gefühle ernst zu nehmen und sie probierte im Bekanntenkreis und auch der Therapeutin gegenüber, ihre Gefühle offen und direkt auszudrücken. Sie sprach in diesem Zusammenhang auch über ihren bislang unerfüllt gebliebenen Wunsch nach Anerkennung und echtem Interesse durch andere, ohne das "anmahnen" zu müssen bzw. sich wie früher durch Sich-Aufopfern zu verdienen und zu erarbeiten. Eine solche echte Anteilnahme und echtes Interesse könne sie in der

therapeutischen Beziehung spüren. Schwierigkeiten hatte die Patientin nach wie vor mit dem Zulassen und Ausdrücken schmerzlicher Gefühle. Sie äußerte, sich nicht "gehenlassen" zu können, um sich das Gefühl zu erhalten: "ich bin noch wer", womit sie ein wichtiges Therapieziel in Frage stellte.
Der zweite Fokus wurde nun folgendermaßen formuliert: Ich möchte mich einmal richtig gehenlassen, z.B. einmal richtig weinen, und habe doch Angst davor, weil ich befürchte, dann nichts mehr wert zu sein.
Damit konfrontiert äußerte die Patientin dann auch, nun nicht länger in der Vergangenheit nachgraben zu wollen, sondern die letzten verbleibenden Sitzungen dafür nutzen zu wollen, über aktuelle Möglichkeiten der Beziehungsgestaltung im vor ihr liegenden Lebensabschnitt zu sprechen.
In den nächsten Stunden berichtete sie, daß es ihr gelungen sei, sich bei Kontakten in ihrem Bekanntenkreis selbstbewußter zu verhalten. Sie äußerte außerdem die Vorstellung, Kontakte über den Rahmen der Gemeinde hinaus zu Kollegen aus der Institutszeit aufzufrischen. Enttäuschend blieb für sie die Beziehung zur Familie ihres Bruders, in die sie große Erwartungen bezüglich Entgegenkommen und Verständnis gesetzt hatte.
In den letzten Stunden klagte die Patientin noch einmal viel über körperliche Beschwerden, konnte die Deutung, daß dies mit dem bevorstehenden Ende der Therapie zu tun haben könne, aber annehmen.
In der letzten Sitzung resümierte sie, daß ihr die therapeutischen Sitzungen etwas erbracht hätten, was sie jetzt versuchen wolle, in ihrem Alltag umzusetzen (z.B. sich durch Beschwerden nicht von allen Unternehmungen abhalten zu lassen, nicht immer aktiv sein müssen, versuchen, eigene Meinungen und Gefühle direkt zu äußern). Sie sei nicht mehr, wie am Anfang der Therapie, darauf fixiert, daß die Beschwerden verschwinden müßten, sondern wolle versuchen, besser mit ihnen zu leben.
Falls dies der Patientin gelänge, wäre ein wichtiges Therapieziel erreicht, und dies würde für sie auch mit einer erheblich verbesserten Lebensqualität einhergehen.

Der vorliegende Bericht soll nicht zuletzt einen Eindruck davon vermitteln, daß die Arbeit mit dieser Patientin sehr interessant war, und daß der Einblick in ihre Lebensgeschichte, den diese Frau gewährte, die Referentin sehr berührte. Für diese Patientin war es sehr wichtig, sie nicht rein organmedizinisch zu behandeln. Es soll noch einmal darauf aufmerksam gemacht werden, wie schon in einem ihrer Symptome (Trockenheit der Augen) ihre tiefere Not, nicht mehr weinen zu können, verschlüsselt lag.
Am dargestellten Fall zeigt sich aber auch, daß die psychodynamische Einzeltherapie auch bei älteren Patienten mit sehr viel Gewinn eingesetzt wer-

den kann. Entscheidend ist, ob sich die Motivation für eine solche Arbeit an der eigenen Lebensgeschichte und für Veränderungen der Lebenssituation erarbeiten läßt. Diese Veränderungen sind möglicherweise aufgrund der Besonderheiten in der Situation Älterer nicht so weitreichend wie bei einigen jüngeren Patienten. Andererseits sind es oft kleine Veränderungsschritte (z.B. ein neuer Kontakt, ein bestimmtes Verhalten erfolgreich ausprobieren), die eine Lebenslage und damit das Lebensgefühl verbessern.

Wichtig für den Behandlungsveralauf ist vor allem, ob sich zwischen Patient und Therapeut eine echte Beziehung, ein Arbeitsbündnis entfaltet.

Bezüglich der psychodynamischen Foci ist das Anliegen des Patienten an die Therapie stets im Auge zu behalten und auch immer wieder neu zu erfragen. Daraus ergibt sich dann, inwieweit in der Therapie biographisch aufarbeitend oder aber gegenwartsbezogen an den aktuellen Verhaltensmöglichkeiten bleibend fokussiert vorgegangen werden soll. Möglicherweise ist letzteres in der Therapie älterer Menschen besonders wichtig. Aber auch die Möglichkeit, Rückschau zu halten und Bilanz über das Vergangene zu ziehen, ist von großem Wert, wenn dies auch das Anliegen des Patienten ist und somit den angemessenen Stellenwert in der Therapie erhält.

Von der Begrenztheit des Therapieziels in der Psychotherapie

S. Krumnow

Als niedergelassene Psychotherapeutin arbeite ich nach der Methode der psychodynamischen Einzeltherapie und ich habe ausgehend von geltenden formalen Kriterien die Möglichkeit, tiefenpsychologisch fundierte Psychotherapie bei der Krankenkasse abzurechnen. Das bedeutet praktisch, daß ich mich für das Gros der Pat. auf eine Behandlung von 25-100 Stunden orientiere.
Das bedeutet aber auch, daß es von großer Wichtigkeit ist, zu beachten und einzugrenzen, was in diesem Rahmen für den Pat. möglich werden kann und müßte.

(Und dabei muß ich auch daran denken, daß es sich um die Behandlung einer krankheitswertigen Störung innerhalb der gesetzlichen Krankenversicherung handelt, von der schon deshalb erwartet wird, daß sie indiziert, zweckmäßig und wirtschaftlich sein sollte.)

Zu Beginn meiner Tätigkeit und Ausbildung hatte ich -woher?!- sehr hoch gesteckte Vorstellungen davon, was in einer Kurzzeittherapie erreichbar sei, inzwischen mußte und *konnte* ! ich diese hohen Erwartungen aufgeben, was mir das Leben und die Arbeit wesentlich erleichtert - und dem Pat. auch zugute kommt. Diese Relativierung der Erwartungen bestätigt sich für mich auch, wenn ich mir deutlich mache, wie langwierig mein eigener Selbsterfahrungsprozeß bisher war und noch sein wird.
Zu Beginn einer Therapie steht jedesmal die Frage, auf welche Art und Weise eine Veränderung/ Besserung /Hilfe für den Pat. möglich ist, der gewöhnlich dann kommt, wenn es ihm nicht gut geht.
Die Kernfrage dazu ist: WARUM kommt der Pat. - auf welchem Weg - gerade jetzt - gerade zu mir - mit welchen Symptomen/Problemen - in welcher

Lebenssituation - mit welchen Vorstellungen/ Erwartungen/ Hoffnungen/ Zielen?
Die ersten Sitzungen sind von der Suche danach geprägt, welche äußeren Umstände (Versuchungs-/Versagungssituationen, Anforderungen, Verlusterlebnisse...) und inneren Bedingungen (Persönlichkeitsstruktur, Übertragungsphänomene, Wiederholungszwänge, Internalisierungen....) an der Entstehung der gegenwärtigen Krise beteiligt sind, um eine Vorstellung davon zu bekommen, was in der Therapie bearbeitet werden müßte, um aus dieser Krise herausfinden zu können. Diagnostisch wertvolle Hinweise sind aus der Anamnese, der aktuellen/auslösenden Situation und daraus, wie ich den Pat. im Hier und Jetzt der therapeutischen Beziehung erlebe, zu gewinnen.

(Und auch hier wieder die Warnung vor der Idealisierung, am Anfang wäre immer alles klar und eindeutig. Oft genug erlebt man im Therapieverlauf Überraschungen - zumindest aber wesentliche Ergänzungen. Und manchmal wird man feststellen müssen, auf dem Holzweg zu sein, was durchaus auch therapeutisch genutzt werden kann!)

Eine hilfreiche Frage ist dabei für mich: Welches Stück Weg steht für den Pat. an, das er selbst nicht schafft zu bewältigen, und auf welche Art und Weise kann ich ihn dabei hilfreich begleiten - möglichst als Hilfe zur Selbsthilfe, ohne ihm die Verantwortung und Richtungsbestimmung aus der Hand zu nehmen.
Bei mir entsteht vergleichbar damit das Bild eines Schiffes, das in stürmischer oder unwegsamer See oder wegen bestehender Mängel mit einem Maschinenschaden, einem Leck oder wegen Manövrierunfähigkeit in Seenot geraten ist.
Um sich auf so einem Schiff zurechtzufinden, ist es ratsam, Konstruktionsunterlagen aus der Heimatwerft zu haben (Anamnese unter neurosenpsychologischer Sicht).
Sind die festgestellten Mängel und Störungen zu umfangreich und tiefgreifend, kann eine Generalüberholung nötig sein (z.B. mehrjährige Psychoanalyse).
Oder man kann sich vielleicht doch auf relativ begrenzte Schäden konzentrieren - und das Schiff kann seinen Weg fortsetzen, wenn diese behoben oder vermindert wurden.
Ein Rückblick auf meine bisherige Arbeit macht mir deutlich, wie unterschiedlich das bei den einzelnen Pat. aussehen kann.

Manchmal findet man ein „Schiff" vor, und man kann wirklich feststellen, daß es sich um einen begrenzten Schaden handelt, den man gemeinsam beheben kann, und das „Schiff" ist wieder flottgemacht.
Dazu fällt mir die Therapie mit einem etwa 40jährigen Pat. ein, der von seiner Mutter immer wieder zu hören bekam "Wie du aussiehst! Wie du sprichst! Wie du dich verhältst! Unmöglich!", was dann auch zu seiner Einstellung zu sich selbst wurde. Er wagte sich kaum unter die Leute, da er annahm, daß auch alle anderen ihn so sehen. Der Pat. kam nach einem Suicidversuch zu mir und konnte in einer 25stündigen Therapie diese Haltung zu sich selbst und damit die sozialen Ängste abbauen.
Entscheidend für diese Entwicklung war, daß dem Pat. diese Hintergründe bewußt wurden und er in der therapeutischen Beziehung die für ihn überzeugende Erfahrung machte, daß seine Befürchtungen gegenstandslos sind. Gerade diese direkten und "hautnahen" Erfahrungen in der Beziehung zwischen Pat. und Therapeut sind ein sehr wirkungsvolles Element in der psychodynamischen Einzeltherapie.

Leider ist der Schaden oftmals viel komplizierter und man kann vielleicht (erstmal) nur einen Teil davon beheben.
Dazu fällt mir eine Frau, Mitte 30, mit einer Angstneurose ein, bei der es in 80 Therapiestunden zwar weitgehend gelang, depressive Anteile zu bearbeiten, aber noch nicht die hysterischen. Damit kommt die Frau zunächst einmal besser zurecht im Leben, kommt aber nach einer gewissen Zeit wahrscheinlich wieder oder geht zu einem anderen Therapeuten, um die begonnene Arbeit fortzusetzen.
Bei depressiv strukturierten Pat. kann - je nach Bedeutung für die aktuelle Situation - der Schwerpunkt auf einzelne Aspekte gelegt werden (gehemmte Aggressivität, Schuldgefühle, Abhängigkeit/Selbstbestimmung ...).
Gerade bei komplexeren Störungen steht die Frage, ob eine von vornherein umfangreichere Therapie (z.B. Psychoanalyse) angezeigt ist. Es kann verschiedene Gründe haben, sich doch für eine Fokaltherapie zu entscheiden (fehlende andere Therapieangebote, fehlende Bereitschaft des Pat., sich auf eine andere Behandlung einzulassen, die Einschätzung, daß eine merkliche Besserung auch so erreicht werden kann).
Um sich dann in der Komplexität zurechtzufinden und nicht "in der Neurose herumzustochern", ist es sehr wertvoll, die ins Auge gefaßte Problematik als Fokus zu formulieren, um einen Leitfaden zu haben.
Es deutet sich hier aber auch die Möglichkeit einer "Intervalltherapie" in Form von zwei oder mehreren Therapien im Lauf von mehreren Jahren an.

Manchmal gerät ein „Schiff" in Seenot und es reicht vielleicht aus, nur gemeinsam nachzusehen, was denn los ist, und zu klären, was zu tun ist, und der Betroffene kommt dann recht gut allein klar.
Wie z.B. bei einer jungen Frau, die ihr Leben immer recht gut bewältigte, dann aber durch einen Ambivalenzkonflikt (zwischen Ehemann und Freund) aus der Bahn geworfen wurde (Unruhezustände, depressive Verstimmung, Schlafstörungen). Hier haben die 5 probatorischen Sitzungen gereicht, um die Situation für sich zu klären und eine Entscheidung zu treffen.

Manchmal muß man feststellen, daß ein „Schiff" so viele Schäden und Funktionsstörungen hat, daß eine Reparatur nicht mehr recht möglich ist. Hier könnte man sich dafür entscheiden, ab und zu mal ein Leck zu flicken oder Öl nachzufüllen, damit es einigermaßen gut weiterfahren kann, ohne zu versinken oder ganz abzutreiben.
Eine ältere Frau habe ich in solch einer längerfristig haltgewährenden Beziehung betreut.

Manchmal sehen Situationen auf den ersten Blick sehr ähnlich aus, haben aber ganz unterschiedliche Hintergründe, woraus sich unterschiedliche Ziele ergeben.
Wie bei zwei Frauen, die unter ihren tyrannisierenden Ehemännern litten. Die eine kann sich nicht trennen, weil sie Angst vor dem Alleinsein hat - die andere, weil sie sich dem Mann verpflichtet und in seiner Schuld fühlt. Für die eine waren Trennung und Alleinsein nicht realisierbar, stattdessen aber die Gestaltung eines erträglicheren Miteinanders. Die andere konnte sich aus Verpflichtung und Schuldgefühl lösen und insgesamt ein besseres Selbstwertgefühl aufbauen.
Auch hier kann die Formulierung eines Fokus helfen, Vermischungen zu verhindern und wirklich am Problem des Pat. zu bleiben.

Als letztes Beispiel möchte ich die Therapie einer 45jährigen Frau anführen. Daran wird für mich noch einmal sehr anschaulich, wie wichtig es ist, darauf zu achten, was wirklich für den Pat. das Problem und das Ziel ist. Man kann sehr anspruchsvolle und viele verschiedene Therapieziele formulieren, die therapeutische Arbeit funktioniert aber nur dann gut, wenn sie dem Anliegen des Pat. entspricht und seiner Lebensrealität.
Die Frau hatte hartnäckige Herzbeschwerden und es schien mir notwendig und geboten, die ausgeprägten depressiven und zwanghaften Persönlichkeitszüge dieser Frau zu "bearbeiten". In Wirklichkeit kam die Frau so mit sich ganz gut zurecht und eine grundlegende Änderung war für sie gar nicht erstrebens-

wert. Es wurde deutlich, daß es bei ihr darum ging, daß diese Persönlichkeitszüge verhindert haben, den Tod ihres Mannes zu überwinden und sich auch wieder ohne schlechtes Gewissen lustvollen Dingen im Leben zuzuwenden. Dieses Stück Weg zu gehen, wurde ihr im Lauf der Therapie möglich.

Zur Integration lösungsorientierten und analytisch orientierten kurzzeittherapeutischen Vorgehens in der tiefenpsychologisch fundierten psychotherapeutischen Praxis

R. Vogt

Vorangestellt sei, daß ich in diesem Beitrag versuchen will, meine eigenen ca. 10jährigen Erfahrungen bei der Integration verschiedener Therapieschulen mitzuteilen.
Dabei verstehe ich unter Integration nicht die eklektische Vermischung von Therapierichtungen, sondern die gezielte bzw. erfahrungsunterlegte Verknüpfung verschiedener **therapeutischer Haltungen** im Rahmen der therapeutischen Wahrnehmung, Diagnostik und Therapieintervention sowie -zielstellung.
Mein Motiv zur Umsetzung eines integrativen Konzeptes ergab sich daraus, daß ich auf die Störungs- und Symptomangebote der Patienten wenig flexibel und erfolgreich eingehen konnte, weil ich als Berufsstarter nur Gesprächs- und Verhaltenstherapie zur Anwendung bringen konnte - und andererseits, daß offensichtlich an jeder Therapieausbildung, die ich später kennenlernte, etwas "Neues wie Altes" (sich Wiederholendes) dran war. So besuchte ich Kurse

- zur Hypnose nach Erickson
- zur systemischen Familientherapie
- zur lösungsorientierten Kurzzeittherapie
- zum katathymen Bilderleben
- zur dynamisch orientierten Gruppentherapie

- zur psychodynamischen Einzeltherapie und
- zur körperorientierten analytischen Psychotherapie

mit **Lust** und **Frust** und wurde schließlich ein integrativer Therapeut, weil ich nichts vergessen konnte, was mir einleuchtete und schon gar nicht, was mir selbst geholfen hatte.

Dabei ist integratives Vorgehen keine neue Therapierichtung, sondern nur eine bewußte Therapiemethodik, die man so unterscheiden könnte, daß man
1. fragt, **welche Therapie** für welchen Patienten geeignet ist, wenn man **mehrere Therapieverfahren** beherrscht oder
2. konkret fragt, **welche** Therapie**strategie** in **welcher Phase einer Therapie** bei welchem Patienten geeignet ist, wenn man relativ flexibel mit verschiedenen Therapiemethoden umgehen kann oder
3. ganz genau fragt, **welche** Therapie**intervention innerhalb welcher Therapiestrategie** - in welcher Therapiephase bei welchem Patienten am effektivsten und sinnvollsten eingesetzt werden sollte, wenn man flexibel und intuitiv verschiedene Therapiemethoden anzubringen in der Lage ist?

Ich selbst verstehe unter integrativem Vorgehen meist das Stadium 2 und möchte in den folgenden Ausführungen generell drei Haupttherapierichtungen vergleichend skizzieren:
1. Klassisch analytisch orientierte Psychotherapie (im Text als PA abgekürzt), die ich bei Dr. Koraus in Leipzig gelernt habe und wo ich mich hier auch auf Thomäe/Kächele 1988 und Mertens 1990 beziehe.
2. Tiefenpsychologisch fundierte Einzelpsychotherapien (im Text als PdE abgekürzt), von denen ich zwei Richtungen vorstellen will:
   - Die psychodynamische Einzelpsychotherapie (im Text als PdE abgekürzt), die ich in Halle vorrangig bei Dr. Maaz gelernt habe.
   - Das katathyme Bilderleben (im Text als KB abgekürzt), das ich ebenfalls in Halle vorrangig bei Professor Hennig und Dr. Rosendahl gelernt habe.
3. Die lösungsorientierte Kurzzeitpsychotherapie (im Text als LKT abgekürzt), die ich durch das NIK Bremen und Hospitationen bei Steve de Shazer in den USA oder in London und Stockholm gelernt habe.

Ich möchte die Therapierichtungen auf den Ebenen der Theorie, Therapiewirkung und Variable des Therapeuten vergleichen.

Zur Therapie

Hier sehe ich im allgemeinen Kontext der Symptomentstehung und -bearbeitung einige Parallelen, wenn man versucht, den **gemeinsamen Sinn** der theoretischen Erklärungen zu erfassen.
Symptome haben demnach in allen Theorien den Ursprung in der Entwicklungs-, Erfahrungs- oder Lerngeschichte des Menschen. Der Patient tendiert im Rahmen seiner Erfahrungen dazu, diese auf neue Situationen zu übertragen, indem er die Realität selektiv - entsprechend seiner bekannten und demzufolge wieder erwarteten individuellen Erfahrung wahrnimmt, veränderte Verhaltensbedingungen verkennt und die Schlußfolgerungen, Interpretationen und Wirkungen seines Verhaltens gewohnheitsmäßig vornimmt und **sich so nicht mehr flexibel** auf neue Verhaltensanforderungen und -möglichkeiten einstellen kann.
Symptome entstehen somit aus einem sinnvollen, funktionalen Zusammenhang und sollen das Individuum vor seelischem Leid, Frustrationen und Mißerfolgen schützen.
Auch dem Kurzzeittherapie-Therapeuten ist grundsätzlich dieser Zusammenhang wohl bekannt, wenngleich er sich in den Therapieinterventionen oft nicht mehr darauf - wegen "therapeutischer Ineffizienz" - bezieht.

Zum Wirkungszusammenhang von Therapie:

PA: Bei der analytisch orientierten Psychotherapie wird angenommen, daß durch die Neutralität und Abstinenz des Analytikers eine fruchtbare Regression beim Patienten erzeugt wird, wodurch die unbewußten Trieb- und Bedürfnislagen des Patienten erneut hervorgerufen und bewußt gemacht werden sollen. Im Rahmen dieser Labilisierung soll durch Deutung von Widerständen und Übertragungen der Patient im Rahmen der tragfähigen, stabilen und modellhaften therapeutischen Beziehung Zeit und Raum für das Erinnern, Wiedererkennen und Bearbeiten seiner Störungen bekommen, für die der Therapeut mehr oder weniger keine Anleitung vorgibt.

Hauptrichtung: DORT und DAMALS mit rational-emotiver Wirkung.

PdE: Im Prinzip geht dieser Ansatz von ähnlichen Wirkmechanismen aus. Hierbei steht aber die Beziehung zwischen Patient und Therapeut als Diagnostikkriterium und Haupttherapieinstrument im Mittelpunkt. In der konkreten, einmaligen Beziehung zum Therapeuten soll der Patient seine Schwierigkeiten erkennen und modellhaft lösen lernen oder geschützt abbauen können. Im Gegensatz zur analytischen Therapie wird neben der Übertragung des "DORT und DAMALS" - hier mehr Wert auf die Deutung des "HIER und JETZT" gelegt (WAS ist JETZT?-Frage).

KB: In diesem Ansatz wird die Störung des Patienten über den Projektionsschirm des Tagtraumes abgebildet. Der Therapeut steht über diesem "Projektionswinkel" mit dem Patienten in einer begleitenden Beziehung und fördert so mehr indirekt den intrapsychischen Prozeß des Patienten.

Hauptwirkung ist das "kathartische Abtragen" der imaginierten, allmählich erinnerbaren und erfühlbaren gestörten Erlebnisinhalte. Hier wird tiefenpsychologisch ausschnitthaft im Sinne des "DORT und DAMALS" und des "HIER und JETZT" gedeutet. Das Ansprechen der Beziehung zum Therapeuten ist aber mehr abhängig von wahrgenommenen Widerständen in der Therapie und weniger Modell und Programm.

LKT: Dieser Ansatz setzt eine "schwierige Lerngeschichte" des Menschen voraus, die das Verhalten - die Werte und Ziele eines Menschen - einschließlich seiner wahrgenommenen Wirklichkeit bestimmen und nach individueller Logik sinnvoll konstruieren.

Der Therapeut kennt hier strenggenommen gar keine Diagnostikphase der Vergangenheit, weil jegliche Interaktion als Systemveränderung angesehen wird. Das zentrale Augenmerk wird demzufolge auch gleich auf die Lösungen von Verhaltenssymptomen gelegt, um Verhaltensfortschritte zu ermöglichen oder zu suggerieren.

Hauptrichtung: JETZT und MORGEN (Was war bis jetzt gut? Welche Veränderungen sind vorstellbar?)

Zum Therapeuten

PA: Hauptwirkungsvariablen des Therapeuten sind ein sehr umfangreiches Wissen über die Störungsentwicklungen und die Selbsterfahrung des Therapeuten, um das Schicksal des Patienten gut zu verstehen, herleiten und "aushalten" zu können.

Haupteigenschaft: Wohlwollende, verständnisvolle GEDULD.
Ziel: Verstehen **alter** Wirklichkeit!

PdE: Hauptwirkungsvariablen des Therapeuten sind seine eigene vertiefte Langzeitselbsterfahrung, die für **seine Selbstwahrnehmung** im aktuellen **therapeutischen Prozeß** sowie **seine Selbsteinbringung** als katalysierende Therapiebedingung notwendig sind.

Haupteigenschaft: Eine wache internale Selbstbeobachtung im Therapieprozeß.
Ziel: **Erleben** neuer Wirklichkeit.

KB: Hauptwirkungsvariablen des KB-Therapeuten sind sein Hintergrundwissen über Traumsymbole und -verläufe und zugleich seine KB-Selbsterfahrung, um den Patienten optimal begleiten zu können.

Haupteigenschaft: Wohlwollende Geduld, eine komplexe Fremdwahrnehmung sowie eine gute Introspektion.
Ziel: Verstehen alter Wirklichkeit und Vorbereitung der neuen Wirklichkeit.

LKT: Hauptwirkungsvariablen kurzzeittherapeutischer Kollegen scheinen mir ihre komplexe und mehrdimensionale Abbildung der verbalen und z. T. nonverbalen Patienteninformationen über deren geäußerte oder angedeutete Verhaltensprämissen und Lösungsressourcen zu sein, die im Kopf des Therapeuten stellvertretend optimiert oder in Zusammenarbeit mit dem Patienten in logisch-überprüfbare Algorithmen gebracht werden, um ein Maximum an unmittelbarer, sofortiger Verhaltenskorrektur zu bewirken.

Haupteigenschaft: Flexibilität, Anpassung, Zuspruch des Therapeuten
Ziel: Probieren neuer Verhaltensmöglichkeiten.

So gesehen kann man diese Therapierichtungen letztlich auch wieder **nicht** vergleichen, weil sie unterschiedliche Gegenstände, Zielstellungen und Wirkungsvariablen aufweisen.
Nach meiner Ansicht hat jeder Therapieprozeß (ob das ein Autor behauptet oder nicht) drei Hauptphasen:

1. Eine Verständigungsphase über etwaige Ursachen, Hintergründe, Bedingungen von Symptomen, wo Patienten analysieren, suchen oder beschreiben.
2. Eine Phase von Betroffensein, wo Patienten labilisiert werden, wahrnehmen, erkennen und Zusammenhänge finden.
3. Eine Phase von Durcharbeiten, Lösungen suchen, Schlußfolgerungen ableiten, integrieren und umsetzen.

Was sind nun mögliche Vor- und Nachteile der drei Therapierichtungen und wo liegen Integrationsmöglichkeiten?

PA: Vorteil: - eignet sich gut zur Labilisierung
- gute Verständigungsphasen
Nachteil: - das Bewußtmachen der **emotionalen Tragweite** des Erinnerten führt zu einer **uneffektiven Regression** des Patienten
- das Ausbleiben von sichtbaren Verhaltensänderungen bewirkt möglicherweise beim Patienten
. "zufriedene Stagnation" oder
. "einsichtige Abhängigkeit".

PdE: Vorteil: - gutes emotionales Begreifen der Verhaltensstörung in **aktuellen** Wirkungszusammenhängen, was zu selbstkritischen Patienten führt.
Nachteil: - Beziehungen werden Hier und Jetzt auch zum Agieren genutzt, weil die Ursachen nicht so weitreichend bewußt sind, wodurch sich "emotionale Seismographen" ohne Langzeitstabilität entwickeln können.

KB: Vorteil: - gibt Raum für die emotionale "Entfaltung von Störungen in sehr individueller Form und ermöglicht "sanftes Probehandeln" als Verhaltensvorstufe.
Nachteil: - Die emotionale Tragweite des Erlebten bleibt zu sehr im Bilde verschlüsselt und somit zu kognitiv. Der Patient "versteckt" sich im Probehandeln oder ist nur im Traum schon "sehr weit".
Hieraus können Patienten mit "traumhaften Einblicken ohne Einsichten" also
- "Probehändler ohne Handeln" entstehen.

LKT: Vorteil: - Schnelles Sichtbarwerden von Verhaltensänderungen und Übernahme von Selbstverantwortung für den Therapieprozeß.
Nachteil: - Symptomverschiebungen durch fehlendes Gesamtverständnis und fehlender gefühlsmäßiger Identifikation mit Lösungen, wonach
- "pragmatische Tiefflieger" oder
- "agierende Motivationsbomber"
entstehen können.

Wie kann man nun diese Vor- und Nachteile positiv-integrativ für einen Therapieprozeß aussieben"?

PA: Nach meiner Auffassung sollte demnach die analytische Therapiehaltung
- mehr am Therapieanfang oder
- mehr zur Therapierecherche der Ursachen
verwendet werden, - also, wenn ich den Eindruck habe, daß der Patient Raum und Zeit zum Entfalten (eines Themas, seiner Person) braucht. Den so behandelten Patienten würde ich am ehesten als
- motivierten Sucher oder
- ängstlich-hilflosen Frager
erleben.

PdE: Die psychodynamische Therapiehaltung würde ich mehr
- bei gewachsener therapeutischer Beziehung oder
- bei Widerstandsbearbeitungen
zur Anwendung bringen, wenn ich den Eindruck habe, daß der Patient emotional ausweicht oder die Bewußtmachung oder Bearbeitung seiner Probleme - bei ausreichender ICH-Stabilität - verhindert.
Er wäre dabei beispielsweise ein
- ausweichender Forderer oder
- unernster Austester.

KB: Das katathyme Bilderleben würde ich mehr
- bei Patienten einsetzen, denen die Sprache zunächst zuwenig Ausdrucksmöglichkeiten bietet, um auf emotionale Erlebnisinhalte zu stoßen,
- am Anfang einer Therapie einsetzen,

d. h. also einsetzen, um einen breiteren Übertragungsraum herzustellen und Gefühle über "indirekten Zugang herauszulösen".
Der Patient wäre demnach ein
- ängstlicher Frager
- sprachloser Blockierer.

LKT: Das lösungsorientierte Vorgehen wäre nach meiner Ansicht möglich, wenn sich der Patient in
- einer guten Arbeitsphase (nach Phase 1. und 2. - s. o.) oder
- in einer Ablösephase bzw.
- einer Beratungssituation bei mir befindet,

d. h. also, wenn ich den Eindruck habe, daß der Patient sich ernsthaft mit emotional bedeutsamen Inhalten beschäftigt und jetzt Lösungsblokkaden hat bzw. an der Ableitung von Verhaltensalternativen scheitert oder dort Unterstützung braucht.

In einer letzten Aufstellung möchte ich andeuten, welche lösungsorientierten Therapietechniken sich besonders zur Übernahme in die tiefenpsychologische Praxis eignen, wenn man davon ausgeht, daß derartige therapeutische Haltungen und Therapieinterventionen in verschiedenen Therapiephasen möglich sind:

1. Bei der Ursachen- und Bedingungsanalyse wären dies u. a.
- zirkuläres Fragen ("Was würde Ihr Vater/Ihre Mutter jetzt antworten, wenn ich denen dieselbe Frage stellte wie Ihnen?")
- Konkretisieren von Details
- Analyse von Symptomausnahmen.

2. Bei der Widerstandsbearbeitung
- Refraiming, d. h. Erarbeiten von Positivformulierungen von Symptomen (Starrheit ist die Fähigkeit konsequent zu sein)
- positive Konnotation, d. h. Bestätigen von positiven Absichten bei Symptomen (die überfürsorgliche Mutter bemüht sich, alle Komplikationen einer Situation im voraus zu erfassen)
- Komplimente bei Ausnahmen
- Utilisationskonzept (was vermieden wird verschrieben, z. B. "kommen Sie zu den nächsten Terminen auf keinen Fall pünktlich").

3. Bei Fokussieren, Zielformulierungen und Durcharbeiten
- Aufnehmen von überschaubaren und **konkreten** Kriterien für Lösungen und Ziele im Kontext - Wunderfrage ("Was würden Sie morgen als erstes bemerken, wenn das Symptom plötzlich wie durch ein Wunder verschwunden wäre?")
- Orientierung an individuellen Ressourcen ("Womit sind Sie trotz alledem zufrieden?")
- Orientierung auf **positiv** formulierte Ziele anstatt auf Symptombeseitigung ("Sie möchten lernen, sich über mehr Kleinigkeiten öfter zu freuen! - anstatt: Sie möchten nicht depressiv sein")
- Anbieten von Metaphern (Eisenhans mußte den Schlüssel bei der Mutter entwenden, um den wilden Mann zu befreien).

Zusammenfassend möchte ich feststellen, daß ein **integrativer** Therapieansatz dem Therapeuten immer **mehr Selbsterfahrung und Supervision** abfordert - als wenn man **eine** bestimmte Therapierichtung vertreten würde, weil man in **Sekundenschnelle relativ sicher auf operationalisierbare Erfahrungen und Kenntnisse zurückgreifen können muß**.
Ein integrativer Ansatz "darf keine Notlösung" oder Eklektizismus werden, weil einem "gerade mal nichts mehr einfällt". Der Therapeutenspielraum des **subjektiven Ermessens** wird hier größer - deshalb müssen auch die **Zuordnungsregeln eindeutiger** und die **Selbstwahrnehmung** des Therapeuten (Selbsterfahrung) vielfältiger werden, um sich im Dschungel der zu integrierenden Interventionseinfälle nicht zu verirren und zusammen mit dem Patienten aus dem Urwald herauszufinden.
Wenn es gelingt, einen solchen integrativen Ansatz - qualitätsgerecht - zur Anwendung zu bringen, bestünde meines Erachtens erstmals die wünschenswerte Möglichkeit, daß ein Patient ein individuumorientiertes Vorgehen erfährt, das seinen spezifischen intellektuellen, emotionalen und motivationalen Bedingungen entspricht, weil sich Methode und Therapeut strategisch, prozeßhaft und situativ seiner Ausgangslage und Veränderungsdynamik anpassen.
Damit dürfte der Begriff "Therapieresistenz" in der Zukunft wohl eher als Problem des Therapeuten verstanden werden.

Literatur

1. Geyer, M., König, W., Maaz, H.-J., Seidler, C.: Zum Umgang mit analytischen Konzepten in der Psychotherapie. Leipzig, 1989
2. Hennig, H., Fikentscher, E., Rosendahl, W.: Tiefenpsychologisch fundierte Psychotherapie mit dem katathymen Bilderleben. Wissenschaftliche Beiträge der Martin-Luther-Universität Halle-Wittenberg, Halle, 1992
3. Maaz, H.-J.: Zur Theoretischen Konzeption der dynamischen Einzelpsychotherapie. Vortrag auf der 3. Arbeitstagung der Sektion Dynamische Einzelpsychotherapie, Halle, 1988
4. Mertens, W.: Einführung in die psychoanalytische Therapie. Kohlhammer, Stuttgart, Bd. I - III, 1990
5. Shazer, de S.: Der Dreh. Auer, Heidelberg, 1989
6. Shazer, de S.: Muster familientherapeutischer Kurzzeittherapie. Junfermann, Paderborn, 1992
7. Thomä, H., Kächele, H.: Lehrbuch der psychoanalytischen Therapie. Springer, Berlin, Bd. I und II, 1988

Durch Verwundung heilen - oder der Weg des Chiron

M. Grunert

In dankbarer Erinnerung an Prof. Dr. H. Kulawik, der die ersten Schritte meiner Ausbildung verständnisvoll und aufmerksam begleitete.
Ebenso danke ich allen Ausbildern und Teilnehmern im Weiterbildungsgang psychodynamische Einzeltherapie.

1. Der Mythos und seine mögliche Bedeutung für Psychotherapeuten

Welchen Grund - außer der weltfernen Beschäftigung und Brüstung mit klassischer Bildung - könnte es noch geben, sich als Therapeut mit Mythen zu beschäftigen?
Neben dem was auch die medizinische Fakultät lehrt, "...würde der analytische Unterricht auch Fächer umfassen, die dem Arzt fernliegen....: Kulturgeschichte, Mythologie, Religionspsychologie und Literaturwissenschaft. Ohne eine gute Orientierung auf diesen Gebieten steht der Analytiker einem großen Teil seines Materials verständnislos gegenüber."
Der diesjährige Beitrag wird nicht nur auf Grund der Kürze der Zeit nicht das Thema ausschöpfen, zu umfangreich erscheint das aufgespannte Dach für Deutungen und Phantasien. Aber ich möchte meine Neugier und Anregungen weitergeben und Euch einladen zu einem Spaziergang in graue Vorzeit, die uns oft so allgegenwärtig erscheint.
Für mich war wesentlich eine Wiederentdeckung von Kindheitsinteressen - wie habe ich als Junge zwischen 8 und 14 Jahren die klassischen Götter und Heldensagen des Altertums verschlungen - und die Verbindung zu meinem Beruf.

Es ist, als habe mich die intensive Beschäftigung mit den Wurzeln meiner Lebensgeschichte an die mir wenig bewußten Wurzeln meines Seins in der Menschheitsgeschichte erinnert.
Ein mich nachhaltig beeindruckendes Erlebnis ist die Sinnentfaltung des Mythos vom verwundeten Heiler Chiron. Diesen Mythos aus den Sotereologien, d. h. aus den Erlösungs - und Heilbringungsmythen, möchte ich Euch vorstellen.

2. Der Mythos des verwundeten Heilers Chiron

Mythos: (griech.) das wahre Wort, im Unterschied zum Logos, das richtige Wort Götter- und Heroengeschichte der Frühkulturen. Mythos als Weltauslegung, Erklärung und Einbettung des menschlichen Seins in eine Schöpfungsgeschichte. Damit hat M. u.a. die Funktion der Erklärung des Welträtsels, der Verwurzelung im Weltenfluß, der Initiation, der Einbindung in die Kultur, der Sinngebung,....gesättigt mit Symbolen, Visionen und fabulierenden Darstellungen. (J. Campbell) Bei Platon entspricht dem Mythos die Aussage, das Unsagbare an- und auszudeuten.

Die am weitesten verbreitete Version von Chirons Geburt besagt, Chiron ist der Sohn des Kronos und der Nymphe Philyra, der Tochter Okeanos.
Damit ist Chirons Geburt einzigartig. Sie ist die erste nicht eindeutig inzestuöse Verbindung im Göttergeschlecht. Alle Vorfahren wurden gezeugt durch die Vereinigung von Mutter und Sohn, Bruder und Schwester oder Vater und Tochter.
Philyra aber war Nichte des Kronos. Also Verwandte zweiten Grades.
Um der sich in eine Stute verwandelnden Philyra nachzusetzen, erschien Kronos in Gestalt eines Hengstes, fing sie ein und vereinigte sich mit ihr gegen ihren Willen.
Es wurde Chiron geboren, ein Centauer - nach Homer der Gerechteste und Weiseste unter den Centauren, mit Körper, Unterleib und Läufen eines Pferdes. Torso, Kopf und Arme waren die eines Menschen. Dem Mythos nach stammt von ihm das heilkundige Volk der Chironieden ab.
Als Philyra des Knaben ansichtig wurde, floh sie entsetzt und wurde auf ihre Bitte hin von den Göttern in eine Linde verwandelt. Dies war die erste Wunde Chirons, geschlagen durch das entsetzte Gesicht der "schrecklichen Göttin", seiner Mutter, selbst verwundet in der Bemächtigung durch Kronos.

Der verwaiste Chiron wurde nun von Apollo gefunden, aufgezogen und in vielen Dingen unterrichtet, u. a. in der Heilkunst.
Man sagt, daß sich Chirons Fähigkeit, anderen zu helfen aber erst durch ein tragisches Ereignis zu voller Blüte entwickelte. Dies geschah auf folgende Weise:
Nach der bekanntesten Version kam es nach einem Gelage zum Streit zwischen Herkules und den Centauren. Die Centauren flohen und bei deren Verfolgung verwundete Herkules mit einem Pfeil, der mit dem Blut der Hydra vergiftet war, seinen Lehrer Chiron irrtümlich am Knie, als dieser herbeieilte, um Frieden zu stiften.
Einer anderen Version zufolge wird Chiron in einer Schlacht mit den Lapithen verwundet. Aber auch hier symbolisieren die kämpfenden Parteien einen Konflikt, der in Chiron bildlich angelegt ist. Der Kampf zwischen den tiefen animalischen Kräften und den zivilisierten Kräften der höheren menschlichen Ebene.
Chiron - selbst unsterblich - kann sich jedoch selbst nicht heilen und leidet am Schmerz der ewig eiternden und blutenden Wunde.
Dies, so sagt man, habe ihn für das Leid und Elend Hilfesuchender empfänglich gemacht. Seine Fähigkeit in der Heilkunst wuchs, indem er ständig nach einem Heilmittel für seine eigene unheilbare Wunde suchte.
Die eigene Not und seine große Kunst befähigten Chiron zum Lehrer und Erzieher einer großen Zahl von Helden und Königssöhnen, um nur einige zu nennen:
Achill, Theseus und vor allem Asklepios, den später von Zeus göttlich gesprochenen Gott der Heilkunst, den unehelichen Sohn des Apollo.
Erlöst wird Chiron, als er ein Orakel erfüllend Zeus bittet, mit Prometheus - der im Kaukasus angeschmiedet ist - das Schicksal tauschen zu können. Da es hieß, Prometheus wird erlöst, wenn ein Unsterblicher sein Leben für ihn eintauscht.
Herkules verwendet sich für Chiron (der, der verletzt, trägt zur Heilung bei). Chiron kann sterben, indem er sein Leiden und seinen Tod annimmt. Als Halbbruder von Zeus und Hades erlangt er im Hades letztendlich Unsterblichkeit, indem Zeus ihn im Sternbild des Centaurus verewigt.

3. Ein Sinngebungsversuch

Voranstellen möchte ich eine Verszeile aus einem alten mittelalterlichen Gebet, der Anima christi:

Birg in deinen Wunden mich.
Ich war überrascht vom Sinnbild der Wunde als Chance für Entwicklung und Heilung. Auch im analytischen Prozeß werden unweigerlich alte Verletzungen aufgerissen - auch Frustrationen genannt. Wunden, die bleiben und deren bewußte Wahrnehmung Entwicklung ermöglicht.
Dazu noch ein kurzer Ausflug in die griechische Mythologie. Achill, ein Schüler Chirons, bekam von seinem Lehrer einen Speer zum Geschenk. Mit diesem Speer verwundet Achill Telephos auf dem Schlachtfeld am Bein. Da diese chironische Wunde nicht heilen will, ruft Telephos das Orakel zu Hilfe. Das Orakel verkündete. "Der die Wunde schlug, wird sie auch heilen".
Achill erklärt sich bereit, den Feind zu heilen. Im doppelten Sinn erfüllt Achill die Prophezeiung, indem er Telephos mit dem abgeschabten Rost des Speeres, der die Wunde schlug, behandelte.
Der Rost - Symbol der Unvollkommenheit - wird zum Heilmittel. Die chironische Art zu heilen könnte damit auch für ein homöopathisches Prinzip des Heilens stehen. Gleiches mit gleichem heilen. "Der Rost der Münze gibt dieser erst den Wert" (Thales). Dies ist ein schönes Sinnbild für den analytischen Prozeß selbst. Frühen Mangel durch den Mangel heilen. Ertragen wir die eigene Unvollständigkeit und Verwundung nicht, so kommt es zur Spaltung in die bekannten Gegensätze Heiler-Kranker; krank-gesund.
Im analytischen Prozeß geht es aber nicht nur um die Anerkennung der eigenen Wunde, sondern es liegt in der Natur der Sache, daß der Patient intuitiv parallel zu seiner Wunde die alte Wunde auf Seiten des Behandlers erspüren und ebenso verletzen bzw. aktivieren muß, um sich in dessen Schmerz verstanden zu fühlen. Nach diesem Bild ist nicht mehr klar trennbar, wer der Heiler und wer der Verwundete ist. In diesem Sinn kann der Prozeß der gegenseitigen Verwundung als Kern des Übertragungs - Gegenübertragungsgeschehens verstanden werden.
Durch Verwundung heilen - wäre aber mißverstanden, wenn daraus folgen würde, daß es sich um eine masochistische Annahme des "Schmerzensmannes" handeln würde. Es geht um Kampf, aber um ein verwundetes Kämpfen, indem die Bereitschaft, sich verwunden zu lassen, einen Verzicht darstellt auf Erfolg durch Macht.
Die Götter treten uns in ihrer Bipolarität entgegen: Heilend und verwundend schöpfend und zerstörend. So erhält Asklepios zwei Phiolen mit Blut von Athene. Eine kann Leben retten und eine Leben zerstören, er hält also beides in seinen Händen.

"Birg in deiner Wunde mich". Es drängt sich regelrecht der Bezug zwischen therapeutischer Grundhaltung und Bion's container-contained Modell auf.

Dieses Modell versinnbildlicht die haltende und verdauende Fähigkeit des Therapeuten i. S. der Aufnahme und Verdauung (Entgiftung) vergifteter Gefühlsqualitäten, meist destruktiver Natur, und die verdünnte Wiedergabe des Empfangenen.
Man muß nicht von der eigenen Verwundung sprechen, sie demonstrieren, es genügt, sie anzunehmen, um ihre heilende Kraft im Gegenüber zu entfalten.
Nicht Vollkommenheit sollte Ziel eines therapeutischen Prozesses sein, sondern Vollständigkeit im Sinne der Annahme von Verwundung und Heilungskräften als zwei Seiten einer psychischen Wirklichkeit.
Ähnlich wie Asklepios mit dem vergifteten Blut der Gorgonen heilt, oder wie Schlangengift bei der Behandlung von Schlangenbissen hilft. Dieses Prinzip stellt die Fähigkeit dar, Zugang zu den eigenen vergifteten Seelenbereichen zu finden, als eine Chance des Umgangs mit zerstörerischen Gewalten. Wie Perseus, der das Haupt der Medusa verwahrt, kann ein Therapeut schreckliche und angstmachende Inhalte in sich bergen und diese verdauen lernen.
Dazu ist aber notwendig, selbst geborgen zu sein, um heilen zu können - "Birg in deinen Wunden mich."

Ein Gleichnis (zit. n. E. Frick):
Rabbi Josua Ben Levi trifft den Propheten Elija.
Er fragt den Elija: Wann kommt der Messias?
Elija: Geh hin und frage ihn selbst
Josua: Wo finde ich ihn denn?
Elija: Er sitzt am Tor der Stadt
Josua: Woran soll ich ihn erkennen?
Elija: Er sitzt unter den Armen, mit Wunden bedeckt. Die anderen binden ihre Wunden alle zugleich auf und nachher verbinden sie sie wieder. Er aber bindet nur eine auf und verbindet sie anschließend sofort, denn er sagt sich : vielleicht werde ich gebraucht. Ich muß bereit sein, damit ich keinen Augenblick Zeit verliere.

Dies wäre vielleicht der kleine Unterschied zu unseren Patienten, die oft am Anfang der Behandlung alle ihre Wunden aufbinden und dadurch mit Zubinden nicht nachkommen. Wir sollten im Bewußtsein unserer Vielzahl von Beschädigungen immer nur jeweils eine aufbinden, pflegen und verbinden und dann die nächste, so bleiben wir in Kontakt mit unserem Schmerz, der uns aber nicht zu Boden wirft.

4. Einsichten und Aussichten für den berufstätigen Heiler

Mythen, wie der Archetyp des verwundeten Heilers, stellen psychische Strukturen bereit, um der Absurdität von Krankheit einen Sinn zu geben.
Sie können den Prozeß von Erkrankung, als Verletzung der narzißtischen Vorstellung von der eigenen Unversehrtheit und Unsterblichkeit begleiten. Damit können Mythen auch der erlebten Gottgleichheit aus unseren Kinderphantasien Bedeutung geben und so die persönliche Krankheit an das überpersönliche Geschehen von Werden und Vergehen, Leben und Tod, Krankheit und Gesundheit anbinden.
Chiron verkörpert in diesem Sinn auch die dunkle Seite des Heilers.
Mit missionarischem Eifer auf der Suche nach der "besten Medizin oder Heilmethode, im Kampf gegen Leiden und Tod", in stetiger Wiederholung und Rebellion gegen die Verletzung als Kränkung der eigenen Vollkommenheit.
In diesem Sinn ist die Auflösung des chironischen Leidens im Sterben bei gleichzeitiger Neugeburt des demütigen Prometheus ein passendes Sinnbild.
In diesem Sinn stellt der analytische Raum auch einen Container dar, einen bergenden Raum, erinnernd an den Ur-Raum der Alma mater Gaia und der Mutter - Kind - Beziehung. Wir erinnern uns an die erste Verletzung des Chiron durch das Gift im Blick seiner Mutter, gegoren aus dem unverdauten Schmerz ihrer eigenen Verletzung durch Kronos.

Ein abschließendes Gleichnis: Als Abschlußgeschenk erhielten die Teilnehmer des ersten Kolloquiums in psychodynamischer Einzeltherapie von ihren Lehrern ein Bild, das auch sinnstiftend interpretiert werden kann. Es zeigt uns einige stachlige Kastanien, in der Mitte eine aufbrechende, die uns den Blick auf den braun, glänzenden Kern eröffnet.
Was sehen wir? Aus einer verletzten Hülle scheint uns ein braunes Köpfchen entgegen. Eine Verletzung bringt es uns ans Licht, noch ist es geborgen.
Bald wird es freigegeben. Das Bild erinnert an das Mysterium der Geburt aus der Wunde. Oder bin ich es, der da geborgen liegt in einer aufgerissenen Schale?
Es ist gut hin und wieder geborgen zu sein, auch wenn es schmerzt, um die unweigerliche Trennung zu wissen.

Literatur

1. Bion, W. R.: *Lernen durch Erfahrung.* Suhrkamp, Frankfurt/M., 1992
2. Campbell, J.: *Mythologie der Urvölker. Die Masken Gottes.* Bd. 1. Sphinx Verlag, Basel, 1991
3. Frick, E.: *Durch Verwundung heilen.* Vandenhoeck & Ruprecht, 1996
4. Freud, S.: *Die Frage der Laienanalyse.* In: Studienausgabe, Schriften zur Behandlungstechnik. S. Fischer, Frankfurt/M, 1994
5. Reinhart, M.: *Chiron - Heiler und Botschafter des Kosmos.* Edition Astrodata, 1994
6. Kerényi, K.: *Die Mythologie der Griechen.* Bd. 1. Deutscher Taschenbuch Verlag. München, 1994

Die Ausbildung in psychodynamischer Einzeltherapie

H.-J. Maaz

1. Geschichte der Ausbildung

Nachdem mit der intendierten dynamischen Gruppenpsychotherapie ein gruppentherapeutisches Verfahren, das sowohl psychoanalytisches Denken beförderte als auch die Notwendigkeit zur Selbsterfahrung der Therapeuten, in der DDR seit 1971 etabliert werden konnte, begannen auch Bestrebungen, dies für die analytische Einzelpsychotherapie zu ermöglichen. Harro Wendt mit seinen Mitarbeitern (vor allem Infried Tögel und Gerhard Schulz) hatten in Uchtspringe, praktisch fernab in der Provinz - eher im Stillen und kaum berührt von den ideologisierten Kämpfen in der Psychotherapie - eine längerfristige psychoanalytisch orientierte Einzeltherapie praktiziert, deren Erfahrungen Uchtspringe Ende der 70er Jahre zu einem „Mekka" der sogenannten Problemfall-Seminare werden ließen, in denen auch die analytischen Essentials von Übertragung, Gegenübertragung, Widerstand und Deutung fallbezogen den psychotherapeutisch interessierten Kollegen vermittelt wurden.
Davon angeregt hat Helmut Kulawik (Charité Berlin) eine erste - damals berufspolitisch beachtliche - Publikation zur „Psychodynamischen Kurztherapie" (1984) vorlegen können, mit der sozusagen der mutige Weg zur Öffentlichkeit gebahnt worden war. Hans-Joachim Maaz entwarf dann 1984 die methodisch-technische Konzeption für die praktische Entwicklung einer psychoanalytischen Einzeltherapie, die aber aus politischen Gründen einen Namen bekommen mußte, die den theoretischen Hintergrund verschleierte. So wurde der Begriff „Dynamische Einzelpsychotherapie" gefunden, der sich im weiteren Verlauf in „Psychodynamische Einzeltherapie" wandelte, weil die „Psychodynamik" zum häufigsten Arbeitsbegriff wurde.

Hans-Joachim Maaz hat die Arbeitsmaterialien für einen Grundkurs „psychodynamisch orientierte Exploration", für einen Aufbaukurs „psychodynamische Therapie" und den Therapiekurs, der später Supervisionskurs genannt wurde, erarbeitet. Diese Materialien wurden 1984 vom Vorstand der Sektion „Dynamische Einzelpsychotherapie" in der ärztlichen Gesellschaft für Psychotherapie der DDR bestätigt.
Helmut Kulawik, Hans-Joachim Maaz, Ingfried Tögel und Harro Wendt waren die ersten Ausbilder in diesen Kursen, die zentral für interessierte Kollegen aus allen Bezirken der DDR angeboten wurden. Gerhard Schulz hat regional einige Kurse durchgeführt, später auch Günther Brandenburg und Franz Jäkel in den Nordbezirken der DDR. Mit dem altersbedingten Ausscheiden von Harro Wendt und Ingfried Tögel wurden diese zentralen Kurse seit 1988 mit Günther Brandenburg und Franz Jäkel und seit 1990 mit Frank Höhne unter der Gesamtleitung von Hans-Joachim Maaz durchgeführt.
Die Kurse wurden zentral für alle psychotherapeutisch interessierten Ärzte und Psychologen aus der DDR organisiert und fanden meist unter relativen Klausurbedingungen in diakonischen Schulungs- bzw. Urlaubsheimen der „Inneren Mission" in Bad Saarow, Ferch und Chorin statt, seit 1994 ausschließlich nur noch in Chorin. Die Wahl dieser Häuser entsprach dem Schutzbedürfnis der Veranstalter, ihre Arbeit möglichst ungestört von eventuellen Genehmigungsverfahren „im Stillen" tun zu können. Daß diese Angst nicht unberechtigt war, sei an einem Beispiel kurz erzählt: Hans-Joachim Maaz, der zunächst auch die Organisation der Kurse in den Händen behielt, wurde vom damaligen Vorstand der psychotherapeutischen Dachgesellschaft gerügt, daß er bei den Einladungen zu den Lehrgängen der Sektion auch seine Arbeitsstelle im Diakoniewerk Halle als Postadresse angegeben hatte, was politisch einen Affront darstelle, den „sozialistisch" orientierten Kollegen nicht zumutbar sei und dadurch überhaupt deutlich gemacht werde, daß die psychodynamische Einzeltherapie wissenschaftlich wohl nicht auf „marxistisch-leninistischem" Boden stünde. Dies war wohl ein Versuch, das ganze Vorhaben wieder zu stoppen. Ich erinnere mich daran, in der hitzigen Diskussion bestätigt zu haben, daß unsere Arbeit natürlich nicht marxistisch-leninistisch sei und ich mir gerne sagen lassen würde, wer über eine solche Therapie-Theorie verfüge und wie dann diese Therapie aussehen solle, worauf keiner der damaligen Psychotherapie-Funktionäre eine rechte Antwort wußte und dadurch die Situation etwas entschärft werden konnte. Als ich hinnahm, daß unser Angebot wohl keine „Psychoanalyse" sei, sondern eine eigene Entwicklung, die weiter kritisch zu beobachten bleibe, war ein praktischer Kompromiß gefunden, der ja auch, was den eigenen Weg und die Entwicklung der Methode anbetrifft, einigermaßen zutraf. Gleichzeitig war

klar, daß der theoretische Hintergrund im wesentlichen ohne Name und Herkunft zu diskutieren sei und wir uns vor allem auf die Praxis zu konzentrieren hätten.

Ein Kompromiß, mit dem wir leben konnten, der uns auch in unserer Aktivität und Kreativität stärkte, der uns mit dieser Arbeit auch eine wichtige berufspolitische und gesellschaftliche (subversiv-emanzipatorische) Funktion eröffnete und uns später auch einigermaßen vor der Arroganz einiger „orthodoxer" Psychoanalytiker aus dem Westen schützte, die uns eine eigenständige Entwicklung zur Psychoanalyse absprechen wollten, nur weil wir nicht ihren „geordneten Weg" der Ausbildung gegangen sind.

2. Die Kurse

Die Kurse werden von Mittwoch Abend bis Sonntag Mittag (über 30 Zeitstunden) mit durchschnittlich 40 Teilnehmern, die sich in 4 kleine Gruppen aufteilen, organisiert. Die Aufteilung in die Seminargruppe und damit die Zuordnung zum jeweiligen Gruppenleiter wird von den Teilnehmern selbst vorgenommen, so daß hierbei schon wichtige Übertragungsvorgänge entstehen und Material für Widerstände zur Bearbeitung gebracht werden kann, da sich die Gruppenleiter als Persönlichkeiten sehr deutlich voneinander unterscheiden. Diese Unterschiedlichkeit der Therapeuten-Persönlichkeiten, die also auch sehr unterschiedlich das Konzept der psychodynamischen Einzeltherapie verkörpern, lehren und therapeutisch anwenden, war uns stets eine wichtige reale Gegebenheit, um auf die individuelle Verinnerlichung und Verantwortlichkeit für eine Methode aufmerksam zu machen und keine neue „reine Lehre" vermitteln zu wollen und kein Imitationslernen zu fördern.

Die Arbeitsinstrumente der Lehrseminare sind:
- die schriftlichen Arbeitsmaterialien,
- Tonbandkassetten von Explorations- bzw. Therapiegesprächen mit Patienten,
- das Rollenspiel zwischen den Teilnehmern der Kurse,
- das tägliche Plenum als dynamische Großgruppe.

2.1. Der Grundkurs „Psychodynamisch orientierte Exploration"

2.1.1. Das Arbeitsmaterial

Jeder Teilnehmer bekommt rechtzeitig vor jedem Kurs ein Informationspapier „Psychodynamisch orientierte Exploration" zugeschickt, in dem die wichtigsten theoretischen Inhalte und das methodische Vorgehen erläutert werden. Der Teilnehmer wird dann aufgefordert, sich in dieser Konzeption zu üben und dann ein geeignetes Erstgespräch auf einer Tonbandkassette (anonymisiert) zur gemeinsamen Supervision und Besprechung zum Seminar mitzubringen. (Wir hatten es anfangs vor allem mit bereits psychotherapeutisch tätigen Ärzten und Psychologen zu tun, die Gesprächspsychotherapie oder Verhaltenstherapie durchführten, die zum Teil auch in intendierter dynamischer Gruppenpsychotherapie ausgebildet waren und durch einzelne Lehrer angeregt bzw. autodidaktisch „tiefenpsychologisch" arbeiteten. Mit unseren Kursen begann für viele eine kritische Auseinandersetzung und allmähliche Umstellung der eigenen therapeutischen Arbeit, was natürlich nicht ohne entsprechende Widerstände vonstatten ging, die nicht nur aus Unsicherheit und Unerfahrenheit, sondern vor allem auch aus narzißtischer Gekränktheit resultierten.)

2.1.2. Der „Trockenkurs"

Am Anfang des Grundkurses wird ein sogenannter „Trockenkurs" absolviert. Zu allen Schritten der poE sind schriftliche Beispiele vorbereitet, in die sich die Teilnehmer hineinphantasieren, dabei ihr Erleben beachten und mitteilen sollen, um dann ein konkretes Beispiel zu geben, wie sie in diesem Falle reagieren und antworten würden. Dies wird in der Gruppe diskutiert und mit Hilfe des Gruppenleiters werden mehrere mögliche Reaktionen und Antworten erarbeitet, wobei stets die mögliche Übertragung und Gegenübertragung reflektiert wird.

2.1.3. Die Fallbesprechung

Jeder Teilnehmer stellt ein Gespräch - im Grundkurs ein Erstgespräch mit einem Patienten - vor, das auf eine Tonbandkassette aufgezeichnet wurde. Nach einer kurzen Einführung durch den Therapeuten über die persönlichen Daten des Patienten, die Diagnose, den Fokus und die Therapievereinbarung wird das Tonband in der Seminargruppe gehört. Die Teilnehmer bekommen den Auftrag, beim Hören auf ihr Erleben und ihre Phantasien zu achten und inwieweit die 5 Schritte der poE erfüllt sind. Jeder Teilnehmer kann den Ablauf der Kassette unterbrechen und wichtiges Erleben mitteilen. Wenn dies von den Teilnehmern nicht wahrgenommen wird, kann der Gruppenleiter an wichtigen Stellen unterbrechen und das Erleben der Teilnehmer sammeln und hinsichtlich von Übertragung und Gegenübertragung, Widerstand und möglichen Fokalkonflikten diskutieren lassen. Am Ende wird das aufgenommene Gespräch daraufhin untersucht, wie die 5 Schritte der poE vorkommen, wie gut sie inhaltlich gefüllt und geklärt sind, welche Fehler und Schwächen zu erkennen sind und welche mögliche Bedeutung ihnen zukommt (z.B. persönliche Probleme des Therapeuten, sogenannte „blinde Flecken", Widerstand beim Patienten, reale Begrenzungen etc.).

2.1.4. Das Rollenspiel

Nachdem alle Tonbänder formal nach den Lernschritten und auf der Beziehungsebene (Übertragung/Gegenübertragung zwischen Patient und Therapeut und zwischen vortragenden Kollegen und den Gruppenmitgliedern) bearbeitet sind, werden Rollenspiele angeboten. Ein Teilnehmer als „Patient" sucht sich aus der Seminargruppe einen „Therapeuten" und beide spielen ein „Erstgespräch". Dem „Patienten" ist alles erlaubt (z.B. eine Rolle zu spielen, reale eigene Probleme darzustellen) und der „Therapeut" übt sich in der psychodynamisch orientierten Exploration. Die Gruppenteilnehmer achten auf ihr Erleben, ihre Phantasien und wie die Lernschritte realisiert und umgesetzt werden. Mit diesem Material erfolgt dann die gemeinsame Besprechung in der Gruppe.

2.2. Der Aufbaukurs „Psychodynamische Therapie"

Als „Eintrittskarte" für den Aufbaukurs gilt der absolvierte Grundkurs und anschließend eine Supervision eines Erstgespräches, in dem die PoE möglichst gut in ihren Schritten nachgewiesen wird. Wieviele „Übungen" und Supervisionen dafür erforderlich sind, um eine Nachweis-Supervision für die Fähigkeit, psychodynamisch angemessen explorieren und das heißt auch fokussieren zu können und eine Therapievereinbarung zustande zu bringen, bleibt jedem Teilnehmer überlassen - er wird aber erst zum Aufbaukurs zugelassen, wenn er seine praktische Kompetenz im Umgang mit den Lernschritten des Grundkurses nachgewiesen hat.

2.2.1. Das Arbeitsmaterial

Vor dem Aufbaukurs bekommt jeder Teilnehmer wieder ein Arbeitsmaterial mit den wesentlichen theoretischen und methodisch-technischen Hinweisen für eine psychodynamische Einzeltherapie zugeschickt, nach denen er sich orientieren kann, mit seiner bisherigen therapeutischen Arbeit vergleichen und nach den Hinweisen des Arbeitspapiers üben kann.

2.2.2. Die Fallbesprechung

Jeder Teilnehmer bringt wieder eine Tonbandkassette von einem Therapiegespräch mit. Im Seminar wird dieser Fall zunächst vorgestellt mit den persönlichen Daten des Patienten und den wesentlichen Ergebnissen der PoE (vor allem Fokus und Therapievereinbarung). Außerdem bringt der Therapeut ein Erlebnis-Protokoll mit, was er im Verlauf der bisherigen Therapie und bei der auf Tonband aufgezeichneten Stunde empfunden hat. Das Hören des Bandes geschieht wie im Grundkurs, wobei die Gruppenteilnehmer wieder auf ihr Erleben achten und das Abspielen des Bandes nach Bedarf unterbrochen und besprochen werden kann. Im Mittelpunkt der gemeinsamen Erörterung steht die Analyse der Übertragungs-Gegenübertragungs-Dynamik und der Widerstände. Darüber hinaus wird reflektiert, inwieweit der Fokalkonflikt erkennbar ist und die Therapievereinbarung eingehalten wurde.

2.2.3. Das Rollenspiel

Jeder Seminarteilnehmer geht in die Patientenrolle und wählt aus der Gruppe seinen Therapeuten. Nach der Erarbeitung einer „Therapievereinbarung" wird ein „Therapiegespräch" absolviert, das im Hinblick auf die Übertragungs-Gegenübertragungs-Dynamik, die Widerstandsanalyse, den Fokalkonflikt und die Therapievereinbarung von den Seminarteilnehmern supervidiert wird.

3. Der Supervisionskurs

Der Supervisionskurs kann beliebig oft belegt werden. Der Kurs bietet die Möglichkeit, Behandlungsfälle vorzustellen und eine Therapiestunde mittels einer Tonbandaufzeichnung zur konkreten Supervision zu bringen. Es geht darum, in der Gruppe der Teilnehmer, wie im Aufbaukurs, mit Hilfe des Erlebens eines jeden Teilnehmers die Übertragungs-Gegenübertragungs-Dynamik weiter zu erhellen und den Therapieprozeß nach den wesentlichen Kriterien der psychodynamischen Einzeltherapie (Fokalkonflikt, Therapievereinbarung, Widerstandsanalyse, Deutungen) gemeinsam zu supervidieren. Die zweite Hälfte der Supervisionskurse bleibt Rollenspielen der Teilnehmer untereinander vorbehalten.

Das besondere dieser Lehrveranstaltungen besteht in der Kopplung von Theorie, Methodik und Technik, mit fokussierter (fallbezogener) Selbsterfahrung und Supervision. Der unbewußte Konflikt des Patienten erscheint in aller Regel in der Therapeut-Patient-Beziehung wieder und stellt sich über den Bericht und das Tonband in der Seminargruppe wieder her zwischen fallvorstellendem Kollegen und den Seminarteilnehmern. Die Erlebensvielfalt der Gruppenteilnehmer bietet eine hervorragende Möglichkeit, die Übertragungs-Gegenübertragungs-Dynamik und damit den intrapsychischen Konflikt des Patienten aus verschiedenen Perspektiven, in unterschiedlichen Facetten und variabler Tiefung zu erforschen. Damit wird ein zentrales Anliegen des Menschenbildes der pdE umgesetzt, daß es nicht eine „objektive" Wahrheit gibt, daß der Therapieweg sehr verschieden sein kann und das Therapieziel und -ergebnis nur intersubjektiv zu „bewerten" sind.

4. Das Plenum

Jeden Abend findet ein 1 ½ stündiges Plenum als dynamische Großgruppe mit allen Teilnehmern und Gruppenleitern des Seminars statt. Es wird kein bestimmtes Thema vorgegeben, außer dem Hinweis, daß in der Großgruppe über alles gesprochen werden kann, was individuell, in der kleinen Gruppe, zwischen den Seminargruppen, im Verhältnis zum Gruppenleiter und dem Anliegen des Seminars von Bedeutung ist oder sein könnte.
Konflikte und Störungen haben Vorrang. Auf Grund dieser relativ geringen Strukturierung spiegelt sich häufig die Patient-Therapeut-Dynamik über die Dynamik der Kleingruppe auch in der Großgruppe wider, jetzt im Verhältnis

zum Kursleiter, der das Gesamtanliegen des Seminars auch entsprechend verkörpert.

Es ist über all die Jahre immer wieder spannend gewesen, das Zusammenspiel von Fallauswahl mit der Entwicklung und Selbsterfahrung des jeweiligen Therapeuten und dessen Übertragungsverhalten in seiner Einstellung zum Gesamtunternehmen (Ausbildung in psychodynamischer Einzeltherapie) und zum Kursleiter beobachten und analysieren zu können.

Verallgemeinernd können wir sagen, daß sich in aller Regel in den ausgewählten Patienten die Therapeuten selber vorstellen, das trifft natürlich besonders in den Rollenspielen zu, und daß das jeweilige Verhältnis des einzelnen Teilnehmers zu dem Seminaranliegen und dem Gruppenleiter den Stand seiner individuellen Entwicklung und Selbsterfahrung widerspiegelt, z.B. in Fragen von früher Abhängigkeit, Sehnsucht nach Nähe, Annahme und Verbundenheit und Angst vor naher Beziehung mit allen nur erdenklichen Widerständen, ebenso tauchen die Probleme der ödipalen Triangulierung und Auseinandersetzung mit Fragen der Geschlechtsidentität und der Mann-Frau-Beziehung regelmäßig auf.

Das abendliche Plenum spiegelt fokussiert den Tagesprozeß, die Kleingruppendynamik, den individuellen Stand der Entwicklung und des Widerstandes sowie die wachsende Erfahrung und Reife der einzelnen Teilnehmer wider. Das Zusammenspiel von Lehre, Selbsterfahrung und Supervision über theoretisch-methodische Übungen, Falldemonstrationen, Rollenspiele und Gruppendynamik macht die Kurse zu spannenden, interessanten und erlebnistiefen Erfahrungen, in denen unser psychodynamisches Anliegen auf besondere Weise lebt und sich den Teilnehmern intensiv darstellt und sich mit ihnen gemeinsam weiterentwickelt.

H.-J. Maaz, H. Hennig, E. Fikentscher (Hrsg.)

Analytische Psychotherapie im multimodalen Ansatz
Zur Entwicklung der Psychoanalyse in Ostdeutschland

Analytische Psychotherapie entwickelte sich unter den relativen Isolationsbedingungen in der ehemaligen DDR eher pragmatisch und praxisbezogen. Theoretische Überlegungen, die das Interventionsgeschehen und die Ausbildungskonzeptionen bestimmten, waren in starkem Maße beziehungs- und handlungs-orientiert. Im Gegensatz zur offiziellen Ideologie spielte psychoanalytisches Gedankengut im therapeutischen Raum immer eine wesentliche Rolle, zumindest konnten sich einige tiefenpsychologische Ansätze neben durchaus üblichen psychodynamischen Überlegungen erstaunlich entwickeln.

Hieraus entstand schließlich nach der Wiedervereinigung Deutschlands ein multimodaler Ansatz analytischer Psychotherapie und im weiteren Sinne auch psychoanalytischen Denkens, der sowohl in seiner Arbeit mit Patienten als auch in der Interpretation psychoanalytischer Theorievorgaben und Grundregeln zur Diskussion anregt.

Die in diesem Buch enthaltenen Beiträge zeigen eine Fülle von Einzelheiten zu den Inhalten dieses von uns als multimodaler Ansatz in der analytischen Therapie bezeichneten psychoanalytischen Modells, die ergänzenden oder weiterentwikkelnden Charakter für die Theorie und Praxis einer patientenorientierten analytischen Psychotherapie haben können.

Die mit diesem Buchbeitrag eröffnete Sammlung zwangloser Beiträge zur analytischen Psychotherapie und Tiefenpsychologie soll ein Forum für Beiträge sein, die sich um die Fortentwicklung multimodalen Denkens im psychoanalytischen bzw. tiefenpsychologischen Raum bemühen.

ISBN 3-931660-49-4   30,- DM/SFr, 210,- ÖS

PABST SCIENCE PUBLISHERS
Eichengrund 28, D-49525 Lengerich, Tel. ++ 49 (0) 5484-308, Fax ++ 49 (0) 5484-550,
E-mail: pabst.publishers@t-online.de, Internet: http://www.pabst-publishers.de

H. Hennig, E. Fikentscher, U. Bahrke, W. Rosendahl (Hrsg.)

Kurzzeit-Psychotherapie in Theorie und Praxis

Kurzzeittherapie wird mittlerweile nahezu von allen wesentlichen therapeutischen Schulen als Interventionstechnik angeboten. Die Beiträge dieses Buches vermitteln einen Überblick über die theoretischen Konzepte verschiedener psychotherapeutischer Schulen zu kurzzeittherapeutischen Interventionen sowie zu deren bisher vorliegenden praktischen Erfahrungen. Ebenfalls werden unter dem Aspekt der Medizinischen Psychologie Ergebnisse von Kriseninterventionen zur Diskussion gestellt. Mit diesem Werk möchten die Herausgeber einen Beitrag zu einem schulübergreifenden Austausch von Möglichkeiten und Grenzen kurzzeit- und kurzttherapeutischen Vorgehens im psychotherapeutischen Raum leisten und den mancherorts kontrovers aufgefaßten Meinungsstreit zum Problemkreis Kurzzeittherapie versus Langzeittherapie befördern. Das historische Verständnis von Psychotherapie als einem einheitlichen Fachgebiet mit unterschiedlichem theoretischen und methodischen Inventar erfordert einen regen, von gegenseitiger Achtung getragenen Austausch über wissenschaftlich fundierte und ökonomisch vertretbare Interventionsmodelle. Dabei ist sicherlich nicht uninteressant, wie sich die Ansätze ost- und westdeutscher Psychotherapeuten kreativ ergänzen.

1220 Seiten, ISBN 3-931660-20-6, Preis: 80,- DM/SFR, 500,- ÖS

PABST SCIENCE PUBLISHERS
Eichengrund 28, D-49525 Lengerich, Tel. ++ 49 (0) 5484-308,
Fax ++ 49 (0) 5484-550, E-mail: pabst.publishers@t-online.de,
Internet: http://www.pabst-publishers.de

T. A. Konzag, E. Fikentscher (Hrsg.)

Möglichkeiten und Schwierigkeiten im Umgang mit psychosomatischen Patienten

Einleitung

Schwierigkeiten des Alltags im Umgang mit psychosomatischen Patienten/innen
Erdmuthe Fikentscher

Günstiger ärztlicher Umgang mit psychosomatisch erkrankten Patienten/innen
Tom Alexander Konzag

Erfolge und Schwierigkeiten beim Übergang von der hausärztlichen Behandlung zur psychotherapeutischen Ambulanz
Ulrich Bahrke

Der schwierige Patient im Übergang zur tagesstationären Psychotherapie
Harald Küster

Möglichkeiten praktischer Zusammenarbeit zwischen organmedizinischer Behandlung und klinischer Psychotherapie anhand eines Fallbeispiels
Ricarda Lukas

ISBN 3-931660-92-3   Preis: 10,- DM

PABST SCIENCE PUBLISHERS
Eichengrund 28, D-49525 Lengerich, Tel. ++ 49 (0) 5484-308, Fax ++ 49 (0) 5484-550,
E-mail: pabst.publishers@t-online.de, Internet: http://www.pabst-publishers.de